MEDITAÇÕES
CARTESIANAS

uma introdução à
fenomenologia

O livro é a porta que se abre para a realização do homem.

Jair Lot Vieira

EDMUND HUSSERL

MEDITAÇÕES
CARTESIANAS

uma introdução à
fenomenologia

Tradução, apresentação e notas
FÁBIO MASCARENHAS NOLASCO
Graduado, Mestre e Doutor em Filosofia pela Unicamp,
com Pós-doutorado (Fapesp) pela mesma instituição.
Professor de Epistemologia da UnB.

Revisão técnica
TOMMY AKIRA GOTO
Graduado em Psicologia pela Universidade São Marcos (1998).
Mestre em Filosofia e Ciências da Religião pela
Universidade Metodista de São Paulo (2002).
Doutor em Psicologia pela PUC-Campinas (2007).
Professor da Pós-Graduação em Filosofia e em Psicologia
da Universidade Federal de Uberlândia (UFU).
Membro-colaborador do Círculo Latinoamericano
de Fenomenologia (Clafen).
Membro-assistente da Sociedad Iberoamericana
de Estudios Heideggerianos (SIEH).

Copyright da tradução e desta edição © 2019 by Edipro Edições Profissionais Ltda.

Título original: *Cartesianische Meditationen*. Publicado originalmente em Haia, em 1950. Traduzido a partir da edição de Elisabeth Ströcker, Felix Meiner Verlag, Hamburgo, 1995.

Todos os direitos reservados. Nenhuma parte deste livro poderá ser reproduzida ou transmitida de qualquer forma ou por quaisquer meios, eletrônicos ou mecânicos, incluindo fotocópia, gravação ou qualquer sistema de armazenamento e recuperação de informações, sem permissão por escrito do editor.

Grafia conforme o novo Acordo Ortográfico da Língua Portuguesa.

1ª edição, 2019.

Editores: Jair Lot Vieira e Maíra Lot Vieira Micales
Coordenação editorial: Fernanda Godoy Tarcinalli
Tradução, apresentação e notas: Fábio Mascarenhas Nolasco
Revisão técnica: Tommy Akira Goto
Revisão: Marcia Men
Diagramação e Arte: Karine Moreto de Almeida

Dados Internacionais de Catalogação na Publicação (CIP)
(Câmara Brasileira do Livro, SP, Brasil)

Husserl, Edmund, 1859-1938.
  Meditações cartesianas : uma introdução à fenomenologia / Edmund Husserl ; tradução, apresentação e notas Fábio Mascarenhas Nolasco ; revisão técnica Tommy Akira Goto. – São Paulo : Edipro, 2019.

  Título original: Cartesianische meditationen.
  ISBN 978-85-521-0034-8

  1. Fenomenologia 2. Filosofia I. Nolasco, Fábio Mascarenhas. II. Goto, Tommy Akira. III. Título.

18-17299   CDD-142.7

Índice para catálogo sistemático:
1. Fenomenologia : Filosofia : 142.7

Iolanda Rodrigues Biode – Bibliotecária – CRB-8/10014

São Paulo: (11) 3107-4788 • Bauru: (14) 3234-4121
www.edipro.com.br • edipro@edipro.com.br
@editoraedipro   @editoraedipro

SUMÁRIO

LISTA DE ABREVIATURAS — 11

APRESENTAÇÃO

Técnica teórica e renascimento (crítico) da filosofia: alguns aspectos das *Meditações Cartesianas* de Edmund Husserl — 13

Informações técnicas sobre a presente tradução e agradecimentos — 25

MEDITAÇÕES CARTESIANAS
uma introdução à fenomenologia

INTRODUÇÃO

§ 1. As meditações de Descartes como protótipo da "autorreflexão" filosófica. — 31

§ 2. Necessidade de um novo começo radical da filosofia. — 33

PRIMEIRA MEDITAÇÃO
O caminho ao ego transcendental

§ 3. A subversão cartesiana e a ideia-guia de uma fundamentação absoluta da ciência. — 37

§ 4. Desnudamento do sentido-final da ciência mediante o viver nela enquanto fenômeno noemático. — 38

§ 5. A evidência e a ideia da ciência autêntica. — 41

§ 6. Diferenciação da evidência.
A exigência filosófica de uma evidência apodítica **43**
e em si primeira.

§ 7. A evidência da existência do mundo
(*Dasein der Welt*) não é dada apoditicamente; **45**
seu envolvimento na subversão cartesiana.

§ 8. O *ego cogito* **47**
como subjetividade transcendental.

§ 9. Alcance da evidência apodítica do "Eu sou". **50**

§ 10. Excurso: O fracasso de Descartes **52**
na virada (*Wendung*) transcendental.

§ 11. O Eu psicológico e o Eu transcendental. **53**
A transcendência do mundo.

SEGUNDA MEDITAÇÃO
Abertura do campo de experiência transcendental
de acordo com as suas estruturas universais

§ 12. Ideia de uma fundamentação **57**
transcendental do conhecimento.

§ 13. Necessidade de, antes de tudo,
desligar os problemas relativos **58**
ao alcance do conhecimento transcendental.

§ 14. O fluxo das *cogitationes*. **61**°
Cogito e *Cogitatum*.

§ 15. Reflexão natural e transcendental. **62**

§ 16. Excurso.
O começo necessário pelo *ego cogito*, **66**
começo da reflexão tanto transcendental
quanto "psicológica pura".

§ 17. A dupla-face da investigação da consciência
enquanto problemática correlata. **67**
Direções da descrição.
Síntese como forma-originária da consciência.

§ 18. Identificação como uma forma
fundamental da síntese. **69**
Síntese universal do tempo transcendental.

§ 19. Atualidade e potencialidade da vida intencional. **72**

§ 20. A peculiaridade da análise intencional. **73**

§ 21. O objeto intencional como fio-condutor transcendental. **77**

§ 22. Ideia da unidade universal de todos os objetos e a tarefa de sua explicação constitutiva. **79**

TERCEIRA MEDITAÇÃO
A problemática constitutiva, Verdade e Efetividade

§ 23. O conceito preciso da constituição transcendental sob os títulos "racionalidade" e "irracionalidade". **81**

§ 24. A evidência como auto-ocorrência (*Selbstgegebenheit*) e suas variações. **82**

§ 25. Efetividade e quase-efetividade. **83**

§ 26. Efetividade como correlato da confirmação evidente. **84**

§ 27. Evidência habitual e potencial constitutivamente atuando para o sentido do "objeto que é". **85**

§ 28. Evidência presumida da experiência de mundo. O mundo como ideia correlata de uma plena evidência de experiência. **86**

§ 29. As regiões ontológicas materiais e formais enquanto índices de sistemas transcendentais de evidências. **87**

QUARTA MEDITAÇÃO
Desdobramento dos problemas constitutivos do próprio Ego transcendental

§ 30. O Ego transcendental inseparável de suas vivências. **89**

§ 31. O eu como polo idêntico das vivências. **89**

§ 32. O Eu como substrato de habitualidades. **90**

§ 33. A plena concreção do eu como mônada e o problema de sua autoconstituição. **91**

§ 34. A configuração de princípios do método fenomenológico. A análise transcendental como eidética. **92**

§ 35. Excurso pela psicologia eidética *interna*. **96**

§ 36. O Ego transcendental como universo de formas de vivências possíveis. Regulação essencial-nomológica da compossibilidade das vivências na coexistência e sucessão. ... 97

§ 37. O tempo como forma universal de toda gênese egológica. ... 98

§ 38. Gênese ativa e passiva. ... 100

§ 39. Associação como princípio da gênese passiva. ... 103

§ 40. Transição à questão do idealismo transcendental. ... 104

§ 41. A autêntica autointerpretação fenomenológica do "ego cogito" como "idealismo transcendental". ... 105

QUINTA MEDITAÇÃO
Desnudamento da esfera de ser transcendental como intersubjetividade monadológica

§ 42. Exposição do problema da experiência do estranho (*Fremderfahrung*) em contraposição à objeção do solipsismo. ... 111

§ 43. Fio-condutor transcendental para a teoria constitutiva da experiência do estranho: os modos noemático-ônticos da ocorrência do outro. ... 112

§ 44. Redução da experiência transcendental à esfera da idiossincrasia (*Eigenheitssphäre*). ... 114

§ 45. O Ego transcendental e a autoapercepção idiossincraticamente reduzida como ser humano psicofísico. ... 119

§ 46. A "propriedade" (*Eigenheitlichkeit*) como a esfera das atualidades e potencialidades do fluxo de vivência. ... 120

§ 47. O objeto intencional coparticipa da plena concreção monádica da "propriedade". Transcendência imanente e mundo primordial. ... 122

§ 48. A transcendência do mundo objetivo como superior em face da transcendência primordial. ... 124

§ 49. Esboço do percurso da interpretação intencional da experiência do estranho. ... 125

§ 50. A intencionalidade mediada da experiência do estranho como "Apresentação" (apercepção analógica). ... 127

§ 51. "Emparelhamento" (*Paarung*) como componente associativamente constituinte da experiência do estranho. **130**

§ 52. "Apresentação" como tipo de experiência com seu estilo próprio de confirmação. **132**

§ 53. As potencialidades da esfera primordial e sua função constitutiva na apercepção do outro. **134**

§ 54. Explicação do sentido da "apresentação" que experiencia o estranho. **135**

§ 55. Comunização das mônadas e a primeira forma da objetividade: a natureza intersubjetiva. **137**

§ 56. Constituição dos graus superiores da comunidade intermonadológica. **144**

§ 57. Esclarecimento do paralelismo da interpretação interior-psíquica e egológico-transcendental. **146**

§ 58. Articulação do problema da analítica intencional das comunidades intersubjetivas superiores. Eu e mundo circundante (*Umwelt*). **147**

§ 59. Explicação ontológica e seu lugar no todo da fenomenologia transcendental constitutiva. **150**

§ 60. Resultados metafísicos de nossa interpretação da experiência do estranho. **152**

§ 61. Os problemas tradicionais da "origem psicológica" e seu esclarecimento fenomenológico. **154**

§ 62. Caracterização sinótica da interpretação intencional da experiência do estranho. **159**

CONCLUSÃO

§ 63. Tarefa de uma crítica da experiência e do conhecimento transcendentais. **163**

§ 64. Epílogo. **163**

ÍNDICE REMISSIVO **169**

LISTA DE ABREVIATURAS

AT	DESCARTES. *Oeuvres de Descartes*. Ed. de C. Adam e P. Tannery. Paris: Vrin, 1973-1978. 11 v.
De Launay	HUSSERL, E. *Méditations cartésiennes et Les Conférences de Paris*. Trad. Marc de Launay. Paris: Épiméthée, 1994.
F. Castilho	DESCARTES. *Meditações sobre Filosofia Primeira*. Trad. F. Castilho. Campinas: CEMODECON/IFCH-Unicamp, 1999.
FtL	HUSSERL, E. *Formale und transzendentale Logik, Versuch einer Kritik der logischen Vernunft* [*Lógica formal e transcendental: tentativa de uma crítica da razão lógica*]. Halle: Max Niemeyer Verlag, 1929.
Levinas e Peiffer	HUSSERL, E. *Méditations Cartésiennes*. Trad. E. Levinas e M. Peiffer. Vrin: Paris, 2008.
LU	HUSSERL, E. *Logische Untersuchungen, Prolegomena zur reinen Logik* [*Investigações Lógicas*]. v. 1. Untersuchungen zur Phänomenologie und Theorie der Erkenntnis. v. 2. Leipzig: Verlag vos Veit & Comp., 1900-1901.
MC	*Meditações Cartesianas*
TW5	HEGEL, G. W. F. *Wissenschaft der Logik*. Frankfurt am Main: Suhrkamp, 1986.

APRESENTAÇÃO

Técnica teórica e renascimento (crítico) da filosofia: alguns aspectos das *Meditações Cartesianas* de Edmund Husserl

Apresentar as *Meditações Cartesianas* de Edmund Husserl é tarefa das mais ingratas, pois dificilmente seria possível indicar em poucas linhas algo que pudesse trazer à tona a questão fundamental de um texto infinitamente repleto de questões fundamentais. Trata-se simplesmente – disse-o o próprio Husserl – de sua *Hauptwerk*, i.e., da obra da vida desse filósofo que, como poucos, revolucionou a si próprio e o campo de saber ao qual se dedicou de maneiras tão marcantes. De fato, as MC foram apresentadas publicamente pela primeira vez na forma de conferências a poucos dias do septuagésimo aniversário do filósofo, exatos sete meses depois da sua última aula como professor da Universidade de Freiburg. *Emeritiert* – pois em alemão não se diz que um professor universitário se aposenta, mas que se *torna emérito* –, Husserl encontrava-se mais livre para dar forma final ao que talvez possa ser dito o projeto de toda a sua carreira filosófica, a *crítica da razão lógica*, e é nesse ponto que recebe o glorioso convite para ministrar algumas palestras na mais "honrosa casa da ciência francesa", a Sorbonne.

Husserl interrompe, pois, o trabalho que em mais alguns meses – exatamente em julho de 1929 – seria publicado sob o título *Lógica formal e transcendental: tentativa de uma crítica da razão lógica*, e se dedica a compor as *Conferências de Paris*, mais tarde ampliadas e diversas vezes reelaboradas até alcançarem a forma que hoje temos sob as MC. No dia 23 de fevereiro do fatídico ano de 1929, portanto, precisamente no anfiteatro "Descartes" da legendária Sorbonne, Husserl ministrará a primeira de duas conferências. Xavier Léon, então dirigente da *Societé Française de Philosophie*, entidade responsável pelo convite ao filósofo austríaco, faz as honras de anfitrião e menciona alguns fatos que deixam claro a todos os ouvintes – aos quais o nome de Husserl já não era certamente desconhecido – a efetividade e o vigor do projeto husserliano de "reforma" do horizonte científico europeu. Cita, de partida, o reconhecimento de Hermann Weyl e Werner Heisenberg da importante influência que o projeto husserliano havia exercido sobre seus respectivos trabalhos.[1] Weyl, naquele tempo, já era considerado um dos

---

1. Nas palavras de Léon: "Eu não tenho, de fato, a competência necessária para destacar detalhadamente a influência de um pensamento original e profundo como o vosso sobre o desenvolvimento das teorias físicas, cuja alçada maravilhosa é um dos maiores espetáculos do nosso tempo. O nome de Hermann Weyl, a homenagem que ele vos rendeu na introdução do seu livro célebre *Raum, Zeit, Materie*, quando escreve: 'A compreensão precisa destes pensamentos apoia-se da maneira mais próxima em Husserl (Ideias para uma pura fenomenologia e filosofia fenomenológica)'; e os belos trabalhos de Heisenberg

matemáticos mais célebres de toda a Europa, responsável por um dos primeiros livros teóricos sobre a relatividade geral de Einstein. Mas a questão mais importante de sua contribuição científica remonta ao fato de ter se aliado ao partido matemático dos intuicionistas (em conjunto com Poincaré, Brouwer etc.), que se opunha à tentativa de colonização do universo matemático da época pelo *programa de Hilbert*, a partir do qual se projetava a completa formalização axiomática de todos os âmbitos da matemática e da lógica. O físico Heisenberg, por sua vez, havia contribuído à tarefa de impor considerável resistência às pretensões desmedidas da jovem física moderna, a saber, mediante o estabelecimento do que se chamou de *princípio da incerteza*. Não nos demoremos, todavia, nos detalhes do significado histórico do intuicionismo, tampouco do "freio de mão" acionado por Heisenberg no âmbito da física quântica. Observemos apenas que ambos os nomes referem-se a posicionamentos severamente críticos ante as perspectivas científicas então predominantes. E notemos, ademais, que ambos indicam – segundo o caloroso discurso de abertura de Xavier Léon – ter sido a fenomenologia husserliana uma das fontes de sua resistência crítica.

Com essas informações fica-nos desde já claro que o septuagenário filósofo que naquele 23 de fevereiro subia ao púlpito do anfiteatro "Descartes" para palestrar (em alemão) aos franceses sobre a ideia das *Meditações* de Descartes, *i.e.*, sobre o sentimento da "necessidade de um recomeço radical da filosofia" – o que implicava necessariamente uma radical subversão (*Umsturz*) da práxis científica contemporânea –, já havia reconhecidamente dado provas concretas de que o seu filosofar não se tratava de qualquer palavrório insípido, mas oferecia orientações precisas à circunstância específica das últimas discussões científicas. Adiante haveremos de abordar ainda um pouco mais a questão do contexto científico ao qual se aplicava o projeto fenomenológico husserliano. Antes, porém, caracterizemos alguns poucos fatos da história do texto que o leitor tem em mãos.

Logo em seguida às conferências de Paris (poucos dias depois repetidas – e já reelaboradas – em Strasburgo), Husserl dedicou-se seriamente a desdobrar o texto que lhes servira de base, com vistas à publicação de uma tradução francesa – já energicamente solicitada. Emmanuel Levinas – que acabara havia pouco de escrever sua tese de doutoramento sobre a teoria husserliana – e Gabrielle Peiffer encarregaram-se da tradução, em seguida revisada por ninguém menos que Alexandre Koyré. Assim, ocorreu que as *Cartesianische Meditationen* vieram pela primeira vez à luz como *Méditations Cartésiennes* em 1931 – a despeito de certa insatisfação do próprio Husserl com a tradução[2]. O texto original em alemão não seria, contudo, publicado antes de 1950, no primeiro volume da *Husserliana* – a edição crítica das obras completas do filósofo –, apenas doze anos após sua morte. A publicação do

---

dizem o tanto que a ciência vos deve". (HUSSERL, *Méditations cartésiennes*, 2008 – Introdução do Editor, p. 14 – tradução minha, como em todos os demais casos nesta Apresentação e nas notas, salvo quando expressamente indicado.)

2. Ibid., p. 7 e 8.

texto original foi diversas vezes adiada, pois Husserl não se dava por satisfeito com o texto, retrabalhando-o detalhadamente. Note-se que nesse processo de revisão não foi pequena a cooperação de Eugen Fink, à época assistente pessoal de Husserl. Portanto, há que se notar de partida – e isso é fundamental para que o leitor esteja preparado para a árdua tarefa que se lhe impõe – que o que foi publicado como inauguração da *Husserliana* não constitui um texto formalmente acabado, totalmente polido, aceito para a publicação por seu autor. Isso é facilmente perceptível à medida em que se alcança o núcleo duro do texto, em especial as *terceira*, *quarta* e *quinta Meditações*.

Saibam já o leitor e a leitora, portanto, que as MC não oferecem um caminho de pensamento concluído e precisamente demarcado, porém demandam necessariamente um tipo de "leitura cooperativa", *i.e.*, que os leitores se deem ao texto como que equipados com duras botas e facão, a fim de abrir o caminho em circunstâncias de mata densa. De fato, talvez pudesse ser dito que precisamente o caráter inacabado do texto, ao invés de ferir a natureza do intento, antes contribui à sua efetivação, na medida em que demanda uma leitura em nada passiva. Pois aquilo que Husserl se dispõe a fazer nas *Meditações Cartesianas* – tal como se vê a partir da circunstância que deu ocasião ao texto – convida a "percorrer conjuntamente esse caminho", a percorrê-lo em conjunto "como filósofos radicalmente iniciantes", filósofos que se dispõem, tal como o modelo cartesiano, "uma vez na vida a pôr abaixo todas as coisas, todas as opiniões em que até então confiara[m], recomeçando dos primeiros fundamentos".[3] O leitor e a leitora que se dispõem seriamente a meditar em conjunto não devem, portanto, esperar entretenimento, verdades prontas às quais se é apenas conduzido pela mão, tal como por trilhos infalíveis de uma cadeia argumentativa que poderia simplesmente ser posta à prova no fio da navalha do processamento, por assim dizer, computacional. Devem, ao contrário, estar dispostos a construir, a partir das indicações do que se lê, um "experimento de pensamento" dos mais complexos e emaranhados de que a história da filosofia tem notícia.

Tratemos agora de esboçar algumas linhas sobre esse experimento de pensamento. Husserl propõe-se a descrever todo um percurso de uma *philosophische Selbstbesinnung* – de uma *recordatio* filosófica de si, de uma autorreflexão que é urgente, posto que a cultura científica inteira incorreu em notável *Selbstvergessenheit* – esquecimento de si.[4] O objetivo geral de Husserl é tematizar e dissolver esse esquecimento de si, tal como ele se apresenta na lógica (que se tornou mnemotécnica[5]),

---

3. DESCARTES, *Meditações de Filosofia Primeira*, trad. de F. Castilho, 1999, p. 15.

4. "Precisamos elevarmo-nos acima do autoesquecimento do teórico, este que, entregue na realização teórica às coisas, às teorias e métodos, nada sabe da interioridade da sua realização, a qual está viva nessas coisas, mas cuja própria vida realizadora não se encontra em sua mirada temática. Apenas mediante uma clarificação por princípios, que desce às profundidades da interioridade realizadora do conhecimento e da teoria, a interioridade transcendental, [apenas por meio disso] torna-se compreensível o que é realizado como autêntica teoria e ciência. Apenas por meio disso torna-se, pois, compreensível o verdadeiro sentido daquele ser que a ciência queria, em suas teorias, desdobrar como a verdadeira natureza, como o verdadeiro mundo espiritual." (FtL, p. 14).

5. Ibid., p. 3.

nas ciências da natureza (que se tornaram "um tipo de técnica teórica"[6]) e na filosofia (que "incorreu em ilegitimidade e atrofia"[7]). Eis, portanto, respectivamente, os motivos das três grandes últimas obras do filósofo austríaco: *Lógica formal e transcendental* (1929), *Crise das ciências europeias e fenomenologia transcendental* (1936) e as nunca terminadas *Meditações Cartesianas* (1950*). Estas últimas, porém, como lhes coube o papel de dissolver o esquecimento de si da filosofia, constituem o momento sem dúvida mais fundamental – primeiro – de todo esse processo. Compreende-se daí talvez a razão de nunca terem sido levadas completamente a cabo.

Infere-se de tais circunstâncias, mais uma vez, que dificilmente seria possível encontrar melhor modelo que a célebre obra de Descartes, as *Meditationes de prima philosophia*, de 1641, pois também Descartes, a seu tempo, se encontrava diante de um cenário de notável decadência e fragmentação do horizonte científico--acadêmico-universitário, a saber, do aristotelismo escolástico, e clamava por uma reforma radical de todo o edifício do saber rumo à possibilidade de uma renovada "universalidade do pensamento". Acontece que Descartes se deixou, em seus sérios intentos, todavia, guiar – de maneira nada crítica, segundo Husserl, e ademais nada coerente com a radicalidade dos propósitos anunciados – exclusivamente pelo modelo do método dedutivo-geométrico, o modelo da ciência matemática da natureza inaugurada por Galileu. Essa falta de coerência de Descartes para com o próprio projeto teria, segundo Husserl, determinado "fatalmente" os séculos seguintes. Alude-se, sem sombra de dúvida, à colonização do horizonte científico do século XIX pelo modelo exclusivamente matemático da ciência da natureza (o positivismo do século XIX).

Disso já podemos extrair duas informações valiosas a respeito das MC de Husserl: elas pretendem, em primeiro lugar, ser mais radicais que o próprio Descartes, precisamente na medida em que não se deixam guiar unilateralmente pelo modelo da ciência matemática da natureza; e disso é inferido, em segundo lugar, que o esquecimento de si que assola o horizonte científico europeu das últimas décadas do século XIX e das primeiras do século XX – e (por que não?) ainda até os dias de hoje, em pleno século XXI – radica precisamente no fato de não se ter levado em conta de maneira suficientemente crítica o projeto matemático de uma ciência da natureza.

Observa-se, pois, de saída, que toda a questão parece girar em torno da capacidade da matemática para servir de modelo primeiro à prática científica em geral. Se isso nos está, em primeiro lugar, compreensível, então será igualmente possível compreender o nexo existente entre esses últimos trabalhos husserlianos – que visam, como mencionamos, fornecer uma *recordatio* filosófica ante o esquecimento de si da cultura científica europeia – e os seus trabalhos inaugurais. Se esse nexo entre os primeiros e os últimos trabalhos puder ser traçado, então poderemos dis-

---

6. Ibid., p. 3.
7. Cf. § 2 infra.

cernir, dentre todas as diversas fases da reflexão husserliana, uma motivação que atravessou radicalmente o pensamento desse filósofo incontornável para toda a filosofia do século XX.[8]

Husserl, que havia inicialmente se dedicado ao estudo da matemática e apenas por influência do filósofo neokantiano Franz Brentano foi gradativamente se deixando levar pelos lados mais filosóficos da investigação científica, lança-se no mundo acadêmico-universitário de língua alemã com a publicação: *Sobre o conceito do número: análises psicológicas* (1887). Eis a sua *Habilitationsschrift* (*venia legendi*), o equivalente à nossa livre-docência. Não muito depois, o então já professor da Universidade de Halle amplia o seu trabalho inaugural, transformando-o na *Filosofia da Aritmética: investigações lógicas e psicológicas* (1891). Ambos os textos fazem parte de uma tentativa de constituir a partir do solo da filosofia transcendental neokantiana os objetos fundamentais da matemática – destituindo-os, pois, da aura de realidade inabalável com que matemáticos e lógicos de renome consideravam tais objetos.

Um olhar cuidadoso ao título do texto publicado em 1891 deixa bem claro o fato de que se trata de uma declaração de guerra ao eminente lógico e matemático de então, Gottlob Frege, que pouco antes havia publicado o hoje célebre *Fundamentos da Aritmética: uma investigação lógico-matemática* (1884). Esse texto é, sem dúvida, um dos pilares fundamentais do projeto lógico-matemático de enfim reduzir todo o edifício da matemática a um sistema lógico-axiomático – justamente o projeto mais tarde levado adiante por Bertrand Russell e Alfred Whitehead com os *Principia Mathematica* (1910-1913) e transformado em programa na década de 1920 pelo célebre David Hilbert. Trata-se, sem dúvida, dos alicerces do que mais tarde veio a se chamar de Filosofia Analítica.

Guerra declarada, não estava o próprio Husserl imune a retaliações, que não tardaram: em 1894, Frege, então professor da Universidade de Jena, publica uma recensão de aproximadamente 30 páginas do texto de Husserl, onde se acusa o

---

8. ADORNO, *Zur Metakritik der Erkenntnistheorie*, 2016 (publicado originariamente em 1956, reunindo contudo textos produzidos desde meados da década de 30) inicia a sua análise da filosofia husserliana em uma leitura das *Investigações Lógicas* (1900 e 1901), concentrando-se em captar o seu conteúdo positivista – donde conclui que "o modelo husserliano é em todos os níveis a matemática" (Ibid., p. 61), que seu projeto filosófico resulta na "coisificação da matemática – e da lógica pura" (Ibid., p. 65), que "ele não se irrita com o paradoxo da 'maquinaria de pensamento'" (Ibid., p. 72), que a consequência disso é uma teoria "absolutista" (Ibid., p. 77) – o absolutismo lógico, a "divinização da lógica" (Ibid., p. 79). Mesmo que o Husserl tardio, precisamente o das MC, tenha, segundo Adorno, diferido em certa medida desse ponto de partida, indicando aspectos de uma iniciante "dialetização" das categorias lógicas, "a tese do absolutismo lógico não chegou a ser expressamente delatada" (Ibid., p. 80). O nosso esforço interpretativo nesta curta apresentação diferirá em certa medida do adorniano, que não considera mais que apenas marginalmente as MC, ou não lhes concede o terem tematizado precisamente aquilo de que são acusadas carecerem. É notório (e enfatizá-lo é mérito do esforço adorniano) que os recursos husserlianos para a crítica do positivismo lógico nas LU estavam ainda demasiado submersos no ambiente teórico que pretendiam, entretanto, desde já criticar. Mas a verve crítica das MC não parece buscar outra coisa senão a consumação da crítica iniciada na virada do século (cindindo a "intuição categorial" das LU nos processos de síntese ativa e passiva das MC), e permite, por isso, retroiluminar *a posteriori* o intento ainda iniciante das LU.

professor de Halle de *psicologismo*⁹. Não adentremos demasiado em tal questão: digamos apenas que, de acordo com o ponto de partida então neokantiano de Husserl, ao número não se poderia atribuir simplesmente e sem mais, *i.e.*, imediatamente, uma realidade qualquer, sendo antes necessário constituir tal objeto a partir das categorias do entendimento. Um tal posicionamento, constituir o número a partir das categorias da psiquê humana, havia de ser considerado sem dúvida como escândalo por um matemático ainda piamente crente no caráter intocável da realidade dessas entidades primordiais que partilhavam, no melhor dos casos, do mesmo *status* de eternidade das ideias platônicas. As primeiras páginas do texto de Frege faziam forte oposição às opiniões do mais célebre empirista inglês de então, John Stuart Mill, que havia concebido uma certa história antropológico-evolucionista do surgimento do trato humano com os números. Daí que, para Frege, querer constituir o número a partir das categorias transcendentais do entendimento, ou a partir de descrições de experiências psicológicas – mesmo em se tratando de uma psicologia intencional pura, como a de Brentano – seria querer burlar demasiado com a santidade numérica; seria querer, com o perdão da expressão, de novo antropologizar algo no mínimo supra-humano; seria querer reduzir tais "essências" ao âmbito da psicologia humana – em suma: psicologismo, algo bem distante do procedimento inteiramente objetivo do matemático.

Ora, por mais que de fato Husserl tenha muito respeitado as críticas de Frege, ponderando-as longamente (de cuja ponderação resultaram as célebres *Investigações Lógicas*), o quadro aqui sumariamente apresentado permite-nos entender um pouco mais da motivação tardia que levou Husserl a buscar consumar uma *crítica da razão lógica* e almejar, assim, avançar no ponto crítico onde Descartes refugou: precisamente esse refúgio ante o ideal de uma ciência matemático-dedutiva foi responsável por afundar a ciência da aurora do século XX no mais profundo esquecimento de si, na angústia da *crise do fundamento* que Frege, Russell e Hilbert tentavam desesperadamente combater. Eis, portanto, a disputa que fundamenta o intento de se traçar a história da "crise das ciências europeias": trata-se de explicar a crise do formalismo que impede a si próprio o acesso *crítico* (e não fundacionista) aos princípios lógico-matemáticos da ciência.

Isso posto, pode-se apontar mais especificamente alguns – dentre os inúmeros – pontos fundamentais das MC. De maneira sumária, pode-se dizer que os objetos principais de cada uma das cinco *Meditações* – e o fato de serem apenas cinco, e não seis, tal como o modelo cartesiano, já diz muito¹⁰ – seriam:

---

9. Cf. FREGE, *Rezension von: E. Husserl, Philosophie der Arithmetik I*, 1894, p. 313-332.
10. A *sexta Meditação* de Descartes – depois de todo o célebre drama da dúvida radical e metódica, depois do estabelecimento do *cogito* e da existência e veracidade divina, depois, portanto, de reassegurado o funcionamento do aparato cognitivo humano – trata, enfim, da "existência das coisas materiais e da distinção real entre o corpo e a mente". Ora, Husserl ter escrito apenas cinco *Meditações* é fato que bem se compreende imediatamente em virtude do conceito husserliano da *epoché*, pois esta difere da dúvida cartesiana precisamente na medida em que não é provisória, ou, melhor dito, não é instrumento para se alcançar de novo, ao final, mesmo que de maneira modificada, o ponto de partida da verdade da

(1ª) o conceito da redução fenomenológica: *epoché*;
(2ª) o conceito da análise intencional;
(3ª) o conceito da efetividade do mundo como horizonte infinito da evidência;
(4ª) o conceito do *Eidos Ego*, *i.e.*, da análise eidético-transcendental;
(5ª) a descrição da experiência do estranho, *i.e.*, o conceito da intersubjetividade transcendental.

Anteriormente havíamos dito que as MC contêm um experimento de pensamento dos mais complexos de que se tem notícia na história da filosofia. É certo que tal expressão referia-se a todo o percurso do texto, mas, de maneira mais específica, pode-se dizer sem exagero que a experiência do estranho (*Fremderfahrung*), o tema da *quinta Meditação*, é, de fato, o experimento de pensamento único que todas as quatro meditações anteriores não fazem senão preparar. Em uma palavra, a experiência do estranho resolve um problema filosófico que, inaugurado por Descartes – justamente em virtude da problematização da passagem da imanência do pensamento à transcendência da matéria extensa – ganhou forma filosófica concisa na tese leibniziana segundo a qual "a mônada não tem janelas", *i.e.*, que todas as suas percepções seriam elementos sempre imanentes ao horizonte da sua substância simples, atomisticamente isolada. Mas se todas as mônadas são fechadas em si mesmas, sendo substâncias absolutamente solipsistas, o que explica, então, o fato do caráter comunitário de diversas experiências compartilhadas no espaço-tempo, na comunidade social-histórica? Este problema era solucionado por Leibniz mediante a tese da *harmonia preestabelecida* por Deus, que organiza harmonicamente as experiências solipsistas das diversas substâncias simples de modo que elas engendrem a ilusão subjetiva (que é verdade apenas transcendentemente) da comunhão espaço-temporal.

Ora, a experiência do estranho visa justamente descrever a superação transcendental-fenomenológica desse ponto de partida da tradição filosófico--transcendental. Não se trata apenas de descrever como a mônada individual, o eu-transcendental, representa a si mesma o seu outro, mas de mostrar que a própria ideia da Monadologia, compreendida transcendental-fenomenologicamente, fundamenta-se desde sempre em uma certa "empatia" (Einfühlung, § 43), *i.e.*, que a efetiva *ideia do Ego* (*Eidos Ego*) funda-se essencialmente na experiência da alteridade e que se trata, portanto, não de uma versão filosófica do eu individual, mas da ideia de uma intersubjetividade transcendental.

"existência das coisas materiais". Husserl, assim, vai apenas até a quinta meditação a fim de indicar a sua recusa ao retorno às questões ontológicas relativas à distinção substancial entre pensamento e extensão. Todavia, Eugen Fink – justamente quem mais cooperou com Husserl para o estabelecimento do texto das MC – retomou o conteúdo programático disposto sucintamente no *Epílogo* e tentou desdobrá--lo em um tipo de "doutrina transcendental do método", à qual chamou de *Sexta Meditação Cartesiana*, altamente aprovada por Husserl. Cf. FINK, *VI. Cartesianische Meditation, Teil 1: Die Idee einer transzendentalen Methodenlehre*, 1988.

Para que isso se torne um tanto quanto mais palpável, observemos um pouco mais dos contornos gerais da argumentação husserliana. A nosso ver, pode-se dividir todo o texto das MC em dois grandes blocos: o primeiro, responsável por preparar o § 20 – e depois desdobrar dele as conclusões mais importantes –, onde se descreve a "peculiaridade da análise intencional", que trata de reconstituir os elementos fundamentais do método fenomenológico-transcendental, tal como fundado por Husserl notadamente nas *Investigações Lógicas*; o segundo grande bloco, a nosso ver, é onde se encontra aquilo que faz das MC de fato a *Hauptwerk* husserliana: trata-se de estabelecer, no § 34, "a configuração de princípios do método fenomenológico: a análise transcendental como eidética" e deduzir as consequências filosóficas de tal método novo. Observa-se, pois, que o arco argumentativo ao qual chamamos a atenção aqui parte de um conceito, por assim dizer, já tradicional da análise transcendental como intencional (fundada notadamente por Brentano), alcança o conceito da análise transcendental como eidética e vai adiante para apresentar o seu fundamento último (a intersubjetividade transcendental).

Trata-se, pois, de dois ciclos argumentativos determinados: o primeiro, que visa introduzir o leitor, via *epoché*, ao conceito do *ego transcendental* – de inspiração claramente kantiana, mas já eivado de traços neokantianos –; e o segundo, que consiste em um verdadeiro recomeço do texto – posto que apresentá-lo logo ao início teria, segundo Husserl, "elevado as dificuldades de compreensão" –, visa descrever ao leitor como o conceito tradicional do ego transcendental se funda no conceito do *"Eidos Ego"*. O ego transcendental, abstraído do ego psicofísico, está limitado por um "horizonte de idiossincrasia" (que aqui verterá Eigenheit). O *Eidos Ego*, a ideia do ego, diz respeito, por sua vez, ao horizonte de todas as variações possíveis do ego transcendental; constitui, pois, um ego transcendental geral, cujo horizonte transcende a esfera idiossincrática radicada, em última análise, no ego psicofísico; funda, portanto, uma esfera de "propriedade" (*Eigenheitlichkeit*). Um exemplo pode indicar suscintamente a diferença entre a esfera idiossincrática do ego psicofisicamente radicado e a esfera de "propriedade" do *Eidos Ego*. Um outro ego é estranho/alheio com referência à esfera idiossincrática do meu ego, mas a alteridade do outro, *i.e.*, a intersubjetividade enquanto tal, é essencial à esfera de "propriedade" do *Eidos Ego*. Eis a fundação da fenomenologia não apenas transcendental, não apenas intencional, mas *puramente eidética*:

> Como Ego que medita cartesianamente, guiado pela ideia de uma filosofia como ciência universal fundamentada absoluta e rigorosamente, cuja possibilidade postulei heuristicamente, e em decorrência do levar a cabo as últimas reflexões torna-se evidente para mim que eu preciso sobretudo levar a cabo uma Fenomenologia puramente eidética, e que apenas nela se consuma, se pode consumar a primeira efetivação de uma ciência filosófica – a efetivação de uma "Filosofia Primeira". (§ 34 infra)

É apenas, pois, a partir do recomeço no solo da fenomenologia puramente eidética que todas as contradições historicamente inerentes ao conceito kantiano do eu transcendental são descritivamente dissolvidas. Pois o célebre conceito kantiano, inaugurado na *Crítica da Razão Pura*, teve de ser (p.ex. por Fichte) reformulado, porque pressupunha, mesmo que como *grandeza negativa*, a oposição à coisa em si – o postulado da existência de coisas reais, seja qual for a sua forma e número, transcendente aos horizontes determinados da experiência possível. Em seguida, o conceito kantiano do eu transcendental foi (p.ex. por Hegel) criticado em virtude da sua pretensa pureza, que, por assim dizer, induzia à noção de um espaço idiossincrático individual inteiramente dissociado dos liames histórico-culturais particulares, a partir do qual, p.ex., seria possível propor uma *lei moral* válida universalmente a qualquer indivíduo, de qualquer cultura, de qualquer tempo histórico. A Hegel coube apontar, pois, que o eu transcendental kantiano não passava de uma mera abstração, que impedia o pensamento de aceder à necessária precedência da particularidade espiritual (cultural) ante o subjetivo individual. Pensar a intersubjetividade a partir do eu transcendental kantiano, pensar o ponto elementar do espírito, a saber, a eticidade (*Sittlichkeit*), teria – e nesse ponto Fichte e Hegel haveriam de estar praticamente em uníssono contra o mestre de Königsberg – algo de análogo à maneira pela qual Leibniz, metafisicamente, concebia a sua *harmonia preestabelecida* entre as mônadas, *i.e.*, apenas mediante a muleta argumentativa de se *postular* Deus.

Eis que, agora refundada pela fenomenologia eidética, a análise transcendental se torna capaz – e este é o grande mérito das MC – de reaver-se com todas essas críticas históricas ao kantismo, notadamente as de origem hegeliana e marxista, e, retomando o intento originário de Fichte, mas levando-o um bocado além de si, descrever a experiência do estranho, a experiência da efetiva alteridade. Uma vez alcançado esse ponto, então, Husserl poderá dizer que a análise transcendental não resulta em solipsismo transcendental – tal como inaugurado por Leibniz quando dizia que a "mônada não tem janelas" –, mas, ao contrário, tem no conceito da intersubjetividade transcendental o seu conceito-fundamental, o seu último *a priori*.

Para sublinhar as consequências dessa forte conclusão, e em consonância com um dos temas que aqui abordamos, é preciso notar que, se a intersubjetividade transcendental é o elemento fundamental do *Eidos Ego*, então a constituição transcendental de objetos tais como os números, p.ex., não dirá respeito a uma constituição afetada de psicologismo, ou de solipsismo idealista (no pior sentido do termo), mas pressuporá, por princípio, aspectos intersubjetivos. Isso é o mesmo que dizer que a constituição transcendental dos números não pode ser inteiramente desvinculada de uma história transcendental da "socialidade" (*Sozialität*) humana. Haverá, portanto, para a constituição de cada objeto do *Eidos Ego*, dois tipos de gênese a serem levadas a cabo: a gênese ativa e a passiva (§ 38). A ativa o constituirá a partir dos seus elementos de sentido internos. Ela diz respeito à tradicional construtividade idealista-transcendental, a partir da qual a posição idealista, se levada a cabo de maneira radical, haveria de propor o absoluto construtivismo, isentando todo e qualquer objeto da razão de uma realidade anterior à sua própria construção. Os números, de acordo unicamente com a gênese ativa, seriam meros artefatos da razão, cuja realidade em si mesma restará sempre desconhecida – escândalo para os matemáticos da época, e de toda a história da matemática até então, posto que tradicionalmente as relações de afinidade (por assim dizer eletiva) entre os diversos números (uns serem múltiplos de outros, outros serem primos, outros serem a potência de outros etc.) pressuporiam uma realidade necessariamente anterior a qualquer construtividade humana, esta que, pois, se limita meramente a "descobrir" a natureza real-objetiva de tais relações.

A gênese passiva dos números, por outro lado, forneceria a constituição precisamente dessa "realidade" anterior a qualquer construtividade. Mas esse segundo tipo de gênese não remeteria, como o realismo matemático de então haveria de supor, à comprovação do *ser* diretamente objetivo de tais objetos, pensado (em postura dogmática) como dado previamente, como realidade independente, transcendente (ou anterior) ao desdobramento apropriador da razão humana. Muito pelo contrário: a gênese passiva está muito mais focada em refundar transcendentalmente (eis o esforço monumental inaugurado nas *Investigações Lógicas*) o que empiristas e antropólogos da época viam (contudo ainda em postura dogmática) como a base histórica, processual e contingente (psicologista) de tais entidades matemáticas. Tais objetos, os números, por mais puros e platônicos que possam ser imaginados, são construções não apenas do ego transcendental (que atua por gênese ativa), mas da intersubjetividade transcendental, *i.e.*, da sociedade humana, cuja gênese passiva escapa à construtividade meramente egóica (axiomática, nomológica), mas ainda pode ser circunscrita a um outro âmbito científico (de estrutura apenas normativa). Com a teoria da dupla gênese, pois, Husserl pretende mapear epistemologicamente dois âmbitos de ciência qualitativamente diferentes: o das ciências que procedem por construtividade matemática (cujo elemento epistêmico as sínteses ativas) *e* o das ciências que escapam essencialmente a tais construtividades (elemento das sínteses passivas). A ciência, em seu sentido verdadeiro, não haveria de se reduzir unilateralmente a apenas um desses aspectos, mas se fundaria na correlação (que Adorno supõe dialética) desses dois procedimentos.

No que diz respeito ao primeiro âmbito, o objetivo husserliano era fornecer um fundamento teórico capaz de salvar a ciência matematizante europeia da "atrofia" em que esta se encontrava em virtude da *décadence* do positivismo do século XIX. Husserl fundava, com isso, na década de 1930, o posicionamento filosófico capaz de conciliar os polos opostos que ocuparam posteriormente a filosofia da matemática ao longo do século XX: o construtivismo (tal como aquele que Wittgenstein haveria de defender na década de 1940[11]) e o tradicional realismo (que Putnam, na década de 1960, tentaria reconfigurar de maneira moderada[12]). Esse posicionamento de Husserl retira, p.ex., todo o caráter de novidade das teses antirrealis-

---

11. Cf. WITTGENSTEIN, *Bemerkungen über die Grundlagen der Mathematik*, 1984.
12. Cf. PUTNAM, *Models and reality*, 1983, p. 421: "há três posições principais a respeito da verdade e da referência: há a posição platonista extrema [trata-se de referência a Gödel], que postula faculdades mentais não-naturais para apreender diretamente as formas (...); há a posição verificacionista [trata-se de Popper], que substitui a noção clássica de verdade pela noção de verificação e prova (...); e há a posição realista moderada [a posição defendida pelo próprio Putnam], a qual busca preservar a centralidade das noções clássicas de verdade e referência sem postular faculdades mentais não-naturais".

tas do célebre Dummett[13] – precisamente um dos primeiros filósofos de tradição analítica a considerar (apressadamente, diga-se de passagem) a filosofia de Husserl.

No que diz respeito ao segundo dos âmbitos científicos anunciados, propriamente aquele que hoje designamos pelo campo das ciências humanas e sociais, Husserl pretende retomar a questão propugnada por W. Dilthey desde as últimas décadas do XIX, a saber, aquela da fundamentação das ciências do espírito (*Geisteswissenschaften*). Mas Husserl pretende reformular a proposta do seu predecessor a partir do horizonte teórico inaugurado pela sua fenomenologia eidético-transcendental. Nesse ponto, pois, entra em cena o conceito fundamental da teoria da intersubjetividade transcendental e da experiência do estranho, notadamente, a teoria husserliana da "empatia" (*Einfühlung*).

Não será o caso aqui de relatar detalhadamente a história deste último conceito, o seu vínculo originário com as teorias neoplatônicas da *simpatia universal* (das quais decorre sem dúvida também a teoria da *harmonia preestabelecida* de Leibniz), tampouco a novidade da reapropriação de tais teorias por, principalmente, Herder (em cuja esteira Hölderling, Schelling e, *malgré lui*, os românticos) – o responsável pela fundação de uma prática historiográfica radicalmente antikantiana e, pelo menos a princípio, antieurocêntrica, na medida em que, p.ex., os outros povos e culturas, assim como os outros tempos históricos, não são por Herder interpretados sob o olhar frio e progressista da emancipação esclarecida do Oeste Europeu, porém mediante um preceito quase mágico de empatia teórica, neles reconhecendo sempre e repetidamente a totalidade, em cada caso especificamente configurada, do gênero humano.[14]

Contentemo-nos, todavia, com a indicação de que esse sentir desde o interior, essa "empatia" foi (e em muitos casos ainda é) tida como pré-condição essencial do "acesso" à alteridade do outro, seja este um outro tempo histórico ou configuração sociocultural. Contudo, também um tal acesso haveria, segundo Husserl, de ser transcendental-fenomenologicamente mapeado (*i.e.*, tipificado), a fim de se impedir qualquer tipo de ilusão dogmática de acesso direto ao outro. Nesse ponto, pois, o conceito do ego transcendental serve de freio de mão metodológico a impedir que se sustente que a *apresentação* do outro para o ego possa constituir efetiva *presentificação* do outro no si mesmo. Isso quer dizer: o outro é constituído no horizonte do ego unicamente mediante "apercepção analógica" – eis o que os §§ 50-54 detalharão.

---

13. DUMMETT, *Wittgenstein's philosophy of mathematics*, 1978, p. 185: "Mas parece que devemos interpor entre o quadro platonista [realista] e o construtivista um quadro intermediário, *i.e.*, de objetos que saltam à existência em resposta à nossa provação. Nós não *fazemos* os objetos, mas precisamos aceitá-los na medida em que os encontramos (e isso corresponde ao fato da prova impor-se a nós mesmos); mas eles já não estavam ali para que nossas proposições fossem verdadeiras ou falsas antes de que tenhamos levado a cabo as investigações que os trouxeram à existência".

14. Herder, pode-se dizer, fundou em 1774 a filosofia da história alemã com o seu "Também uma filosofia da história para a formação do gênero humano" (*Auch eine Philosophie der Geschichte zur Bildung der Menschheit*) – portanto, mais de uma década antes do célebre opúsculo kantiano "Ideia de uma história universal de um ponto de vista cosmopolita", o qual há de ser visto talvez como resposta aos avanços e críticas vindos de seu ex-pupilo.

O movimento é precisamente análogo à crítica da postura dogmática (natural) dos cientistas que matematizam a natureza: veda-se o acesso direto ao ente construído matematicamente tal como se veda o acesso direto ao outro construído, na melhor das intenções, por "empatia". Ao outro, pois (tal como ao ser), resta (e este é seu direito inalienável contra toda forma de totalitarismo) a inapreensibilidade da sua alteridade radical em face do ego. – Entende-se, assim, por que foi a filosofia de Kant, e não, p.ex., a de Hegel, que serviu de orientação crítico-epistêmica para diversas formas da crítica ao totalitarismo (vide o caso de Hannah Arendt) que se fizeram presentes no cenário universitário oeste-europeu e norte-americano a partir da década de 1930 até pelo menos a de 1970.

Husserl, portanto, mediante sua radical refundação teórica tanto das ciências matematizantes quanto das humanizantes, é, sem dúvida, responsável por, digamos com certo exagero, ter inaugurado o século XX no horizonte acadêmico universitário europeu. Heidegger, Eugen Fink, Max Scheler, Karl Jaspers; Sartre, Merleau-Ponty, Levinas, mas também Cavaillès, Bachelard, Canguilhem e, principalmente, Levi-Strauss; assim como Marcuse, Adorno, Hannah Arendt e Habermas (sem contar, é claro, Gödel e Wittgenstein) oferecem todos, cada um à sua maneira, uma ramificação e elaboração ulteriores do princípio-motor que animara Husserl a reacender, nas primeiras décadas do século XX, o furor crítico ante o desenvolvimento exclusivamente técnico da ciência matemática da natureza, ante a colonização do horizonte científico pelo realismo metafísico arvorado no imenso sucesso da operatividade com as essências matemáticas, ante o positivismo sociológico e antropológico que, com tanta facilidade, diretamente apreendia e assim reduzia a alteridade do outro aos termos do progresso esclarecido da civilização (cujo corolário é o fascismo).

A filosofia de Husserl inaugurava, assim, uma alternativa crítica, e uma alternativa crítica palatável, passível de convivência no interior do horizonte acadêmico instalado (posto que arvorada em solo kantiano), ao modelo crítico eminentemente antikantiano inaugurado no crepúsculo do século XVIII por Herder e Goethe, desenvolvido por Hegel e transformado em teoria revolucionária por Marx (enfim levado ao seu paroxismo filosófico por Nietzsche). Quase um século de positivismo, porém (precisamente a era da Restauração, da formação do Estado de Bismarck, dos "mandarins alemães" – e também do "retorno a Kant"), havia simplesmente sucedido em purificar (com muitas aspas) o cenário acadêmico-universitário de tais vozes dissonantes, possivelmente incendiárias. A *recordatio* husserliana denota, a seu tempo, correlatamente aos auspícios de abertura política da República de Weimar, um princípio de reabertura crítica do horizonte universitário. Posição crítica por assim dizer imanente a seu tempo, não tem necessariamente afinidade com aquele espírito crítico que inflamou a Universidade de Berlim nas primeiras décadas do século XIX – e que levou Nietzsche a se autoexilar do cenário acadêmico alemão (e em seguida de si mesmo) nas últimas décadas desse mesmo século. O objetivo husserliano, ao contrário da marginalidade crítica alemã a que nos referimos (que vai de Herder a Nietzsche), era refundar o alicerce de uma ressignificação (eidético-fenomenológica) da ontologia, refundar a *philosophia perennis* de raiz platônica, cujo esquecimento havia levado ao ocaso da situação europeia na aurora do século XX. Precisamente em virtude desse intuito, refundar a *filosofia primeira*, é que Husserl caiu sob a crítica ferina de Adorno. Constituiu, todavia, isso não se lhe pode negar, ponto de partida quase incontornável, expressão notável do redespertar crítico que, embora incipiente no período entre as duas grandes guerras, fez-se sentir de maneira fortíssima em diversos horizontes acadêmico-universitários de vários centros urbanos mundo afora, especialmente nas décadas de 1960 e 1970.

Informações técnicas sobre a presente tradução e agradecimentos

A tradução aqui oferecida foi realizada, ao longo do ano de 2015, a partir do texto estabelecido por Elisabeth Ströker em 1977 (HUSSERL, E. *Cartesianische Meditationen, Eine Einleitung in die Phänomenologie*. Editado e introduzido por E. Ströker. 3. ed. Felix Meiner Verlag: Hamburgo, 1995.), cuja paginação original reproduzimos ao longo do texto traduzido, entre colchetes. Em virtude de uma renovada confrontação com todas as fontes textuais disponíveis, tal edição difere, todavia em pouquíssimas ocasiões, da edição crítica das obras de Husserl (*Husserliana*). Mas apresenta o texto em uma configuração diferente, especialmente no que diz respeito às ênfases textuais (itálicos, aspas etc.).

A primeira versão da presente tradução cotejou – sempre que possível, pois o texto que Husserl enviou para a tradução francesa foi, como dito anteriormente, depois bastante revisto e ampliado – a tradução francesa inaugural, publicada em 1931, a cargo de E. Levinas e M. Peiffer (HUSSERL, E. *Méditations Cartésiennes*. Vrin: Paris, 2008.). Essa nossa primeira versão foi revisada, ao longo do ano de 2016, pelo Prof. Dr. Tommy Akira Goto, professor adjunto do curso de psicologia da Universidade Federal de Uberlândia, especialista na psicologia fenomenológica de Husserl e Edith Stein. Aproveito a ocasião para agradecer profundamente ao Prof. Tommy pelo cuidado e pela atenção dedicados ao texto e por sua árdua tentativa de aproximar as minhas sugestões de tradução às opções já correntes entre os especialistas. As suas profundas sugestões e correções levaram-me a retomar o trabalho com o texto durante os últimos meses de 2016 e primeiros de 2017. O resultado dessa *revisão da revisão* foi que a tradução foi quase integralmente refeita. Mesmo que não tenha acatado cada uma das valiosas sugestões do Prof. Goto, a sua intervenção foi nada menos que essencial para uma melhora qualitativa radicalíssima entre a primeira e a segunda versões do texto que ora apresentamos. Se muitas vezes não segui o jargão técnico, o intento foi precisamente buscar sugestões renovadas a conceitos muitas vezes pobremente cristalizados em traduções já consagradas.

Durante essa *revisão da revisão* tive acesso à tradução francesa mais recente (HUSSERL, E. *Méditations cartésiennes et Les Conférences de Paris*. Trad. Marc de Launay. Épiméthée: Paris, 1994.) e à tradução portuguesa de Maria Gorete (HUSSERL, E. *Meditações Cartesianas*. Trad. Maria Gorete Lopes e Sousa. 2. ed. Rés: Porto, 2001.). Quanto a esta última, apesar de conter diversas opções de tradução bastante interessantes, reporta-se, contudo, muito mais que ao texto original alemão, ao texto francês de Levinas e Peiffer, o que se comprova pela ausência de diversos trechos que Husserl alterou ou adicionou nos seus trabalhos ulteriores com o texto.

Durante o trabalho de tradução e retradução tomei a liberdade de adicionar ao texto algumas notas explicativas, que tanto se referem a questões de ordem técnica, explicações a respeito das escolhas lexicais empregadas, quanto a questões de cunho filosófico e historiográfico. O objetivo de tais notas foi sempre fornecer ao leitor algum auxílio para o enfrentamento do matagal conceitual husserliano.*

Aproveito a ocasião para agradecer à Fernanda Godoy Tarcinalli e à Maíra Lot Micales pela atenção, pela paciência e pelo cuidado prestados durante o longo trabalho de maturação desta tradução. À Fapesp agradeço o apoio institucional (referente à bolsa de pós-doutorado junto ao Depto. de Filosofia da Unicamp) que me permitiu dedicar-me à *revisão da revisão* desta tradução. Aos mestres Marcos Lutz Müller e Jeanne Marie Gagnebin agradeço os vários préstimos e indicações bibliográficas (lastrados no belíssimo acervo da BMMLM), como também o constante esforço orientador. Registro aqui a minha gratidão a Isadora Petry, Luís Petry, Arlete dos Santos, Maria Fernanda Novo, Juliana Miraldi, Enéias Forlin, Oswaldo Giacóia e Laura Luedy. *Last, but not least*, agradeço a Gabriel Valladão Silva pelo convite inicial ao desafio cujos resultados apresento agora ao julgamento do público.

Fábio Mascarenhas Nolasco
Graduado, Mestre e Doutor em Filosofia pela Unicamp,
com Pós-doutorado (Fapesp) pela mesma instituição.
Professor do Departamento de Filosofia da UnB.

---

*. As notas do autor e da editora do texto alemão estão identificadas com asteriscos; todas as demais notas presentes nesta edição foram acrescidas pelo tradutor. (N.E.)

Referências*

ADORNO, T. *Zur Metakritik der Erkenntnistheorie*. Suhrkamp: Frankfurt am Main, 2016.
APEL, K. O. *Transformation der Philosophie*. v. II. Suhrkamp: Frankfurt am Main, 1973.
ARENDT, H. *The human condition*. University of Chicago Press: Chicago e Londres, 1998.
ARISTÓTELES. *De Anima*. Trad. Lucas Angioni. Campinas: IFCH/Unicamp, 2002.
ARMOGATHE, J. R.; BELGIOIOSO, G. (Orgs.). *Descartes Metafísico, interpretazioni del Novecento*. Roma: Inst. della Enciclopedia Italiana, 1994.
BERGSON, H. *Essai sur les données immédiates de la conscience*. 6. ed. Paris: Félix Alcan: 1908.
CASSIRER, E. *Leibniz' System in seinem wissenschaftlichen Grundlagen*. Marburg: Elwert, 1902.
CASTILHO, F. *Husserl e a via redutiva da pergunta-recorrente que parte da Lebenswelt*. Campinas: Unicamp, 2015.
CAVAILLÉS, J. *Sur la logique et l théorie de la sciences*. Paris: PUF, 1947.
COHEN, H. *Das Prinzip der Infinitesimalmethode und seine Geschichte. Ein Kapitel zur Grundlegung der Erkenntniskritik*. Berlim: Harrwits und Gossman, 1883.
DELBOS, V. L'idéalisme et le réalisme dans la philosophie de Descartes. In: *L'Anée philosophique*, XXII (1911), p. 39-53.
DESCARTES. *Meditações sobre Filosofia Primeira*. Trad. F. Castilho. Campinas: CEMODECON/IFCH-Unicamp, 1999.
_____. *Oeuvres de Descartes*. Ed. de C. Adam e P. Tannery. Paris: Vrin, 1973-1978. 11 v.
DUMMETT, M. Wittgenstein's philosophy of mathematics. In: *ID., Truth and other enigmas*. [S.l.]: [s.n.], 1978.
FICHTE, J. G. *Grundlage der gesamten Wissenschaftslehre (1794)*. Hamburgo: Meiner, 1997.
_____. *Versuch einer neuen Darstellung der Wissenschaftslehre (1797/98)*. Hamburgo: Meiner, 1984.
FINK, E. *VI. Cartesianische Meditation, Teil 1: Die Idee einer transzendentalen Methodenlehre*. Dordrecht: Kluwer Academic Publischers, 1988.
FORLIN, E. *A Teoria Cartesiana da Verdade*. Ijuí/São Paulo: Unijuí/Humanitas, 2005.
FREGE, G. Rezension von: E. Husserl, Philosophie der Arithmetik I. In: *Zeitschrift für Philosophie und philosophische Kritik*, 103 (1894), p. 313-332.
_____. *Die Grundlagen der Arithmetik*: eine logisch-mathematische Untersuchung über den Begriff der Zahl. Breslau: W. Koebner, 1884.
_____. Rezension von: H. Cohen, Das Prinzip der Infinitesimal-Methode und seine Geschichte. In: *Zeitschrift für Philosophie und philosophische Kritik*, 87 (1885), p. 324-329.
GILSON, E. *Études sur le rôle de la pensée médiévale dans la formation du système cartésien*. Paris: Vrin, 1930.
_____. *René Descartes. Discours de la méthode, texte et commentaire*. Paris: Vrin, 1925.
GÖDEL, K. What is Cantor's continuum problem [1964]. In: BENACERRAF, P.; PUTNAM, H. *Philosophy of Mathematics, Selected readings*. Londres/Nova York: Cambridge University Press, 1983.
GOETHE. Zur Farbenlehre. In: *Goethes Werke, Hamburger Ausgabe*. v. 13. München: C. H. Beck, 1981.
HABERMAS, J. *Theorie des kommunikativen Handels*. Frankfurt am Main: Suhrkamp, 1981.
_____. *Technik und Wissenschaft als "Ideologie"*. Frankfurt am Main: Suhrkamp, 1968.

---

*. Estas referências embasaram a elaboração desta Apresentação e as notas produzidas pelo tradutor ao longo da obra. (N.E.)

HEGEL, G. W. F. *Wissenschaft der Logik*. Frankfurt am Main: Suhrkamp, 1986.

HEIDEGGER, M. *Was ist Metaphysik*. 6. ed. Klostermann: Frankfurt am Main, 1955.

HORKHEIMER, M. Teoria Tradicional e Teoria Crítica. In: LOPARIC; ARANTES (Orgs.). *Filosofia e Teoria Crítica*. São Paulo: Victor Civita, 1975. (Coleção *Os Pensadores, XLVIII*)

HUSSERL, E. *Formale und transzendentale Logik, Versuch einer Kritik der logischen Vernunft*. Halle: Max Niemeyer Verlag, 1929.

_____. *Logische Untersuchungen, Prolegomena zur reinen Logik*. v. 1. *Untersuchungen zur Phänomenologie und Theorie der Erkenntnis*. v. 2. Leipzig: Verlag vos Veit & Comp., 1900-1901.

_____. *Meditações Cartesianas*. Trad. Maria Gorete Lopes e Sousa. 2. ed. Porto: Rés, 2001.

_____. *Méditations Cartésiennes*. Trad. E. Levinas e M. Peiffer. Vrin: Paris, 2008.

_____. *Méditations cartésiennes et Les Conférences de Paris*. Trad. Marc de Launay. Paris: Épiméthée, 1994.

_____. *Philosophie der Arithmetik, Psychologische und logische Untersuchunge*. Halle: C. E. M. Pfeffer, 1891.

_____. *Urteilstheorie, Vorlesung 1905*. Org. por Schuhmann E. Dordrecht: Springer Science, 2002.

KOYRÉ, A. *Essais sur l'idee de Dieu et les preuves de son existence chez Descartes*. Paris: E. Leroux, 1922.

LEIBNIZ, G. W. *Mathematische Schriften*. Ed. C. I. Gerhardt. Schmidt: Halle, 1849.

_____. *Nouveaux Essais sur l'entendement humain*. Paris: Flammarion, 1993.

LEVI STRAUSS, C. *O pensamento selvagem*. Campinas: Papirus, 2008.

_____. *Le Totémisme aujourd'hui*. Paris: PUF, 1962.

LIMA, E. C. *Direito e Intersubjetividade em Fichte e Hegel*. Campinas: PHI, 2014.

MARCUSE, H. *One dimensional man, Studies in the ideology of advanced industrial society*. Boston: Beacon, 1964.

MORAN, D.; COHEN, J. *The Husserl Dictionary*. Continuum International Publishing Group: Nova York/Londres, 2012.

NATORP, P. *Descartes' Erkenntnistheorie*: eine studie zur Vorgeschichte des Kritizismus. Marburg: Elwert, 1882.

_____. Le développement de la pensée de Descartes depuis les "Regulae" jusqu'aux "Meditations". In: *Rev. de Met. et de Morale*, IV (1896), p. 416-432.

PUTNAM, H. Models and reality. In: BENACERRAF, P.; PUTNAM, H. (Orgs.). *Philosophy of Mathematics, selected readings*. Londres/New York: Cambridge University Press, 1983.

RICŒUR, P. Étude sur les "Méditations Cartésiennes" de Husserl. In: *Revue Philosophique de Louvain*, t. 52, 1954.

RITTER, J. et al. (Orgs.). *Historisches Wörterbuch der Philosophie*. Basel: Schwabe, 1971.

SCHMIDT, H. *Empathie und Wertkommunikation, Theorie des Einfühlungsvermögens in theologisch-ethischer Perspektive*. Verlag Herder: Freiburg/Wien, 2003.

VAIHINGER, H. *Die Philosophie des Als Ob. System der theoretischen, praktischen, und religiösen Fiktionen der Menschheit auf Grund eines idealistischen Positivismus. Mit einem Anhang über Kant und Nietzsche*, 7. u. 8. Auflage. Leipzig: Felix Meiner, 1922.

WITTGENSTEIN, L. *Bemerkungen über die Grundlagen der Mathematik*, Suhrkamp: Frankfurt am Main, 1984.

MEDITAÇÕES CARTESIANAS

uma introdução à
fenomenologia

INTRODUÇÃO

§ 1
As meditações de Descartes como protótipo da "autorreflexão" filosófica.[1]

Poder falar sobre a fenomenologia transcendental nesta honrosa casa da ciência francesa preenche-me, por razões particulares, de felicidade. Porque o maior pensador da França, René Descartes, deu à fenomenologia transcendental novos impulsos por meio de suas Meditações, cujo estudo, [por sua vez,] influenciou de maneira totalmente direta na transformação da fenomenologia – já então conceituada como estando em devir – em uma nova forma da filosofia transcendental. Poder-se-ia quase, de acordo com isso, chamar a fenomenologia transcendental de um neocartesianismo, embora ela tenha sido tanto obrigada – e justamente em virtude do desdobramento radical dos motivos cartesianos – a rejeitar quase todo o teor doutrinário conhecido da filosofia cartesiana.

Em virtude desse estado de coisas, pois, posso estar com boa antecedência seguro de vosso assentimento se eu me vinculo àqueles motivos das *Meditationes de Prima Philosophia* aos quais cabe, tal como acredito, um significado de eternidade (*Ewigkeitsbedeutung*); igualmente se eu, consequente a isso, indico as transformações e novas conformações nas quais surgem o método e a problemática fenomenológico-transcendentais.

---

1. *philosophischen Selbstbesinnung. Besinnung* é termo de tradução polêmica, podendo ser vertido por *retorno sobre si, tomada de consciência*. O dicionário alemão dos irmãos Grimm refere tal termo simplesmente a *recordatio*. Note-se, porém, que não se trata de meramente *se lembrar* de algo, mas de trazer algo – de volta ou pela primeira vez – à consciência e ao coração. Na introdução à *Lógica formal e transcendental*, texto contemporâneo à escrita destas *Meditações Cartesianas*, encontramos uma interessante passagem que nos apresenta algo do sentido do uso husserliano do termo *Besinnung*: "A situação atual das ciências europeias obriga a tomadas de consciência radicais (*radikalen Besinnungen*). As ciências perderam, fundamentalmente, a grande fé em si mesmas, em seu significado absoluto. O ser humano moderno de hoje não vê, tal como o 'moderno' da época do esclarecimento, na ciência e na nova cultura por ela reformada a auto-objetivação da razão humana, ou a função universal, que a humanidade criou para si, de possibilitar ao redor de si uma vida verdadeiramente satisfatória, uma vida individual e social a partir da razão prática." (FtL, p. 4). Adiante no mesmo texto patentifica-se que essa *Besinnung* tem o objetivo de, redescobrindo as *Meditações* de Descartes, mas radicalizando-as, e partindo de uma crítica das tentativas filosóficas dos contemporâneos, renovar "de maneira totalmente séria a ideia de uma ciência legítima a partir de fundamentação absoluta – a antiga ideia platônica (...)" (Id., p. 6). – Optaremos simplesmente por traduzir o termo por "reflexão", marcando-o sempre com aspas para diferenciá-lo da compreensão em sentido mais corriqueiro.

Todo iniciante da filosofia conhece o notável curso de pensamento das *Meditationes*. Tornemos presente a sua ideia-guia. O seu objetivo é uma completa reforma da filosofia em direção a uma ciência baseada em uma fundamentação absoluta. Isso determina para Descartes uma correspondente reforma para todas as ciências. Porque elas são, de acordo com ele, apenas termos dependentes da ciência universal única, e isso significa: da Filosofia. Apenas na unidade sistemática [da Filosofia] elas podem se tornar ciências autênticas. Porém, da maneira como elas surgiram historicamente, falta-lhes essa legitimidade; [falta-lhes] a fundamentação última e consistente [constituída] por absolutas visões intelectivas (*Einsichten*) – [4] das quais não se pode voltar atrás. É preciso, por isso, uma reconstrução radical que satisfaça à ideia da filosofia enquanto unidade universal das ciências na unidade de tal fundamentação absolutamente racional. Essa exigência da reconstrução repercute em Descartes em uma filosofia direcionada para o sujeito. Essa direção subjetiva se completa em dois graus significativos. Em primeiro lugar: todo aquele que almeja seriamente se tornar filósofo deve "uma vez na vida" voltar-se sobre si mesmo e buscar em si próprio a subversão (*Umsturz*) de todas as ciências que até ali lhe eram válidas, e a sua reconstrução. A Filosofia – Sabedoria (*sagesse*)[2] – é assunto de total pessoalidade daquele que filosofa. Ela deve vir a ser como sua sabedoria, como seu saber – herdado de si mesmo e que se esforça adiante universalmente; a respeito desse saber ele pode, desde o início e em cada passo, ser responsável a partir de sua visão intelectiva absoluta. Se eu tiver tomado a decisão de viver diante desse objetivo, *i.e.*, a decisão que pode trazer apenas a mim mesmo em um vir a ser filosófico, então eu terei escolhido, dessa maneira, o começo pela pobreza absoluta de conhecimento. Nesse começo, há manifestamente algo que vem em primeiro lugar: refletir comigo a respeito de como eu poderia encontrar um método da progressão que poderia levar ao saber autêntico. As *Meditações Cartesianas* não querem, pois, ser uma circunstância meramente privada do filósofo Descartes, muito menos, então, uma forma literária meramente impressionante para uma apresentação de fundamentações filosóficas primeiras. Elas mostram, antes, o protótipo das necessárias meditações de um qualquer filósofo iniciante – a partir das quais, unicamente, pode crescer originariamente uma filosofia.*

Se nos voltamos ao conteúdo – hoje tão estranho a nós contemporâneos – das *Meditações*, então se consuma com isso, segundo um segundo e mais profundo sentido, um retorno ao eu que filosofa, ao Ego das puras *cogitationes*. [5] Aquele que medita consuma este retorno por meio do conhecido e muito notável método da dúvida. Ele se nega, direcionado em radical consequência ao objetivo do conhecimento absoluto, a deixar valer como ente algo que não se mantém a salvo diante de qualquer possibilidade concebível de que seja duvidoso.

---

2. Em francês no original.

*. Para a verificação dessa interpretação, cf. a *"Lettre de l'auteur* ao tradutor dos *Principia*" [AT.IX.2, p. 1-20]. (N.A.)

Ele consuma, portanto, no que diz respeito à sua dubitabilidade, uma crítica metódica da certeza imediata (*Gewissen*) circunscrita à vida natural da experiência e do pensamento, e busca alcançar, por meio da exclusão de tudo que ainda deixa em aberto possibilidades da dúvida, um eventual subsistente (*Bestand*) absolutamente evidente.

Nesse método, a certeza empírica (*Erfahrungsgewißheit*), na qual o mundo é dado na vida natural, não resiste à crítica; por isso, neste estágio do começo, o ser do mundo precisa permanecer fora de validade. Aquele que medita se mantém como absolutamente indubitável apenas como si mesmo, como Ego puro de suas *cogitationes*, como impossível de ser suspenso (*unaufhebbar*) mesmo se este mundo não existisse. O Ego assim reduzido consuma então um tipo de filosofar solipsista. Ele busca apoditicamente caminhos certos por meio dos quais uma exterioridade objetiva pode inaugurar-se dedutivamente (*erschließen*) em sua interioridade pura. Isso acontece a partir da maneira conhecida, a saber, em que primeiro a existência e *veracitas* de Deus são deduzidas e, então, por meio delas, a natureza objetiva, o dualismo das substâncias finitas – em uma palavra, o solo objetivo da metafísica e das ciências positivas e, [ainda, essas ciências] elas mesmas. Todas as maneiras de inferência (*Schlußweisen*) sucedem-se, tal como precisam suceder, sobre o fio-condutor dos princípios imanentes – "inatos" – ao Ego puro.

§ 2
Necessidade de um novo começo radical da filosofia.

Até aqui, Descartes. Perguntamos então: vale a pena, de fato, investigar se haverá um significado de eternidade desses pensamentos? Eles são apropriados para instilar forças vitais em nosso tempo?

De toda maneira, há que se pensar que as ciências positivas, as quais, todavia, deveriam experimentar uma fundamentação absoluta por meio dessas Meditações, [6] ocuparam-se muito pouco delas. De fato, as ciências positivas se sentem em nosso tempo, depois de um radiante desenvolvimento de três séculos, bastante reprimidas pelas obscuridades de seus fundamentos. Mas, nas tentativas de nova configuração de seus fundamentos, não se lhes ocorre a ideia de retornarem às *Meditações Cartesianas*. Por outro lado, porém, pesa o fato de que as Meditações fizeram época na filosofia em um sentido totalmente único, a saber, exatamente por seu retorno ao *ego cogito* puro. Efetivamente, Descartes inaugurou uma filosofia inteiramente nova: alterando todo o seu estilo, ela perfez uma radical mudança de direção, desde o objetivismo ingênuo até o subjetivismo transcendental, que parece esforçar-se em tentativas sempre novas, mas sempre insatisfatórias, rumo a uma necessária figura final. Não deveria, pois, essa tendência contínua portar em si um sentido de eternidade (*Ewigkeitssinn*)? Não deveria ser para nós uma tarefa grandiosa e imposta pela própria história, na qual nós todos somos chamados a cooperar?

A decomposição da filosofia contemporânea em sua atividade desorientada nos dá o que pensar. Desde o meio do século passado, [a saber, o meio do século XIX,] a decadência é manifesta em contraposição aos tempos precedentes.* Na medida em que a fé religiosa alienava-se, com o início da modernidade, cada vez mais em convenções rígidas, elevou-se a humanidade intelectual à nova grande fé, aquela de uma filosofia e ciência autônomas. A cultura humana inteira deveria ser conduzida e iluminada por visões intelectivas científicas (*Einsichten*) e assim reformada em direção a uma nova cultura autônoma.

Contudo, nesse ínterim, também essa fé incorreu em inautenticidade e atrofia. Não inteiramente sem [7] razão. Ao invés de uma filosofia que vive em unidade, temos uma literatura filosófica que cresce desmedidamente, mas quase sem coerência; ao invés de uma contraposição séria de teorias que se contradizem, porém anunciam na disputa sua íntima e mútua coparticipação, sua comunidade nas crenças fundamentais e uma fé irremovível numa verdadeira filosofia, temos – no lugar do filosofar sério com o outro e para o outro – uma aparência de referência e uma aparência de crítica. Não se atesta de nenhuma maneira um estudo reciprocamente consciente de sua responsabilidade, no espírito de um trabalho em conjunto sério e de uma expectativa de resultados objetivamente válidos. "Resultados objetivamente válidos" – isso não diz, pois, outra coisa senão resultados clarificados por crítica recíproca e que se sustentam diante de qualquer crítica. Entretanto, como seria possível o estudo efetivo e o efetivo trabalho em conjunto onde há tantos filósofos e quase igualmente tantas filosofias? Temos, porém, ainda congressos filosóficos – os filósofos se reúnem, mas, infelizmente, não as filosofias. Falta-lhes a unidade de um espaço espiritual no qual elas poderiam ser umas para as outras, agir umas sobre as outras. Pode até ser que a coisa esteja melhor dentro de "escolas" ou "tendências" singulares; mas, no que diz respeito ao seu ser na forma do isolamento e em referência a todo o presente filosófico, ela permanece essencialmente nos termos de nossa caracterização.

Não estamos, neste presente triste, em uma situação semelhante àquela que Descartes encontrou em sua juventude? Não é chegado, assim, o tempo de renovar o seu radicalismo de filósofo que começa, *i.e.*, de submeter a uma transversão cartesiana a imensa literatura filosófica com sua confusão de grandes tradições, de sérios recomeços súbitos, de impulsos literários da moda (que conta com a impressão, mas não com o estudo), e começar de novo com novas *Meditationes de prima philosophia*? Não seria o caso de retraçar finalmente a ausência de esperança de nossa situação filosófica até o fato de que as forças impulsivas que irradiam daquelas Meditações sofreram da falta de sua vivacidade originária, [8] e o sofreram porque o espírito do radicalismo da autorresponsabilidade filosófica se perdeu?

---

*. A passagem correspondente em M II 5 diz o seguinte: "Se buscamos considerar a ciência ocidental sob o ponto de vista da unidade de uma ciência, a decadência é, desde o meio do século passado, manifesta em contraposição aos tempos precedentes. Na colocação dos objetivos, na problemática e no método essa unidade perdeu-se inteiramente.". (Nota da editora do texto alemão)

Não deveria, antes, pertencer ao sentido fundamental da filosofia autêntica a exigência – pretensamente excessiva – de uma filosofia emendada sobre um último patamar concebível de ausência de preconceito, uma filosofia que se configurou em autonomia efetiva a partir de evidências autoproduzidas e últimas e que, em virtude disso, responde sozinha a si mesma?

O anseio por uma filosofia cheia de vida levou atualmente a várias formas de renascimentos. Não deveria, porém, o único renascimento frutífero ser aquele que redescobre as *Meditações Cartesianas* – não se tratando simplesmente de adotá-la, mas sobretudo de desnudar o sentido mais profundo de seu radicalismo no retorno ao *ego cogito* e, consequentemente, aos valores de eternidade que dali emanam?

De toda maneira, descreve-se com isso o caminho que levou até a fenomenologia transcendental.

Gostaríamos agora de percorrer conjuntamente esse caminho, gostaríamos, como filósofos radicalmente iniciantes, levar cartesianamente a cabo meditações – naturalmente em atenção crítica a mais elevada e prontos para toda e qualquer transfiguração das antigas [meditações] cartesianas. Os desvios sedutores nos quais Descartes e os tempos seguintes caíram, precisamos por meio disto esclarecê-los e evitá-los.

PRIMEIRA MEDITAÇÃO
O caminho ao ego transcendental

§ 3
A subversão cartesiana e a ideia-guia de uma fundamentação absoluta da ciência.

De novo começamos, pois, cada um por si e em si com a decisão de filósofos que começam radicalmente, em primeiro lugar deixando fora de jogo todas as crenças que até aqui nos valiam e, dentre elas, também todas as nossas ciências. [9]

Que a ideia guia de nossas meditações seja, tal como para Descartes, a de uma ciência a ser fundamentada em radical autenticidade e, em última instância, a de uma ciência universal.

No entanto, dado que não dispomos de nenhuma ciência pré-dada [que servisse] como exemplo de uma ciência assim autêntica – pois não há nenhuma que permaneça para nós como válida –, o que acontece, então, com a indubitabilidade dessa ideia ela mesma, *i.e.*, com a ideia de uma ciência a ser fundamentada universalmente? Ela indica uma ideia-final justa, uma meta possível de uma prática possível?

Manifestamente, não podemos pressupor também isso, a não ser que mantenhamos como previamente aceitas quaisquer normas de tais possibilidades, ou mesmo uma forma estilística pretensamente evidente, necessariamente apta a ser ciência autêntica enquanto tal. Porque isso significaria, afinal, pressupor toda uma lógica e teoria da ciência, na mesma medida em que também elas precisam estar envolvidas na subversão de toda ciência. Descartes mesmo tinha previamente um ideal de ciência, o da geometria, *i.e.*, da ciência matemática da natureza. Tal ideal determina os séculos como um preconceito fatal e determina também, porque não contemplado de maneira crítica, as Meditações elas mesmas. Era para Descartes de antemão uma autoevidência que a ciência universal precisasse ter a figura de um sistema dedutivo; em virtude desse sistema, toda a construção precisaria assentar-se sobre um fundamento axiomático, que fundamenta absolutamente a dedução. Para Descartes, os axiomas geométricos têm na geometria um papel semelhante, em relação à ciência universal, ao papel do axioma da autocerteza absoluta (*Selbstgewißheit*) do Ego em conjunto com os princípios axiomáticos inatos a esse Ego – apenas que esse fundamento axiomático se assenta mais profundamente do que o da geometria e serve justamente para colaborar em sua última fundamentação.[3]

---

3. Fica claro, a partir dessas últimas observações críticas a respeito de como Descartes tomou a geometria como modelo imediato de ciência, que Husserl se opõe detidamente à maneira com que o positivismo

Isso tudo não pode nos determinar. Não temos, como iniciantes, ainda nenhum ideal normativo de ciência em validade; e apenas na medida em que pudermos criá-lo novamente para nós é que poderemos tê-lo. [10]

Mas não abandonemos, por isso, o objetivo universal da fundamentação absoluta da ciência. Ele deve, pois, motivar continuamente o curso das nossas meditações, tal como o das cartesianas, e nelas configurar-se paulatinamente até a determinidade concreta. Apenas precisamos ser atenciosos a respeito da maneira tal como o colocamos como meta – em primeiro lugar, não podemos de maneira alguma preestabelecer a sua possibilidade. Mas, então, como se deve tornar clara essa maneira de se colocar uma meta e, com isso, assegurá-la?

Naturalmente, devemos a ideia universal da ciência às ciências factualmente dadas. Se elas se [nos] tornaram ciências meramente presumidas, na nossa disposição crítica radical, então também a sua ideia-final universal precisa em igual medida tornar-se meramente presumida. Ainda não sabemos, portanto, se de fato ela pode ser efetivada. De toda maneira, a temos nessa forma de [meramente] presumida e em uma universalidade indeterminada, fluida; temos, com isso, também a ideia de uma filosofia, a saber, enquanto [filosofia que] está para ser efetivada – desconhecendo-se se e como. Tomamo-la como uma presunção preliminar à qual nos entregamos heuristicamente, pela qual nos deixamos guiar, heuristicamente, em nossas meditações. Ponderamos "autocompreensivamente" como ela haveria de ser inventada enquanto possibilidade e, então, como haveria de ser trazida à efetividade. Adentramos de bom grado em circunstâncias a princípio estranhas – porém como seriam evitadas, se nosso radicalismo não deve permanecer um gesto vazio, mas se tornar fato? Sigamos, pois, adiante com paciência.

§ 4
Desnudamento do sentido-final da ciência mediante o viver nela enquanto fenômeno noemático.[4]

Manifestamente, precisará haver agora algo primeiro, que tornará distinta a ideia-guia que nos paira ante os olhos, inicialmente em vaga universalidade. Naturalmente, não se trata de formar o conceito da ciência por meio de abstração comparativa com base nas ciências factuais. No sentido de toda a nossa observação está bem disposto que as ciências enquanto factualidade da cultura e as ciências [11] no sentido verdadeiro e autêntico não são uma e mesma coisa, *i.e.*, que aque-

---

em geral tomou imediatamente, sem o suficiente distanciamento crítico, a matemática como modelo primordial de ciência. O tema da crítica ao positivismo ingênuo constituirá, como se verá, um fio-condutor importante destas *Meditações Cartesianas*.

4. A respeito do termo noemático, cabe lembrar que *noûs*, em grego, refere-se ao puro pensar, à atividade superior do intelecto, em oposição à experiência sensível (*aisthesis*). *Nóiesis* refere-se, pois, ao ato de pensar, assim como *noema* àquilo que *é* pensado.

las portam em si, para além de sua factualidade, uma pretensão que não se atesta como já satisfeita precisamente na mera factualidade. Justamente nessa pretensão assenta-se a ciência enquanto ideia – enquanto ideia de ciência autêntica.

Como se deve desnudá-la e apreendê-la? Pode até mesmo nos ser negada toda e qualquer tomada de posição no que diz respeito à validade das ciências factuais (que pretendem sê-lo), *i.e.*, no que diz respeito à autenticidade de suas teorias correlativamente à sustentabilidade de seu método de teorizar; contudo, nada impede que nos habituemos a seu esforço e agir científicos e, com isso, que tenhamos para nós claro e distinto o que de fato pretendem. Se agimos de tal maneira, a saber, em aprofundamento contínuo adentro da intenção do esforço científico, desdobram-se-nos então os momentos constitutivos para a ideia-final universal da ciência autêntica e, a princípio, em uma primeira diferenciação.

É sobretudo pertinente uma primeira elucidação do agir que julga e do próprio juízo, a qual se dá a partir da diferenciação entre juízos imediatos e mediatos: nos juízos mediatos assenta-se um referencial de sentido (*Sinnbezogenheit*) a outros juízos, e de tal maneira que sua crença ajuizante "pressupõe" a desses outros – no modo de uma crença que se dá em virtude de um algo em que já se crê; ademais, [é pertinente] a elucidação do esforço em busca de juízos fundamentados, *i.e.*, do agir que fundamenta, no qual a correção, a verdade do juízo – ou, no caso de um erro, a incorreção, a falsidade – deve comprovar-se. Essa comprovação, a respeito dos juízos mediados, é ela mesma mediada, baseada naquelas [comprovações] dos juízos imediatos incluídos no sentido de juízo (*Urteilsinn*) e também concretamente concernida em sua fundamentação. Pode-se, a bel-prazer, "retornar de novo" a uma fundamentação de uma vez por todas completada, *i.e.*, à verdade comprovada nela. Em virtude dessa liberdade de efetivar de novo a verdade, [que nessas circunstâncias é] enquanto a mesma e única verdade apreendida pela consciência, é ela uma aquisição ou posse permanente, e se chama, enquanto tal, um conhecimento.

Se prosseguimos dessa maneira (aqui naturalmente apenas em alusões), [12] então alcançamos logo uma melhor explicação do sentido de uma fundamentação, *i.e.*, de um conhecimento sobre a ideia da evidência. Na fundamentação autêntica os juízos se mostram como "corretos", como "estando em acordo"; *i.e.*, ela é concordância do juízo com a circunstância do juízo (*Urteilsverhalt*) "ela própria" (tal como a concordância da coisa com a circunstância de coisa [*Sachverhalt*]). Melhor dito: o julgar é um visar a [algo] (*Meinen*), e no geral um vago presumir (*Vermeinen*) que isto seja aquilo e aquilo outro[5]; o juízo (aquilo que é ajuizado) é então coisa

---

5. A tradução do verbo *meinen* e dos substantivos correlatos: *Meinen, Meinung, Gemeintes, Gemeintheit*, oferece dificuldade significativa para o tradutor. Levinas e Peiffer traduzem *Meinen* por *intention* (Op. cit., p. 30); *Sachmeinung* é, por sua vez, vertida por *fait visé* (Ibid.); *chose visée* traduz *Gemeintes* (Ibid., p. 31); *meinenden Intention* é vertido por *intention significante* (Ibid., p. 32); um uso mais fraco de *meinen* é, porém, vertido por *croit* (Ibid., p. 33); *objets intentionnels* traduz, adiante, *reine Gemeintheiten* (Ibid., p. 46). Percebe-se, pois, o termo toca no cerne da questão da intencionalidade. Em português (e certamente em decorrência das traduções francesas), a tradução de *meinen* por "visar" já há muito consolidou-se, como se observa, p.ex., na tradução de Paulo Meneses da *Fenomenologia do Espírito* de Hegel, cujo primeiro capítulo trata precisamente da *certeza sensível*, ou do "visar". No entanto, precisa-

meramente presumida, *i.e.*, circunstância-de-coisa presumida ou: suposição da coisa, da circunstância-coisal. Mas, eventualmente, opõe-se-lhe um visar ajuizante eminente (que julga aquilo e que tem consciência daquilo). Chama-se a isso evidência. A coisa está presente na evidência como "ela própria", a circunstância-de--coisa como "ela própria", ao invés de na maneira do mero e distanciado assumir a coisa; aquele que julga [está], pois, consciente disso mesmo. Um julgar que meramente presume direciona-se, por meio de transposição consciente, à evidência que corresponde às coisas elas mesmas, às circunstâncias-de-coisa elas mesmas. Essa transposição traz em si o caráter de preenchimento do mero assumir; [o caráter] de uma síntese do correto recobrimento[6]; ela é um evidente estar-consciente da correção daquele assumir anteriormente distante.

Se agimos dessa maneira, então emergem elementos fundamentais da ideia--final regente de todo o agir científico. Por exemplo, o cientista não quer mera-

---

mente nesse texto hegeliano se aprende que *meinen* tem um sentido positivo, imediato (que o "visar" em parte traduz), a saber, o sujeito direcionando a sua atenção a um objeto, e um sentido resultante da análise fenomenológica, portanto mediado, a saber, quando se faz a experiência de que a "verdade" do objeto depende em certa medida do que o sujeito *assume para si* partindo do objeto. Toda a dialética da certeza sensível se dá para Hegel como a diferenciação dinâmica entre o que se visa/assume e o que se diz, portanto, entre o espaço dinâmico da diferenciação entre: suposição (assunção) e expressão. Daí que *visar*, sozinho, alguma vez possa não ser uma opção adequada para captar o horizonte semântico de *meinen*, ademais porque visar remete em primeira instância ao ato da visão (e só ulteriormente desenvolve o sentido de ter (algo) como objetivo, desígnio, sendo nesse caso também transitivo indireto), ao passo que *meinen*, em alemão, não remete em nenhuma instância à visão, mas apenas ao querer dizer, ter em mente etc. O próprio Husserl diferencia em mais de um contexto o mero olhar (*hinblicken*) do assumir (*meinen*): "Quando assumimos (*meinen*) o vermelho *in specie*, aparece-nos um objeto vermelho, e nesse sentido miramos até ele (*blicken wir auf ihn ... hin*) – ele que, contudo, não assumimos). Surge nele, simultaneamente, o momento velho, e apenas nessa medida podemos também neste caso falar de novo que miramos até ele. Mas esse momento, esse traço singular determinado individualmente no objeto, nós não assumimos (...). Enquanto aparece vermelho e nele o momento vermelho destacado, assumimos antes o vermelho idêntico único, e assumimo-lo em um modo de consciência inovador, mediante o qual se nos torna objetiva precisamente a espécie ao invés do individual." (LU II, p. 106, apud ADORNO, op. cit., p. 103) – Nesse sentido pode-se observar com certeza que se para Hegel o *meinen* ainda se referia imediatamente à certeza sensível (necessariamente singular), oposta ao (universal) expresso em palavras, o mesmo termo tem para Husserl já um sentido mais distante do empírico, e já mais relacionado a essa maneira inovadora de consciência que assume (para Hegel, percebe) o universal. Essa diferença é importantíssima, pois dela se torna possível o célebre conceito das *Investigações Lógicas*: a intuição categorial, a qual, no contexto da citação anterior, assim se esclarece: "Assim apreendemos *diretamente* a unidade específica 'vermelho', 'o próprio', com base em uma intuição singular de algo vermelho. Miramos em direção ao momento vermelho, mas consumamos um ato peculiar, cuja intenção está direcionada à <ideia>, ao <universal>." (LU II, p. 223, apud ADORNO, op. cit., p. 105; grifo nosso). Intuição categorial, ou acesso direto à unidade específica de qualquer conceito, eis algo absolutamente impossível segundo a doutrina dialética (horizontal, diacrônica) de Hegel. O dicionário dos irmãos Grimm, p.ex., introduz a explicação do referido verbo pelos correlatos latinos: *intelligere, sentire, cogitare, putare*, e algumas vezes o exemplifica pelo inglês *mean*, como em "what do you mean by...". – Husserl deixa claro ter em mente esse duplo caráter de *meinen* (positivo, direto, tal como em visar; "negativo", refletido, tal como em assumir), o que se expressa no texto pela variação *meinen, vermeinen*, que aqui vertemos por *visar/assumir* (a depender da ênfase) e *presumir*. *Meinung*, que em geral se traduz por *opinião*, verteremos não por visada, mas por suposição.

6. *stimmenden Deckung*. O uso do termo *Deckung* para indicar correção perfeita tem sua origem na geometria, onde figuras geométricas correspondentes recobrem-se efetivamente umas às outras se sobrepostas de maneira adequada.

mente julgar, mas antes fundamentar os seus juízos. Melhor dito, ele não quer, diante de si mesmo e outrem, deixar valer como conhecimento científico nenhum juízo que não tenha completamente fundamentado e que não possa, depois, justificar a cada momento e até a última instância, por meio de retorno livre à fundamentação a ser repetida. Isso pode, *de facto*, permanecer encoberto em mera pretensão; de toda maneira, assenta-se nisso uma meta ideal.

Há ainda, porém, uma coisa a ser enfatizada de maneira a complementar o que foi dito: é preciso que diferenciemos, de um lado, juízo (no sentido mais largo de suposição do ser [*Seinsmeinung*]) e evidência, e do outro, juízo pré-predicativo e evidência pré-predicativa. Evidência predicativa inclui evidência pré-predicativa. O suposto (*Gemeintes*), *i.e.*, aquilo que apareceu de maneira evidente, alcança ser expresso; e a ciência quer, sobretudo, [13] julgar expressamente, e suster o juízo, suster a verdade enquanto fixamente expressa. Mas a expressão enquanto tal tem a sua melhor ou pior própria adequação àquilo que foi visado e que se deu por si mesmo; ela tem, pois, sua própria evidência ou não-evidência, que participa interiormente na predicação; tem, com isso – mas codeterminando-a também – a ideia da verdade científica enquanto comportamento predicativo fundamentado em última instância, e a ser fundamentado.

§ 5
A evidência e a ideia da ciência autêntica.

Ao continuar meditando dessa maneira e nessa direção, nós, filósofos iniciantes, conhecemos que a ideia cartesiana de uma ciência e, conclusivamente, de uma ciência universal [constituída] a partir de fundamentação e justificação absolutas não é outra coisa senão a ideia que é continuamente a ideia-guia em todas as ciências e em seu esforço por universalidade – independentemente de como pode estar a sua efetivação factual.

A evidência é, em um sentido mais amplo, um experienciar o ente e o ente que é assim (*Seiendem und So-Seiendem*); de fato, um ficar espiritualmente frente a frente à coisa mesma. O conflito com o que ela, com o que a experiência mostra, dá o negativo da evidência (ou a evidência negativa) e, como seu conteúdo, a falsidade evidente. A evidência – à qual pertence, de fato, toda experiência em sentido usual estrito – pode ser mais ou menos perfeita. A evidência perfeita, e seu correlato, a verdade pura e autêntica, é dada como uma ideia inerente ao esforço pelo conhecimento, ao esforço pelo preenchimento da intenção que assume, *i.e.*, como uma ideia a ser haurida mediante a vivência em tal esforço. Verdade e falsidade, crítica e adequação crítica a ocorrências (*Gegebenheiten*) evidentemente são tema cotidiano, *i.e.*, que exercem o seu papel constante já na vida pré-científica. Para essa vida cotidiana, com seus fins alternantes e relativos, bastam evidências e verdades relativas. No entanto, a ciência busca verdades que sejam válidas de uma vez por todas e para qualquer pessoa, e que assim permaneçam; e de acordo com isso, [busca a ciência] novos tipos de confirmações (*Bewährungen*), levadas a cabo até as últimas consequências. [14] Se, tal como ela mesma precisa conclusivamente entender, não alcança *de facto* a efetivação de um sistema de verdades "absolutas" e é obrigada a modificar sempre de novo as suas verdades, mesmo assim ela segue, contudo, a ideia da verdade absoluta ou da verdade cientificamente autêntica, e vive, de acordo com isso, dentro de um horizonte infinito de aproximações que se esforçam em direção a essa ideia. Com essas [aproximações] ela visa a ser capaz de exceder o conhecer cotidiano e a si mesma *in infinitum*; mas isso também em virtude de seu mirar rumo à universalidade sistemática do conhecimento, seja no que diz respeito a um qualquer domínio fechado da ciência, seja em relação a uma pressuposta unidade-total do ente em geral, se uma filosofia for possível e estiver em questão. De acordo com a intenção, pertence, pois, à ideia da ciência e da filosofia um ordenamento do conhecimento a partir de conhecimentos em si anteriores até conhecimentos em si posteriores; em última análise, pois, não um começo e progressão a serem escolhidos arbitrariamente, mas fundamentados na natureza das coisas mesmas.

Dessa maneira, desnudam-se-nos, por meio de vivência "autocompreensiva" no universal do esforço científico, partes fundamentais da ideia-final da ciência autêntica que, a princípio, preponderam não mais que vagamente; [isso acontece] sem que tivéssemos, portanto, pré-julgado de antemão a respeito de sua possibilidade ou a respeito de um ideal de ciência presumidamente autoevidente.[7] Não se pode, aqui, dizer: a fim de que se fatigar com tais investigações e verificações? Elas pertencem manifestamente à doutrina da ciência universal ou à lógica, que aqui, tal como adiante, há de ser aplicada de maneira autoevidente. Mas precisamos nos precaver justamente contra essa autoevidência. Enfatizamos o que já dissemos a propósito de Descartes: tal como todas as ciências previamente dadas, também a lógica foi invalidada pela subversão universal. Precisamos antes de tudo adquirir por nós mesmos tudo o que possibilita um começar filosófico. Se mais tarde teremos como resultado uma ciência autêntica, do tipo da lógica tradicional, disso não podemos agora nada saber. Em virtude desse trabalho preliminar, [15] muito mais indicado de modo aproximativo do que explicitamente levado a cabo, ganhamos tanta clareza a ponto de podermos fixar um primeiro princípio metódico para todo o nosso procedimento posterior. É manifesto que eu, enquanto iniciante filosófico, em consequência de que me esforço na direção da presumida meta da ciência autêntica, não posso emitir ou deixar valer nenhum juízo que eu não tenha haurido da evidência, a partir de "experiências" nas quais as coisas e circunstâncias-de-coisas concernidas me estão presentes enquanto "eles mesmas". Decerto, preciso também, a todo tempo, refletir sobre a evidência em questão, sopesar o seu escopo e tornar para mim evidente em que medida ela, em que medida a sua perfeição é suficiente para a autodoação efetiva das coisas (*wirkliche Selbstgebung*

---

7. Cabe notar a diferença entre aquilo que é autoevidente (*selbstverständlich*) e aquilo de que trata a Evidência propriamente dita (*Evidenz*): no primeiro caso, trata-se de algo que seria, pretensamente, *natural e imediatamente* compreensível; no segundo caso de algo, tal como será visto adiante, mostrado como evidente *em virtude de reflexão crítica*.

der Sachen). Lá onde ela ainda não basta, não posso aspirar a nenhuma validação final (*Endgültigkeit*); o juízo, no melhor dos casos, posso enumerá-lo como um passo intermediário no caminho em direção até ela.

Dado que as ciências se dirigem às predicações que expressem completamente e em uma conformação evidente aquilo pré-predicativamente visto, então, naturalmente, há de se cuidar também a respeito desse lado da evidência científica. Em virtude da fluidez, polissemia e exagerada parcimônia no que diz respeito à completude expressiva da língua em geral, é preciso, mesmo quando seus meios de expressão são utilizados, de uma nova fundamentação dos significados, [realizada] por meio de orientação originária rumo às visões-intelectivas (*Einsichten*) cientificamente maturadas e de sua fixação firme nesses significados. Enumeramos também isso dentro do nosso princípio metódico da evidência – daqui em diante consequentemente normativo.

Mas em que nos ajudaria esse princípio e toda a meditação até aqui, se não nos oferecessem qualquer instrumento (*Handhaben*) para proceder um começo efetivo, a saber, para trazer a ideia da ciência autêntica ao caminho da efetivação?[8] Dado que a essa ideia pertence a forma de um ordenamento sistemático de conhecimentos – conhecimentos autênticos –, daí resulta, então, enquanto questão inicial, os conhecimentos posteriores àqueles em si primeiros, os quais devem (podem) portar toda a gradação do conhecimento universal. Para [16] nós que meditamos em meio à nossa completa pobreza de conhecimento é preciso, em seguida, se nossa presumida meta deve ser possível, do ponto de vista da prática, [*i.e.*,] que haja evidências que tragam em si a estampa de tal chamado, na medida em que, notadamente, elas são cognoscíveis como precedentes a todas as evidências concebidas de outro modo. Mas elas têm, também, no que diz respeito a essa evidência do preceder, de ocasionar de si certa perfeição, uma segurança absoluta, se a partir delas a progressão e a construção de uma ciência sob a ideia de um sistema de conhecimento definitivo – e a infinitude presumidamente copartícipe a essa ideia – deve poder ter um sentido.

§ 6
Diferenciação da evidência.
A exigência filosófica de uma evidência apodítica e em si primeira.

Aqui, porém, nesse ponto decisivo do começo, precisamos, nós que meditamos, penetrar mais a fundo. É necessário esclarecer o discurso sobre a segurança absoluta ou, o que dá no mesmo, sobre a indubitabilidade absoluta. Ele nos torna atentos

---

8. A questão da dificuldade inerente ao *começo da filosofia* tem, na história da filosofia alemã, tradição bem determinada. Menciona-se, p.ex., a *Tentativa de uma nova apresentação da Doutrina da Ciência*, de Fichte (1787/98) e, especialmente, o texto: *Com o que se deve fazer o começo da filosofia*, que Hegel interpõe entre a *Introdução* e o efetivo começo de sua *Ciência da Lógica* (TW5, p. 65-79).

a que a perfeição idealmente exigida da evidência se diferencie sob melhor exposição. Temos, no presente nível inicial da meditação filosófica, a infinidade sem margens das experiências pré-científicas, evidências mais ou menos perfeitas. Por imperfeição é dito, via de regra, incompletude, unilateralidade, falta de clareza relativa, indistinção no que diz respeito à auto-ocorrência (*Selbstgegebenheit*) das coisas ou circunstâncias de coisas, *i.e.*, aprisionamento da experiência a componentes de presunções e co-suposições (*Mitmeinungen*) não preenchidas. O aperfeiçoamento se completa, então, como progressão sintética de experiências concordantes, nas quais essas suposições-comuns vêm a ser experiência efetiva integral. A ideia correspondente da perfeição seria a da "*evidência adequada*", com o que pode continuar em aberto [a questão:] se ela não se assenta, por princípio, no infinito. [17]

Embora essa ideia dirija também continuamente o intento do cientista, há, porém (tal como apreendemos por meio daquele "habituar-se" nesse mesmo intento), um outro tipo de perfeição da evidência que tem, para o cientista, uma dignidade mais alta, a saber, a da apoditicidade; ela pode eventualmente ocorrer também em evidências inadequadas. Há uma indubitabilidade absoluta em um sentido totalmente determinado e particular, aquela que o cientista demanda de todos os princípios e cujo valor predominante se anuncia em seu esforço por fundamentar novamente, e em um patamar mais elevado, fundamentações já em si e para si evidentes, mediante o retorno aos princípios, preparando-lhes, por meio disso, a mais alta dignidade da apoditicidade. Seu caráter fundamental deve ser assim caracterizado:

Toda e qualquer evidência é autoapreensão de um ente ou ente-assim (*Seienden und Soseinden*) sob o modo do "ele mesmo" em completa certeza desse ser, a qual exclui, pois, qualquer dúvida. Ela não exclui, em virtude disso, a possibilidade de que o evidente possa se tornar em seguida duvidoso, que o ser possa se exibir como aparência[9] – disso a experiência sensível nos fornece [diversos] exemplos. Essa possibilidade aberta do tornar-se duvidoso, *i.e.*, do possível não-ser apesar da evidência, deve ser previamente conhecida também a todo momento mediante uma reflexão crítica sobre a realização (*Leistung*) da evidência. Uma evidência apodítica, porém, tem a idiossincrasia extraordinária de não ser meramente certeza de ser (*Seinsgewißheit*) das coisas ou circunstâncias-de-coisa nela evidentes, mas de se desnudar, por meio de uma reflexão crítica, simultaneamente como absoluta impensabilidade (*Unausdenkbarkeit*) do seu não-ser; de excluir de antemão, pois, como vazia (*gegenstandslos*) qualquer dúvida imaginável.[10] Por isso, a

---

9. Em alemão, *ser* e *aparência* – ou *ser* e *ilusão* – (*Sein / Schein*) compõem um interessante jogo, tanto meramente sonoro quanto semântico, difícil de ser expresso em português.

10. A respeito desse tema na doutrina cartesiana, ver, além, é claro, da argumentação que Descartes fornecerá na *Segunda Meditação* para justificar a certeza absoluta do *cogito* estabelecido, também as *Regulae ad directionem ingenii*, especialmente a Reg. XII: "as naturezas simples são todas *per se notas*, e não contêm nunca qualquer falsidade, o que é facilmente provado, se distinguimos a faculdade intelectiva, por meio da qual intuímos e conhecemos as coisas, daquela [faculdade] que julga, afirmando ou negando; pode acontecer que achemos que ignoramos as coisas que conhecemos deveras, suspeitando

evidência daquela reflexão crítica, *i.e.*, também a do ser dessa impensabilidade do não-ser daquilo que está presente em certeza evidente, tem sempre dignidade apodítica, tal como em qualquer reflexão crítica de nível superior.

Lembremo-nos agora do princípio para a construção da ciência autêntica, o princípio cartesiano da indubitabilidade absoluta com o qual qualquer dúvida concebível, e mesmo qualquer dúvida sem fundamento *de facto*, deveria ser excluída. Se [18] obtivermos esse princípio de forma clarificada mediante nossa meditação, então cabe perguntar se e como ele poderia agora nos auxiliar na direção de um começo efetivo. De acordo com o que já foi anteriormente dito, formula-se como uma primeira questão determinada da filosofia que começa aquela que pergunta se nos seriam exibíveis as evidências que, tal como neste ponto precisamos dizer, direcionam consigo apoditicamente a intelectiva visão de que antecedem – como em si primeiras – a todas as evidências concebíveis e que, simultaneamente, deixam ver internamente que elas mesmas são apodíticas; se forem inadequadas, então, pelo menos, precisam ter um teor apodítico cognoscível, um teor de ser (*Seinsgehalt*), o qual, em virtude da apoditicidade, é fixamente assegurado de uma vez por todas ou absolutamente. Como, e se, há de se avançar de fato em direção a uma ampliação (*Weiterbau*) apoditicamente assegurada de uma filosofia – isso terá de ser uma *cura posterior*.[11]

§ 7
A evidência da existência do mundo (*Dasein der Welt*) não é dada apoditicamente; seu envolvimento na subversão cartesiana.

A pergunta sobre as evidências em si primeiras parece resolver-se facilmente. Não se apresenta, sem mais, como tal [*i.e.*, como evidência em si primeira] a existência (*Existenz*) de um mundo? A vida que age no cotidiano se relaciona com o mundo; com ele se relacionam também todas as ciências: imediatamente as ciências

---

existir no lugar daquilo que intuímos, ou que atingimos pensando, alguma outra coisa que nos é oculta, e que, assim, nosso pensamento seja falso. Mas fica evidente que estamos enganados se julgamos que algo dessas naturezas simples não são por nós totalmente conhecidas: pois o mínimo qualquer que as alcancemos com a mente – o que é necessário já ter acontecido quando é suposto que delas julgamos alguma coisa –, exatamente disso devemos concluir que as conhecemos totalmente; de outra forma não poderiam ser ditas simples, mas compostas daquilo que dela percebemos e daquilo que julgamos ignorar" (AT.X, p. 420; tradução nossa). Essa formulação cartesiana retoma um elemento cardinal da doutrina aristotélica da alma, tradicionalmente caracterizada de *intelecção dos indivisíveis*: "Assim, então, a intelecção dos indivisíveis (*adiaireton noésis*) ocorre nos casos a respeito dos quais não é possível haver o falso, ao passo que, nos casos em que é possível o falso e o verdadeiro, ocorre já uma certa composição (*synthesis*) de intelecções, como se elas fossem uma só (...) Pois o falso sempre reside na composição: pois inclusive quando se afirma que o branco é não-branco, compõe-se o branco e o não-branco". (*De Anima*, III, 6, 430a26-430b3, segundo a tradução de Lucas Angioni: ARISTÓTELES, 2002, p. 97.)

11. Em latim no original: preocupação posterior.

factuais (*Tatsachenwissenschaften*) e mediatamente, enquanto instrumentos do método, as ciências apriorísticas. O ser do mundo é, antes de tudo, autoevidente – tanto que ninguém irá pensar em enunciá-lo expressamente em uma proposição. Temos, pois, a experiência contínua na qual este mundo nos está diante dos olhos constantemente como existindo inquestionavelmente. Entretanto, mesmo que essa evidência seja tão em si anterior a todas as evidências da vida direcionada ao mundo e de todas as ciências-mundanas (*Weltwissenschaften*) – e ela é constantemente o fundamento que as suporta[12] – todavia, haveremos de estar preocupados a respeito de em que medida ela pode aspirar, nessa função, ao caráter apodítico. E se nos mantivermos na direção dessa preocupação, fica claro que também ela não pode aspirar ao mérito da evidência absolutamente primeira. [19] No que diz respeito ao primeiro ponto, a experiência sensível universal, em cuja evidência o mundo nos é constantemente dado, não deve ser levada em conta manifestamente sem mais como uma evidência apodítica que, pois, excluiria absolutamente a possibilidade de tornar duvidoso se o mundo existe efetivamente, *i.e.*, excluiria absolutamente a possibilidade de seu não-ser. Não apenas aquilo experienciado[13] singularmente pode ser rebaixado a ilusão-dos-sentidos; também o nexo experiencial (*Erfahrungszusammenhang*) que é sempre total, apreendido de maneira unitária, pode se verificar como ilusão, sob o título de sonho coerente. Não precisamos levar em conta como crítica suficiente da evidência a indicação de tais possíveis e ocorrentes recaídas da evidência, e ver, nisso, uma prova completa para a possibilidade de pensamento de um não-ser do mundo, apesar de seu constante ser experienciado. Retemos apenas o seguinte: que a evidência da experiência-de-mundo precisaria em todo caso, para fins de uma fundamentação radical da ciência, antes uma crítica a respeito de sua validade e escopo; que nós não podemos, pois, levá-la em conta sem questionamento como imediatamente apodítica. De acordo com isso, não basta tomar como inválidas todas as ciências que nos foram dadas previamente, tratá-las como pré-conceitos (*Vor-Urteile*) para nós inadmissíveis. Precisamos subtrair à validade ingênua também o seu solo universal, aquele do mundo da experiência. O ser do mundo não pode mais nos ser fato autoevidente em virtude da evidência da experiência natural, porém apenas um fenômeno de validade (*Geltungsphänomen*).

Resta-nos ainda, se assim mantivermos a nossa postura, ao menos um solo de ser (*Seinsboden*) para quaisquer juízos, sequer para evidências, a fim de que sobre ele, e sobretudo de maneira apodítica, se possa fundamentar uma filosofia universal? Não é o mundo o título para o universo do ente em geral? Há de se evitar, pois

---

12. *tragender Grund*. Observa-se imediatamente que se trata do uso de pleonasmo como meio de esclarecimento e ênfase.

13. A versão do particípio do verbo *erfahren* para o português, ou de outras formas flexionadas do radical filosófico "experiência", mostra-se sempre um desafio para o tradutor e para o leitor, pois "experimentado", apesar de em todo caso correto, parece, em virtude do uso coloquial da língua, remeter o pensamento a outros contextos que o estritamente filosófico em questão. Por esse motivo, optamos aqui por fazer uso do nada elegante "experienciado".

– agora *in extenso* e como primeira tarefa –, dar início à crítica da experiência de mundo acima apenas aludida? Teria, em seguida, quando o resultado previamente presumido da crítica se confirmasse, todo nosso propósito filosófico fracassado? Como, porém, se o mundo ao final das contas não seria de modo algum o [20] solo de juízo absolutamente primeiro e se, com sua existência, já seria pressuposto um solo de ser em si anterior?

§ 8
O *ego cogito* como subjetividade transcendental.

Aqui realizamos, seguindo Descartes, a grande inversão (*Umwendung*), a qual, se consumada da maneira correta, leva à subjetividade transcendental: a virada para o *ego cogito* como o solo de juízo apoditicamente certo e último, sobre o qual toda filosofia radical há de ser fundamentada.

Ponderemos. Enquanto filósofos que meditam radicalmente, não temos agora nenhuma ciência que nos seja válida, tampouco um mundo que exista para nós. Ao invés de apenas existente, *i.e.*, valendo-nos naturalmente na crença de ser (*Seinsglauben*) da experiência, o mundo é-nos apenas uma pretensão de ser (*Seinsanspruch*). Isso diz respeito também à existência de todos os outros eus circundantes, de modo que não mais deveríamos, de fato, falar com direito no plural comunicativo. Os outros seres humanos e os animais são para mim, pois, apenas dados-de-experiência em virtude da experiência sensível de seus corpos materiais,[14] de cuja validade, consequentemente sob questão, não posso fazer uso. Se perco os outros, perco naturalmente também todo o constructo da socialidade (*Sozialität*) e da cultura. Resumindo, não apenas a natureza corpórea, mas todo o ambiente vivo concreto é-me, daqui em diante, ao invés de existente, apenas fenômeno de ser (*Seinsphänomen*).

Todavia, indiferente de como se vá comportar a pretensão de efetividade desse fenômeno, e indiferente de como eu possa uma vez decidir criticamente entre o ser e a ilusão, ele mesmo [sc., o ser], porém, enquanto meu fenômeno, não é [um] nada, mas justamente o que torna tal decisão crítica possível, sobretudo para mim, *i.e.*, que também torna possível o que eventualmente pode ter sentido e validade enquanto verdadeiro ser para mim – decidido definitivamente ou ainda a decidir. E de novo: se me contenho – tal como poderia fazer, e fiz, em liberdade – diante de toda crença da experiência sensível e fundada na sensibilidade, de modo que o ser do mundo empírico permanece fora de validade, então esse "conter-me", porém, é

---

14. *körperlichen Leiber*. Novamente, verifica-se uso do pleonasmo estilístico oriundo do emprego de dois termos semanticamente próximos, distintos, porém, em virtude raiz latina do primeiro termo e da germânica do segundo. *Leib*, em geral, significa já corpo e *körperlich* indica corpóreo, corpuscular, no sentido físico (materialista) do termo. Adiante, porém, verificar-se-á uma importante distinção entre ambos os termos, a qual nos obriga a traduzir *Leib* sempre por corpo e *Körper* sempre por matéria.

aquilo que [o ser do mundo empírico] é; e ele é em conjunto com todo o fluxo da vida empírica. [21] E de fato ele está para mim constantemente lá; constantemente ele é segundo um campo de presença apreendido pela consciência perceptiva como ele mesmo, em originalidade originária;[15] na lembrança, são apreendidas pela consciência ora essas, ora aquelas coisas passadas dele mesmo, e ele consiste nisto: enquanto as coisas passadas elas mesmas. A qualquer instante eu posso, refletindo, lançar olhares atentos a essa vida originária e apreender o presente como presente, o passado como passado, tal como ele mesmo é. Assim faço agora como eu que filosofa e que pratica aquela contenção.

O mundo experienciado nessa vida reflexionante permanece, por isso, tanto adiante quanto previamente, igualmente experienciado e, em cada caso, com o teor que lhe pertence. Ele aparece adiante tal como apareceu anteriormente – apenas que eu, enquanto aquele que reflete filosoficamente, não mais mantenho em vigor, em validade, a crença natural de ser da experiência-de-mundo, ao passo que, todavia, essa crença ainda está copresente e é coapreendida a partir de um olhar atento. O mesmo se dá a respeito de todas as outras suposições que, para além das que experienciam o mundo, pertencem ao meu fluxo-de-vida: minhas representações não-intuitivas, juízos, estabelecimento de valores, decisões, disposição de fins e meios etc., e, particularmente, as tomadas de posição necessariamente nelas ativas, [*i.e.*,] na postura natural, irrefletida, não-filosófica da vida – dado que justamente essas [suposições] pressupõem sobretudo o mundo, encerram em si, pois, uma crença de ser concernente ao mundo. Também aqui o conter-se, o invalidar as tomadas de posição no que diz respeito ao eu que reflete filosoficamente, isso não significa que elas desaparecerão de seu campo-de-experiência. As vivências concretas concernidas são, de fato – dizemo-lo novamente –, aquilo a que se volta o olhar atento, apenas que o eu atento opera a contenção em relação ao que foi intuído. Também tudo aquilo que em tais vivências era como assumido na consciência-de-validade, o juízo concernente, a teoria concernente, os concernentes valores, fins etc., [tudo isso] permanece integralmente mantido [22] – embora sob a modificação de validade: "meros fenômenos".[16]

Esse universal invalidar ("inibir", "pôr fora de jogo") todas as tomadas de posição relativas ao mundo objetivo pré-dado, e assim, em primeiro lugar, as tomadas de posição sobre o ser (*Seinsstellungsnahmen*) (concernentes ao ser, à ilusão, ao ser-possivelmente, presumidamente, provavelmente e semelhantes) – ou, tal como costuma ser dito, essa "ἐποχή fenomenológica"[17], ou esse "colocar entre parênteses" (*Einklammern*) o mundo objetivo – não nos dispõe diante de um nada. O que se nos torna próprio, antes, e justamente por isso; ou melhor: o que se torna próprio,

---

15. *ursprüngliche* (raiz germ.). *Originalität* (raiz lat.).
16. *Geltungsbewusstsein* – que Levinas e Peiffer traduzem por *conscience signifiante* (Op. cit., p. 45) – e em seguida *Geltungsmodifikation* – vertido em francês por *modification de valeur* (Ibid.).
17. *Epoché* refere-se ao cerne da prática filosófica cética, a saber, à suspensão do juízo diante das diversas posições antitéticas.

por meio disso, a mim, ao que medita, é a minha vida pura com o conjunto das suas vivências puras e o conjunto das suas puras suposições,[18] o universo dos fenômenos no sentido mais particular e mais amplo da Fenomenologia. A ἐποχή, e isso também pode ser dito, é o método radical e universal por meio do qual eu me capto puramente como Eu e com a vida de consciência pura que me é própria, na qual e por meio da qual o todo do mundo objetivo é para mim, e o é justamente da maneira que é para mim. Todo o mundano, todo o ser espaço-temporal é para mim – isso significa: vale para mim, e vale justamente porque eu o experiencio, percebo, me lembro dele, penso de alguma maneira a seu respeito, julgo-o, valoro-o, desejo etc. Tudo isso é designado por Descartes, tal como já conhecido, sob o título: *cogito*. O mundo não é para mim de nenhuma maneira outra coisa senão o mundo apreendido pela consciência existindo e valendo para mim em tal *cogito*. O mundo tem todo o seu sentido universal e especial e a sua validade-de--ser exclusivamente a partir de tais *cogitationes*. Nelas procede toda a minha vida--mundana, à qual pertence também a minha vida enquanto aquele que pesquisa e fundamenta cientificamente. Não posso viver, experienciar, pensar, valorar e agir dentro de nenhum outro mundo a não ser naquele que tem sentido e validade em mim e a partir de mim mesmo. Se me coloco acima dessa vida toda e me contenho em face de toda relação a qualquer crença de ser que toma o mundo justamente agora como existindo; se direciono meu olhar exclusivamente a essa vida ela mesma enquanto consciência do mundo, então [23] eu me alcanço enquanto Ego puro com o fluxo puro das minhas *cogitationes*.

Assim, pois, de fato, o ser do Ego puro e de suas *cogitationes* precede, enquanto ser em si anterior, o ser natural do mundo, aquele do qual posso falar. O solo de ser natural é secundário em sua validade de ser, ele pressupõe constantemente o transcendental. O método fenomenológico fundamental, o da ἐποχή transcendental, na medida em que direciona de volta a ele,[19] se chama, portanto, redução transcendental-fenomenológica.

---

18. *reine Gemeintheiten*. Levinas e Peiffer traduzem tal expressão por *purs objets intentionnels* (Op. cit., p. 46).

19. A saber, de volta ao solo-de-ser transcendental. Interessante notar como nesta frase, tal como na anterior, Husserl se desvia de utilizar o termo, que aqui trazemos, de nossa parte, à tona, a saber, "o solo-de--ser transcendental". Husserl diz apenas "...pressupõe constantemente o [solo-de-ser] transcendental" e em seguida "direciona de volta a ele". Tais desvios têm sua razão, presumidamente, em que a expressão solo-de-ser transcendental é, imediatamente, problemática, pois demanda do intérprete já ter aceitado completamente a possibilidade de um solo-de-ser que não seja ôntico no sentido natural. O parágrafo seguinte irá, justamente, aprofundar-se no caráter a princípio problemático da possibilidade de um solo-de-ser que não diga respeito imediatamente ao ser do mundo natural. Conceber um solo-de-ser que não seja *ser* no sentido natural é conceber um ponto de partida filosófico que deixou para trás o horizonte da onto(teo)logia tradicional. Nisso mostra-se já a radical diferença entre a *epoché* husserliana e a cartesiana, pois não caberá a Husserl, depois de exercitada a dúvida radical, ganhar de volta – tal como Descartes depois das provas da existência e veracidade divinas – acesso à realidade natural do ser do mundo antes colocada em questão. Paul Ricœur, a esse respeito, disse o seguinte: "à diferença da *sexta Meditação* de Descartes, não haverá jamais um mundo reencontrado. A *epoché* não consiste em afrouxar uma ligação ontológica para melhor assegurá-la; ela pretende dissipar *sem retorno* a ilusão realista do em si" (RICŒUR, 1954, p. 81).

§ 9
Alcance da evidência apodítica do "Eu sou".

A questão seguinte é aquela a respeito de se essa redução possibilitaria uma evidência apodítica do ser da subjetividade transcendental. Apenas se a experiência-de-si transcendental for apodítica é que ela pode servir como infraestrutura para juízos apodíticos; apenas então haverá, pois, prospecto para uma filosofia, para uma construção sistemática de conhecimentos apodíticos que partem do campo em si primeiro da experiência e do juízo. Que o *ego sum*, *i.e.*, *sum cogitans*[20] há de ser declarado apodítico; que recebemos, pois, um primeiro solo-de-ser apodítico sob os pés, isso já havia visto Descartes, sabidamente; ele enfatiza, pois, a indubitabilidade da proposição e também que mesmo o "eu duvido" pressuporia já o "eu sou".[21] Por isso, trata-se, também no seu caso, daquele mesmo eu que é interior a si mesmo em consequência do fato de que ele pôs o mundo da experiência fora de validade enquanto possivelmente duvidoso. É claro, de acordo com nossas observações especificadoras, que o sentido da indubitabilidade na qual o Ego alcança ser dado por meio da redução transcendental corresponde, efetivamente, ao conceito da apoditicidade anteriormente exposto.

Certamente, com isso, o problema da apoditicidade e, com ele, o do primeiro fundamento e solo para uma filosofia não foi resolvido. De fato, inquieta-se imediatamente a dúvida. Não pertence, por exemplo, inseparavelmente à subjetividade transcendental o seu respectivo passado, acessível meramente por meio da lembrança? [24] Pode-se pretender uma evidência apodítica para essa [lembrança]? De fato, seria errado querer negar, por isso a apoditicidade do "eu sou", o que, porém, seria apenas possível – argumentando de maneira exterior – se a contornamos propositadamente com a fala, *i.e.*, se subtraímo-lhe propositadamente o olhar.[22] Mas ao invés disso é preciso agora que o problema do alcance de nossa evidência apodítica se torne premente.

Lembramo-nos aqui de uma consideração anterior, de que a adequação e a apoditicidade de uma evidência não precisam caminhar de mãos dadas – talvez essa consideração tenha sido cunhada a respeito do caso da autoexperiência trans-

---

20. A passagem do *eu sou* para o *sou coisa pensante* é o tema fundamental da *segunda Meditação* de Descartes. Trata-se, sabidamente, de um aprofundamento na primeira verdade encontrada pelo pensamento (Eu sou) rumo à descoberta que eu apenas sou na medida em que penso e que, portanto, só posso ser, a princípio, coisa pensante (*res cogitans*): "Agora, não admito nada que não seja necessariamente verdadeiro: sou, portanto, precisamente, só coisa pensante, isto é, mente ou ânimo ou intelecto ou razão, vocábulos cuja significação eu antes ignorava. Sou, porém, uma coisa verdadeira e verdadeiramente existente. Mas qual coisa? Já disse: coisa pensante" (AT.VII, p. 27; F. Castilho, p. 43). Para uma exposição compreensiva dessa versão, cf.: FORLIN, 2005, p. 123-173.

21. "Mas o que sou, então? Coisa pensante. Que é isto? A saber, coisa que duvida, que entende, que afirma, que nega, que quer, que não quer, que imagina também e que sente" (AT.VII, p. 28; F. Castilho, p. 45).

22. Husserl utiliza duas formas de uma locução verbal de difícil versão: *über sie hinwegreden* e *über sie hinwegsehen*. No primeiro caso, trata-se de contornar com a fala algum tema, a fim de evitá-lo e distanciar-se dele e, no segundo, de contornar com o olhar alguma coisa – no caso em questão, a apoditicidade do "eu sou" – a fim de pretender não a ver.

cendental. Nela, o Ego é originariamente acessível a si mesmo. No entanto, apenas um núcleo daquilo de fato adequadamente experienciado oferece sempre essa experiência: a saber, a vivente presença-de-si expressa pelo sentido gramatical da proposição *ego cogito*, ao passo que, para além dela, basta apenas um horizonte indeterminadamente universal e presumido, um horizonte de algo de fato não--experienciado, mas necessariamente cosuposto.[23] A ele [a saber, a esse horizonte] pertence o próprio passado, em sua maior parte completamente obscuro, mas também as faculdades transcendentais pertencentes ao Eu e as respectivas idiossincrasias habituais. Também a percepção exterior (que, certamente, não é apodítica) é, de fato, experiência-de-si da própria coisa[24] – ela mesma está aí – mas, nesse próprio estar-aí, ela tem para aquele que experiencia um horizonte abertamente infinito, indeterminadamente universal, daquilo que não foi de fato ele mesmo percebido; *i.e.*, como um [horizonte] – isso jaz nesse contexto como presunção – a ser desdobrado por meio de experiência possível. De maneira análoga, pois, a certeza apodítica da experiência transcendental concerne o meu "eu sou" transcendental na universalidade indeterminada de um horizonte aberto que lhe é inerente. O ser efetivo do solo-de-conhecimento em si primeiro está, de acordo com isso, pois, absolutamente fixo; mas não está absolutamente fixo, sem mais, aquilo que melhor determina o seu ser e aquilo que ainda não foi ele mesmo desdobrado, porém apenas presumido durante a evidência vivente do "eu sou". Essa presunção coimplícita na evidência apodítica subordina-se, pois, no que diz respeito às possibilidades do seu preenchimento, à crítica [25] de seu alcance, cujos limites hão de ser eventualmente estabelecidos. Quanto pode enganar-se a respeito de si mesmo o Eu transcendental e até que ponto bastam os estoques (*Bestände*) absolutamente indubitáveis apesar desse possível engano?[25]

---

23. "Eu, eu sou, eu, eu existo, isto é certo. Mas por quanto tempo? Ora, enquanto penso, pois, talvez pudesse ocorrer também que, se eu já não tivesse nenhum pensamento, deixasse totalmente de ser" (AT.VII, p. 27; F. Castilho, p. 43). Acoplar a essa "presença de si vivente expressa no sentido da proposição *ego cogito*" – elemento, como acabamos de ver pela citação, estritamente cartesiano – um "horizonte indeterminadamente universal e presumido", isso significa incorporar já algo da doutrina de Leibniz, para quem toda percepção se dava sobre um fundo de infinitas *petites perceptions* ou *perceptions insensibles*. (Cf.: LEIBNIZ, Nouveaux Essais sur l'entendement humain, 1993, *Avant-propos*, §§ 5-12).

24. *Selbsterfahrung des Dinges*. Na fenomenologia diferencia-se tradicionalmente entre *Ding* e *Sache*. Esta aponta à coisa factualmente existente, ao passo que aquele indica antes a coisa como objeto visado. No caso em questão, não se trata de uma experiência de si mesma *da coisa*, mas de uma experiência de si do sujeito transcendental diante da coisa, *i.e.*: que estar diante de uma coisa, no sentido transcendental, significa propriamente experienciar a si mesmo. Nesse sentido é que se pode dizer que a coisa está ela mesma lá na medida em que eu, enquanto sujeito transcendental, a experiencio.

25. Essa questão se apresenta a Descartes primeiramente em sua *terceira meditação*: estabelecido, na *segunda meditação*, que *eu existo*, e que eu existo *na medida em que penso*, e que eu, portanto, sou *coisa pensante*, dessa primeira verdade não se procede muito adiante sem a garantia ulterior de que também todas as coisas que eu pense, além do pensamento da minha existência, serão verdadeiras. Dentre essas coisas ulteriores estão as coisas sensíveis, como também as verdades matemáticas, que ainda jazem sob o véu da dúvida na medida em que essa garantia ulterior não for estabelecida. Para Descartes, tal garantia ulterior será encontrada na prova da existência e veracidade de Deus. A razão disso está em que as coisas sensíveis e as evidências matemáticas foram postas em dúvida pela possibilidade da existência de um *deus enganador* que me enganasse sempre que eu pensasse saber algo evidentemente.

Ao estatuir o Ego transcendental, encontramo-nos em um ponto de fato perigoso, mesmo se deixamos a princípio fora de consideração as difíceis questões da apoditicidade.

§ 10
Excurso: O fracasso de Descartes na virada (*Wendung*) transcendental.

Parece tão fácil captar, seguindo Descartes, o Eu puro e suas *cogitationes*. Entretanto, é como se estivéssemos sobre um cume íngreme; seguir tranquila e seguramente a partir dele decide, em filosofia, entre a vida e a morte. Descartes tinha a vontade seríssima da ausência de preconceitos. Mas sabemos, em virtude de pesquisas mais novas, e em particular as belas e profundamente radicadas pesquisas dos srs. Gilson e Koyré,[26] o quanto de escolástica se esconde, como preconceito não-esclarecido, nas *Meditações* de Descartes. Mas não apenas isso; em primeiro lugar precisamos nos guardar já contra aquele preconceito mencionado anteriormente, oriundo da admiração pelas ciências matemáticas da natureza e que nos determina a nós mesmos como antiga herança; precisamos nos guardar contra ele tal como se tratasse, sob o título *ego cogito*, de um "axioma" apodítico que, em associação com outras hipóteses a serem exibidas e, além dessas, hipóteses eventualmente fundamentadas indutivamente, haveria de fornecer o fundamento para uma ciência secular que se esclarece dedutivamente, uma ciência nomológica, uma ciência *ordine geométrico*, justamente semelhante à ciência matemática da natureza.[27] Consequentemente, também ele não pode de maneira alguma valer

---

Tal *deus enganador* me enganaria a respeito de todas as evidências, menos a respeito da evidência de minha própria existência, *i.e.*, no instante em que eu a pronuncio a mim mesmo no pensamento. Se Deus, porém, é, existe e é veraz, então todas as outras evidências menos imediatas voltariam a ter razão de credibilidade.

26. Husserl se refere, notadamente, aos textos: GILSON, *René Descartes. Discours de la méthode, texte et commentaire*, 1925; *Études sur le rôle de la pensée médiévale dans la formation du système cartésien*, 1930; KOYRÉ, *Essais sur l'idee de Dieu et les preuves de son existence chez Descartes*, 1922.

27. Pela segunda vez, Husserl deixa bem clara a sua oposição à maneira não-crítica por meio da qual Descartes se aliou à ideia de que a forma fundamental do saber científico é a forma imediatamente geométrica. Os motivos disso são bem claros: Husserl identifica nessa maneira imediata com que Descartes tomou a matemática como forma fundamental do conhecimento científico a raiz do exagero-matemático observado pelos lógicos mais eminentes do final do século XIX e início do século XX, notadamente, Frege. Em FtL (p. 3), Husserl afirma que a Lógica do seu tempo, "ao invés de orientar a partir de princípios as ciências (...), apraz-se muito mais em se deixar guiar, em seu ideal de ciência e sua colocação de problemas, pelas ciências fáticas, especialmente pelas muito admiradas ciências da natureza". Husserl acusa os seus contemporâneos lógicos, portanto, de terem grande parte de culpa no caráter "trágico da cultura científica moderna", pois ela, a lógica, "ao invés de manter fixo sob o olhar a sua vocação histórica e se fazer valer como doutrina da ciência pura e universal, tornou-se, ao contrário, ela mesma uma ciência específica" (Ibid., p. 4). Husserl alude à *escrita conceitual* (*Begriffsschrift*) de Frege enquanto uma "mnemotécnica", "um tipo de técnica teórica" (Ibid., p. 3). Essa crítica à lógica de seu tempo é corolário do seu trabalho inaugural na filosofia, a saber: HUSSERL, *Philosophie der Arithmetik, Psychologische*

como autoevidente, como se nós em nosso Ego puro e apodítico tivéssemos salvado do mundo um cantinho pequeno, como aquilo único do mundo [a restar] inquestionável para o Eu que filosofa; como se tratasse, mediante deduções corretamente operadas [26] segundo os princípios inatos ao Ego, de desdobrar ulteriormente o mundo restante.

Infelizmente, assim ocorre em Descartes em virtude da virada singela, mas fatal, que o Ego faz em direção à *substantia cogitans*, à humana *mens sive animus*[28] separada, e ao termo de partida para conclusões segundo o princípio de causalidade; em suma, à virada por meio da qual ele se tornou pai do contrassenso: o realismo transcendental (como isso se deu não pode aqui ainda se fazer visto).[29] Mantemo-nos distantes de tudo isso se permanecemos fiéis ao radicalismo da "autorreflexão" (*Selbstbesinnung*) e, com isso, ao princípio da intuição pura ou evidência; *i.e.*, se não deixarmos valer, aqui, nada senão o que dispusemos efetivamente e, a princípio, de maneira completamente imediata no campo do *ego cogito* que nos foi aberto pela ἐποχή; *i.e.*, se não exprimirmos nada que não "vemos" por nós mesmos. Nisso Descartes errou, e assim ocorre que ele se encontra diante da maior de todas as descobertas – já, de certa maneira, a descobriu e, porém, não capta o seu sentido autêntico, *i.e.*, o sentido da subjetividade transcendental, e assim não transpôs a porta de entrada que leva adiante à autêntica filosofia transcendental.

§ 11
O Eu psicológico e o Eu transcendental. A transcendência do mundo.

Se eu, o que medita, mantenho puro aquilo que a mim adentra no campo de visão através da livre ἐποχή referente ao ser do mundo da experiência, então surge o fato significativo de que eu e minha vida permanecemos intocados em minha

---

und logische Untersuchungen, 1891. As bases da crítica neokantiana ao exagero formalista, as quais teriam certamente orientado o próprio Husserl, são, por sua vez, encontradas em: COHEN, *Das Prinzip der Infinitesimalmethode und seine Geschichte. Ein Kapitel zur Grundlegung der Erkenntniskritik*, 1883.

28. Mente ou alma. Em latim no original.

29. Nesse ponto, Husserl traz de volta à tona um ponto chave da interpretação neokantiana sobre Descartes, defendido por Paul Natorp no celebrado congresso do tricentenário de nascimento de Descartes (texto mais tarde publicado em: NATORP, 1896; retomando estudo de maior envergadura publicado anteriormente: NATORP, 1882). Segundo Natorp, tudo o que a filosofia cartesiana portava de interesse crítico (leia-se: transcendental) nas *Regulae*, perdeu-se na medida em que, nas *Meditationes*, almejou dar ao método fundamentação metafísica, aliando-se, nisso, às teses "místicas" da separação da alma frente o corpo, da necessidade da prova divina para a segurança radical do procedimento natural do intelecto humano. Tais teses foram, posteriormente, retomadas no célebre estudo de Cassirer sobre Leibniz (CASSIRER, 1902), constituindo-lhe a introdução "A crítica de Descartes ao conhecimento matemático e à ciência da natureza" (Ibid., p. 3-104). Tais teses neokantistas foram, desde então, combatidas *sur le champ* pela interpretação francesa de Descartes, p.ex.: DELBOS, 1911. Para um balanço a respeito da história das interpretações da filosofia de Descartes, recomenda-se: ARMOGATHE, BELGIOIOSO, 1994.

validade de ser, independente da maneira tal como esteja o ser e o não-ser do mundo, independente de como eu haverei alguma vez de decidir a esse respeito. Esse Eu e sua vida egóica (*Ichleben*) que está necessariamente sempre aí para mim em virtude de tal ἐποχή não é um pedaço do mundo; e se ele diz: "Eu sou, *ego cogito*", então isso não mais significa: eu, este ser humano, sou. Eu não sou mais aquele que se encontra na experiência natural de si próprio enquanto ser humano, aquele ser humano que, na limitação abstrativa aos estoques puros do *interior*, à autoexperiência puramente psicológica, encontra a sua própria [27] e pura *mens sive animus sive intellectus*,[30] *i.e.*, a alma ela mesma depreendida para si. Apercebido nessa maneira "natural", eu sou, e o são todos os outros seres humanos, tema das ciências positivas ou, no sentido usual, objetivas: da Biologia, Antropologia, nisso incluso também a Psicologia. A vida anímica (*Seelenleben*), sobre a qual discorre a Psicologia, foi desde sempre, e ainda o é, assumida como vida anímica no mundo. Isso vale manifestamente também a respeito da vida anímica própria que é apreendida e observada na experiência interior pura. Mas a ἐποχή fenomenológica, que exige daquele que filosofa o percurso das *Meditações Cartesianas* purificadas, inibe a validade de ser do mundo objetivo e expulsa-a, com isso, completamente para fora do campo-de-juízo; e, com isso, elimina também a validade-de-ser, tanto a de todos os fatos objetivamente apercebidos, quanto a daqueles fatos da experiência interior. Para mim – o Eu que medita e que está e permanece na ἐποχή e que se põe exclusivamente como o fundamento de validação de todas as validades objetivas e de todos os fundamentos – não há, pois, nenhum Eu psicológico, nenhum fenômeno psíquico no sentido da Psicologia, *i.e.*, enquanto partes componentes (*Bestandstück*) de seres humanos psicofísicos.[31]

Mediante a ἐποχή fenomenológica eu reduzo o meu Eu natural humano e a minha vida anímica – o domínio da minha autoexperiência psicológica – ao meu Eu fenomenológico-transcendental, o domínio da autoexperiência transcendental-fenomenológica. O mundo objetivo que é para mim, que para mim sempre foi, sempre será, e sempre poderá ser com todos os seus objetos; esse mundo haure, eu disse, a partir de mim mesmo – a partir de mim enquanto Eu transcendental que veio à tona pela primeira vez com a ἐποχή fenomenológico-transcendental – todo o sentido e validade-de-ser que ele em cada caso tem para mim.

---

30. Mente ou alma ou intelecto; em latim no original.
31. Por injusta que possa ser, no que diz respeito à interpretação do sistema cartesiano de filosofia, essa posição husserliana pretende situar-se no espaço pós-metafísico (pós-ontológico, no sentido da ontologia tradicional) inaugurado por Kant na *Crítica da Razão Pura* (1781) e trazido à tona de maneira determinante por Fichte na *Doutrina da Ciência* (1794) – e mais tarde, com enorme polêmica, catapultado para além do *solo da subjetividade transcendental* por Hegel na *Ciência da Lógica* (1812); esse solo pós-metafísico será, ainda, e a partir de outro grau de polêmica, ponto de partida para o célebre *Ser e Tempo* (1927) de Heidegger. A Husserl, porém, como já notamos, não se trata de exercitar a *epoché* a fim de reganhar, ao final, uma realidade dura (e extensa) do *ente*, tal como foi o caso para Descartes. Para Husserl, haver superado o solo da ontologia tradicional constitui a pressuposição necessária para a crítica da "ingenuidade de grau superior" (FtL, p. 2) contida na visão de mundo do positivismo científico.

Esse conceito do transcendental e seu conceito-correlato, o do transcendente, precisa ser haurido exclusivamente de nossa situação filosófico-meditativa. Aqui há que se considerar: tal como o Eu-reduzido não é nenhum pedaço do mundo, então, inversamente, o mundo e qualquer objeto mundano não são pedaços do meu Eu, [28] não hão de ser encontrados na vida da minha consciência como sua parte mais real, enquanto complexo de dados de sensação ou atos reais. Essa transcendência pertence ao sentido próprio de tudo quanto é mundano, embora isso [a saber, tudo quanto é mundano,] alcance, e possa alcançar, apenas a partir da minha experiência – do meu respectivo representar, pensar, valorar, agir – todo o sentido que o determina, em conjunto com a sua validade de ser, e também o sentido de um ser eventualmente evidente, válido justamente a partir das minhas próprias evidências, a partir dos meu atos fundamentados. Pertence ao sentido próprio do mundo essa transcendência do irreal ter-sido-concluído;[32] assim se chama então o próprio Eu – que traz em si o mundo enquanto sentido que vale e que é, por sua vez, por esse [sentido que vale] pressuposto – transcendental no sentido fenomenológico; e os problemas filosóficos que surgem a partir dessa correlação são chamados de fenomenológico-transcendentais.

---

32. *irreellen Beschlossenseins*. Levinas e Peiffer vertem tal termo por *inhérence irréelle* (Op. cit., p. 55).

SEGUNDA MEDITAÇÃO
Abertura do campo de experiência transcendental de acordo com as suas estruturas universais

§ 12
Ideia de uma fundamentação transcendental do conhecimento.

Nossa meditação necessita agora de um avanço ulterior, no qual aquilo que foi até aqui posto à vista pode, pela primeira vez, trazer o benefício correto. O que posso eu (aquele que medita cartesianamente) começar filosoficamente com o Ego transcendental? Está certo que, no que diz respeito ao conhecimento, seu ser precede para mim a todo ser objetivo; em certo sentido, ele é o fundamento e o solo sobre o qual se encena todo conhecimento objetivo. Todavia, pode esse "preceder" implicar que, em sentido usual, seja o fundamento de conhecimento para todo conhecimento objetivo? Não é o caso, pois, de querermos abandonar o grande pensamento cartesiano de buscar na subjetividade transcendental a fundamentação mais profunda de todas as ciências e, até mesmo, do ser de um mundo objetivo. [29] Pois não teríamos, então, seguido seus caminhos meditantes, mesmo que seja sob variações críticas. No entanto, talvez se abra com a descoberta cartesiana do Ego transcendental também uma nova ideia de fundamentação do conhecimento, a saber, como fundamentação transcendental. De fato, ao invés de querer dar valor ao *ego cogito* como premissa apoditicamente evidente para conclusões a serem pretensamente deduzidas sobre uma subjetividade transcendente, desviamos nosso olhar atento ao fato de que a ἐποχή fenomenológica abre (a mim, ao filósofo que medita) uma esfera de ser infinita, inovadora, como esfera de um novo tipo de experiência: a transcendental. Se atentamos ao fato de que pertence a todo tipo de experiência efetiva e aos seus modos de variação universais – percepção, retenção, rememoração etc. – também uma fantasia pura correspondente, uma "experiência como se" (*Erfahrung als ob*) que tem modos paralelos (percepção como se, retenção como se, rememoração como se etc.), então esperamos igualmente que haja uma ciência *a priori* que se mantenha no domínio da possibilidade pura (pura representabilidade, fantasiabilidade), a qual ajuíza antes sobre possibilidades *a priori* do que sobre efetividades transcendentais do ser, e que, com isso, esboça (*vorzeichnet*) *a priori*, ao mesmo tempo, regras para as efetividades.

Entretanto, se deixamos apressarem-se nossos pensamentos em direção à concepção de uma ciência fenomenológica que deve ser filosofia, atingimos de novo, agora no que diz respeito à exigência fundamental metódica da evidência apodítica, as já tocadas dificuldades. Porque, como já vimos: mesmo que essa evidência seja absoluta para o ser do Ego, ela, porém, para ele mesmo não é – sem mais – evidência acerca do ser das múltiplas ocorrências (*Gegebenheiten*)[33] da experiência transcendental. Se, pois, também não devemos, de maneira alguma, levar em conta como sendo (como tendo sido etc.) absolutamente indubitáveis as *cogitationes* ocorridas na configuração da redução transcendental como percebidas, rememoradas etc., então se deixa mostrar, talvez, porém, que a evidência absoluta [30] do *ego sum* também possa alcançar adentro até mesmo das multiplicidades da autoexperiência da vida transcendental e das idiossincrasias habituais do Ego – embora apenas em certos contornos, que determinam o alcance de tais evidências (daquelas da rememoração, da retenção etc.). Talvez há que se dizer, de maneira ainda melhor indicada, o seguinte: o estoque (*Bestand*) absolutamente indubitável da experiência transcendental não é a identidade vazia do "Eu sou"; mas estende-se por todas as ocorrências particulares da autoexperiência efetiva e possível – embora elas não sejam, singularmente, absolutamente indubitáveis – uma estrutura-de-experiência universal, apodítica do Eu (p.ex., a forma-tempo imanente do fluxo de vivência[34]). A essa [estrutura de experiência do Eu] está associado – e também coparticipa dela – que o eu seja para si mesmo assinalado como concreto, existindo com um teor individual de vivências, faculdades, disposições; assinalado – à medida do horizonte – como um objeto-de-experiência disponibilizado pela autoexperiência possível, a ser aperfeiçoada *in infinitum* e, eventualmente, enriquecida.

§ 13
Necessidade de, antes de tudo, desligar os problemas relativos ao alcance do conhecimento transcendental.

Expor isso efetivamente seria a grande tarefa de uma crítica da autoexperiência transcendental, de acordo com as suas formas-singulares, que se conectam reciprocamente, e com a sua capacidade-total, consumada por meio do entrelaçamento universal. Manifestamente, essa seria uma tarefa de grau superior, que já pressupunha que tivéssemos – seguindo antes de tudo a evidência que age de certa maneira ingênua, a evidência da experiência transcendental que continua de maneira

---

33. *das Sein der mannigfaltigen Gegebenheiten*. Não há – a não ser que optemos por utilizar o terrível *dadidade* – tradução direta em português para o termo *Gegebenheit*, que significa, em geral, a qualidade que algo tem de ser dado, *i.e.*, de ter sido dada no mundo da experiência possível, de ser o caso. Optamos, pois, por "ocorrência", no sentido de um evento que se dá, que ocorre na experiência. O termo *Selbstgegenheit*, por sua vez, verteremos por "auto-ocorrência".

34. *die immanente Zeitform des Erlebnisstromes*. A estrutura apodítica universal da autoexperiência do Eu é a forma-tempo imanente do fluxo-de-vivência. Nessa proposição, Husserl aproxima os termos "estrutura apodítica" e "forma-tempo". O fluxo-de-vivência do Eu que se experiencia a si mesmo de maneira pura contém uma estrutura apodítica e tal estrutura está atrelada à forma-tempo. A forma-tempo é imanente ao fluxo-de-vivência. Também na filosofia de Bergson (cf. BERGSON, 1908) encontra-se uma asserção que vai em semelhante direção, a saber, em atribuir à forma-tempo o caráter de elemento essencial da *duração* e, portanto, da *intuição*. Tal proximidade talvez indique alguns dos motivos pelos quais a filosofia de Husserl sofreu recepção imediata, profunda e rápida dentre vários círculos filosóficos franceses.

concordante – nos envolvido em suas ocorrências [a saber, nas ocorrências da evidência]: que a tivéssemos circunscrito segundo suas universalidades.[35]

A ampliação agora mesmo consumada das *meditações cartesianas* motivará correspondentemente o nosso proceder adiante, que tem a intenção de alcançar uma filosofia (no sentido cartesiano descrito anteriormente). [31] Os trabalhos científicos precisam – prevemos isso – decorrer em dois níveis, para os quais ofereceu-se todo o campo da Fenomenologia Transcendental.

No primeiro nível precisará o domínio gigantesco da autoexperiência transcendental, como se mostrará logo, ser percorrido, e, a princípio, a partir de mera entrega no que diz respeito à evidência que lhe é inerente durante o decurso concordante, *i.e.*, sob deferimento das questões a respeito de uma crítica última, pensada a partir de princípios apodíticos do escopo. Procedemos assim, nesse nível ainda não filosófico em sentido completo, de maneira semelhante ao pesquisador da natureza quando abdica da evidência da experiência natural, com o que as questões a respeito de uma crítica axiológica da experiência restam completamente fora de seu tema.[36]

O segundo nível da pesquisa fenomenológica diz respeito então justamente à crítica da experiência transcendental e, a partir disso, à crítica do conhecimento transcendental em geral.

Uma tal peculiar e pioneira ciência entra em nosso campo de visão, uma ciência da subjetividade transcendental concreta, como dada na experiência transcendental efetiva e possível, a qual constitui a mais extrema oposição às ciências no sentido vigente: as ciências objetivas. Dentre essas encontra-se, pois, também uma ciência da subjetividade, mas da subjetividade objetiva, animal, que pertence ao mundo. Agora, contudo, trata-se de uma ciência por assim dizer absolutamente subjetiva, uma ciência cujo objeto é, em seu ser, independente da decisão sobre o não-ser ou o ser do mundo. Porém, ainda mais. O meu Ego transcendental, *i.e.*, daquele que filosofa, parece ser como o seu primeiro, seu único objeto – e apenas ele pode sê-lo. Assenta-se certamente no sentido da redução transcendental que ela, no começo, não pode pôr nada como existente a não ser o Ego e aquilo que está encerrado nele mesmo; e [o põe] de fato, com um horizonte de determinidade indeterminada. Certamente, ela começa dessa maneira como Egologia pura, como

---

35. O que está em jogo nesse contexto é a universalidade do Eu penso e suas particularidades: p.ex. o eu percebo, o eu rememoro, o eu imagino, o eu quero etc. Mas, dado que o Eu penso instaura um solo de universalidade, então mesmo as suas particularidades são universalidades.

36. Entrega, abdicação traduzem, aqui, *Hingabe*. Para que o filósofo meditante percorra todo o domínio da autoexperiência transcendental, ele primeiro precisa abdicar da busca pela conexão evidente entre as diversas particularidades desse domínio, *i.e.*, a imeditadidade da conexão entre particularidades e universalidades. Perde-se, com método, nas particularidades, naquilo que elas têm de particular, abdicando de desejar ver em cada particularidade imediatamente a evidência de seu pertencimento à universalidade em questão. Husserl aponta, assim procede o pesquisador da natureza quando se entrega ao trabalho sem antes haver estabelecido com certeza os princípios fundamentais de seu domínio epistêmico. O tema da constituição do escopo limitado de cada uma das ciências particulares diante da ciência universal já é amplamente conhecido desde Platão e Aristóteles. Observa-se nos *Segundos Analíticos*, p.ex., livro II, cap. 19, exatamente o estabelecimento de como aquele que busca deduzir coisas a partir de um princípio precisa, em um certo momento, dar simplesmente como dado o princípio (axioma) de onde se parte.

uma ciência [32] que nos sentencia, tal como parece, a um solipsismo, embora transcendental. Não é o caso ainda de prever como outros Egos poderiam ser postos como devendo estar sendo – não apenas como fenômenos meramente mundanos, mas como outros Ego transcendentais – e, com isso, como temas justificados em conjunto com uma Egologia fenomenológica.

Não podemos nos deixar assustar, enquanto filósofos que começam, por tais pensamentos. Talvez porque a redução ao Ego transcendental leva consigo não mais que a aparência de uma ciência que permanece solipsista, posto que levá-la a cabo de maneira consequente, de acordo com o seu próprio sentido, direciona adiante para uma fenomenologia da intersubjetividade transcendental e, desdobrando-se por meio dela, a uma filosofia transcendental em geral. De fato, há de se mostrar que um solipsismo transcendental é apenas um nível filosófico inferior, e precisa ser, enquanto tal, delimitado a partir de intenção metódica para que se possa pôr em jogo, de maneira correta enquanto consolidada, *i.e.*, como pertencente a um nível superior, a problemática da intersubjetividade transcendental.[37] Mas a respeito disso não há nada determinado a se fazer no estado atual de nossas meditações, visto que, portanto, e de fato, as dadas pré-indicações podem trazer à tona seu completo significado unicamente ao serem levadas a cabo.

Um desvio essencial ante o curso cartesiano é, em todo caso, indicado de maneira determinada; tal desvio será decisivo daqui em diante para todo o nosso meditar ulterior. Em oposição a Descartes, aprofundamo-nos na tarefa da abertura (*Freilegung*) do campo infinito da experiência transcendental. A evidência cartesiana, aquela da proposição *Ego cogito, ego sum*, resta estéril, pois ela não apenas negligencia [a tarefa] de clarificar o sentido puramente metódico da ἐποχή transcendental, mas negligencia também [o intuito de] direcionar a atenção ao fato de que o Ego pode abrir a si mesmo ao infinito e sistematicamente por meio da experiência transcendental; [o Ego,] com isso, está pronto enquanto campo de trabalho possível, completamente peculiar e isolado [33] na medida em que, de um lado, ele se relaciona a todo o mundo e a todas as ciências objetivas, e de outro,

---

37. A tarefa de mostrar como a experiência transcendental não se resume em solipsismo, mas contempla igualmente uma intersubjetividade transcendental – tarefa da *quinta Meditação* de Husserl – foi primeiro levada a cabo por Fichte. Na *Doutrina da Ciência (Nova methodo)* de 1798, Fichte menciona a necessidade de que o nexo intersubjetivo seja constitutivo para a consciência individual como condição para a universalidade do princípio moral: "em Kant o princípio da suposição de seres racionais fora de nós não aparece como um fundamento de conhecimento, mas como um princípio prático, tal como ele apresentou na fórmula de seu princípio moral: eu devo agir de tal modo que minha maneira de agir possa se tornar lei para todo ser racional. Mas aí eu preciso já supor seres racionais fora de mim, pois como eu pretenderia de outra maneira relacionar tal lei a eles?" (Fichte apud LIMA, 2014, p. 32). Apesar de que se menciona aqui imediatamente a esfera moral da filosofia transcendental, sabe-se, porém, desde a *Doutrina da Ciência* de 1794, que o ponto de partida filosófico de Fichte foi justamente a tentativa de refundamentar os princípios do saber teórico a partir dos elementos estabelecidos por meio da crítica kantiana da razão prática. Por último, que Husserl tenha buscado na filosofia de Fichte séria orientação no universo filosófico transcendental, isso se torna claro se se observa a série de palestras ministradas por Husserl sobre o "ideal de humanidade fichteano" (Fichtes Menchheitsideal) nos últimos anos da primeira grande guerra (publicadas no v. XXV, p. 267-293, da *Husserliana*; cf. MORAN, COHEN, 2012, p. 122).

porém, não pressupõe a validade de ser delas; e na medida em que, com isso, ele é separado de todas essas ciências e, de fato, não está, de nenhuma maneira, em continuidade com elas.

§ 14
O fluxo das *cogitationes*. *Cogito* e *Cogitatum*.

O peso da evidência transcendental do *ego cogito* (desta palavra tomada no mais amplo sentido cartesiano) nós agora (enquanto pensamos haver deixado para trás as questões do escopo da apodicidade dessa evidência) realocaremos, [retirando-o] do Ego idêntico [e transpondo-o] às múltiplas *cogitationes*, *i.e.*, à vida de consciência fluente, na qual o Eu idêntico (o meu, do meditante) vive – independente do que essa última expressão possa determinar mais detalhadamente. Esse eu idêntico [sc. o meu, do meditante] pode sempre direcionar seu olhar reflexivo a essa vida, p.ex., à sua vida percipiente, representante, ou à sua vida enunciante, valorante, desejante; pode considerá-la, trazê-la à tona e descrevê-la segundo os seus teores.

Dir-se-á, talvez, que seguir esse direcionamento de pesquisa não seria outra coisa senão levar a cabo uma descrição psicológica a partir do fundamento da experiência interior pura, da experiência de sua própria vida de consciência, ao passo que a pureza de tal descrição exigiria naturalmente que todo o psicofísico restasse fora de consideração. No entanto, uma Psicologia puramente descritiva da consciência, mesmo que seu autêntico sentido metódico tenha sido deduzido pela primeira vez a partir da nova Fenomenologia, não é ela mesma Fenomenologia transcendental no sentido em que a determinamos mediante redução transcendental-fenomenológica. Contudo, a pura Psicologia da consciência é um bom paralelo para a Fenomenologia transcendental da consciência; ao mesmo tempo, todavia, é preciso que ambas sejam mantidas rigorosamente separadas, posto que sua mistura caracteriza o psicologismo transcendental, o qual torna impossível uma autêntica Filosofia. [34] Trata-se aqui de uma daquelas nuances aparentemente insignificativas, que determinam [, porém,] decididamente os caminhos e descaminhos filosóficos. Há sempre que se atentar para o fato de que toda a pesquisa transcendental fenomenológica está ligada ao cumprimento inquebrantável da redução transcendental, que não pode ser confundida com a limitação abstrativa da pesquisa antropológica à mera vida-anímica. Sendo assim, o sentido da pesquisa psicológica da consciência há que se diferenciar de maneira abissal da [pesquisa] transcendental-fenomenológica, mesmo que os teores (*Gehalte*) a serem descritos de ambos os lados possam concordar. De um lado temos informações (*Daten*)[38] do mundo pressuposto como existente, *i.e.*, apreendidas como os estados (*Bestände*) anímicos do ser humano; do outro lado, não há nada a dizer acerca das informações paralelas, iguais segundo o conteúdo, pois sobretudo o

---

38. Traduziremos *Datum* sempre por *informação*, visto que preferimos traduzir *das Gegebene* por *dado*.

mundo na postura fenomenológica não é válido como efetividade, mas apenas enquanto fenômeno de efetividade.

Se se evita continuamente essa mistura psicologística, então há ainda um outro ponto de importância decisiva (o qual, ademais, também é importante para uma autêntica Psicologia da consciência, [*i.e.*,] na alteração de postura correspondente [, a saber,] sobre o solo da experiência natural). Não se pode deixar de notar que a ἐποχή não modifica nada em tudo aquilo que diz respeito ao ser mundano; que as múltiplas *cogitationes* que se relacionam ao mundano trazem em si mesmas essa relação; que, p.ex., a percepção desta mesa é ainda, tanto antes quanto depois, percepção dela. Assim, toda vivência de consciência (*Bewußtseinserlebnis*) em geral é, em si mesma, consciência *de* algo, qualquer seja, por direito, a situação da validade efetiva desse objetivo, e qualquer seja o modo como eu, enquanto em postura transcendental, me contenho em relação a esta minha validação natural, tal como em relação a qualquer outra. O termo transcendental *ego cogito* precisa, pois, ampliar-se em um termo: todo *cogito* – toda vivência de consciência (pois também assim se pode expressar) – visa a qualquer coisa, e traz em si mesmo, nessa maneira do visado, o seu respectivo *cogitatum*, e todo [*cogito*] o faz à sua maneira. A percepção de uma casa visa a uma casa, [35] melhor dito, como esta casa individual, e visa-a na maneira da percepção; uma recordação de uma casa, na maneira da recordação, uma fantasia de uma casa, na maneira da fantasia; um ajuizar predicativo sobre a casa, que [diz] que isto "está aí" mais ou menos de acordo com a percepção, visa-a justamente na maneira do ajuizar; e assim por diante em nova maneira no que concerne a um valorar que se adiciona etc. Vivências de consciência são também chamadas de intencionais, com o que a palavra intencionalidade não significa então nada senão essa propriedade fundamental e universal da consciência: ser consciência de algo, trazer em si, enquanto *cogito*, o seu próprio *cogitatum*.

§ 15
Reflexão natural e transcendental.

Para um esclarecimento mais avançado, há que se adicionar que precisamos, em relação ao perceber, relembrar-se, predicar, valorar, estabelecer fins etc., consumados e apreendidos "diretamente" (*geradehin*), [é preciso] diferenciá-los das reflexões por meio das quais se nos inauguram pela primeira vez, enquanto atos de um novo nível de apreensão, precisamente os atos diretos (*Aktegeradehin*). Percebendo diretamente, apreendemos, p.ex., a casa, e não, p.ex., o perceber. Apenas na reflexão "direcionamo-nos" para esse perceber ele mesmo e para seu estar direcionado à casa na medida da percepção. Na reflexão natural da vida cotidiana, mas também da ciência psicológica (*i.e.*, da experiência psicológica das próprias vivências psíquicas), estamos no solo do mundo admitido como existente; tal como dizemos na vida cotidiana: "Eu vejo ali uma casa" ou "Eu me lembro de ter ouvido essa melodia" etc. Na reflexão fenomenológico-transcendental desligamo-nos desse solo mediante a ἐποχή universal concernente ao ser ou não-ser do mundo. A experiência assim modificada, a transcendental, consiste, então, podemos dizer, em que consideramos e descrevemos cada *cogito* transcendentalmente reduzido; porém, como sujeitos que refletem, sem coconsumar a posição natural do ser (*Seinssetzung*)[39] que a percepção originariamente direta, ou de outra maneira o *cogito*, contém em si; [36] *i.e.*, que o Eu que vive mundo adentro havia diretamente consumado. Com isso, entra certamente no lugar da vivência originária uma vivência essencialmente outra, na medida em que se pode, pois, dizer que a reflexão altera a vivência originária. Mas isso vale para toda reflexão, e também para a reflexão natural. Ela altera de maneira completamente essencial a vivência anteriormente ingênua; ela perde, pois, o modo originário do "diretamente" – precisamente porque ela torna objeto (*Gegenstand*) aquilo que, se era vivência, não era objetivamente. No entanto, não é tarefa da reflexão repetir a vivência originária, porém considerá-la e trazer à tona o que se encontra nela. Naturalmente, a passagem rumo a essa consideração resulta em uma nova vivência intencional, a qual, em sua idiossincrasia intencional – "retrorreferir-se à vivência anterior" –, torna consciente, e eventualmente consciente com evidência, precisamente essa própria vivência, e não uma outra. Justamente por meio disso se torna possível um saber de experiência (*Erfahrungswissen*), a princípio um saber descritivo, aquele ao qual devemos toda notícia e conhecimento pensáveis de nossa vida intencional. Isso se mantém também para a reflexão fenomenológico-transcendental. O Eu que reflete não compactua com a tomada de posição ôntica (*Seinsstellungsnahme*) inerente à percepção direta da casa, isso nada altera no fato de que sua experiência reflexiva seja precisamente experiência da percepção da casa, com todos os momentos que antes lhe pertenciam e todos os que se configuram continuamente ulteriormente. E pertencem-lhe, em nosso exemplo, os momentos da própria percepção, como [momentos] do vivenciar fluente, e os momentos da casa percebida puramente enquanto tais. Não falta, nisso, de um lado, nem a posição de ser própria ao perceber (normal), [a saber, a posição] da crença-de-percepção certa, tampouco falta, do lado da casa que aparece, o caráter da mera existência pura e simples. O não compactuar, o conter-se realizado pelo Eu em postura fenomenológica, é fato seu, e não do perceber por ele considerado reflexivamente. A seguir, isso se torna acessível a uma reflexão correspondente, e apenas por meio dela sabemos algo a seu respeito.

Podemos descrever o que aqui está em questão da seguinte maneira: [37] chamemos o eu que experiencia, e que de outra maneira vive naturalmente mundo adentro, de [eu] "interessado" no mundo; então a postura alterada fenomenologicamente, e que deve constantemente se manter assim, consiste em que se consuma uma cisão-do-eu (*Ichspaltung*) na medida em que sobre o Eu ingenuamente interessado estabelece-se o Eu fenomenológico como "espectador desinteressado". Torna-se acessível o fato de que isso seja o caso por meio então de uma nova re-

---

39. *Seinssetzung*. Lembra-se que posição, no caso, não se refere imediatamente a localização, postura, mas ao ato de pôr, *i.e.*, de pôr um dado fenômeno como ente, de dizer que ele *é*, em um sentido forte e tradicional do termo.

flexão, que demanda, enquanto reflexão transcendental, de novo a consumação justamente desse posicionamento do espectador "desinteressado" – com o único interesse que lhe resta: ver e descrever adequadamente.

Assim se tornam acessíveis à descrição todos os acontecimentos do viver que está direcionado ao mundo, com todas as suas simples e [bem] fundadas posições de ser (*Seinssetzungen*) e os modos-de-ser correlatos, tal como: certamente sendo, possivelmente/provavelmente sendo, e ainda sendo: belo e bom etc.; [tornam-se acessíveis] puros de todas as co-suposições e presunções do observador da descrição. Apenas nessa pureza podem se tornar temas de uma crítica da consciência universal, tal como lhes demanda necessariamente o nosso propósito de uma Filosofia. Lembremo-nos do radicalismo da ideia cartesiana de filosofia como a ideia da ciência universal, fundamentada apoditicamente até as últimas consequências. Enquanto tal, ela demanda uma crítica universal absoluta, a qual, de sua parte, precisa alcançar, por meio da contenção ante toda e qualquer tomada de posição dada previamente a respeito do ente, um universo da absoluta ausência de preconceito. A universalidade da experiência e descrição transcendentais é capaz disso, porque inibe aquilo que se imiscui inadvertidamente em meio a toda naturalidade, a saber, o "preconceito" universal da experiência de mundo (a crença no mundo [*Weltglauben*] que se lhe imiscui constantemente), e agora, na esfera egológica de ser restante, absoluta, inconcernida – enquanto a esfera das suposições reduzidas à pura ausência de preconceito –, esforça-se por uma descrição universal. Esta descrição é então convocada a ser a base (*Unterlage*) de uma crítica radical e universal. Naturalmente, tudo depende de que se preserve rigorosamente a "ausência de preconceito" absoluta dessa descrição, e, com isso, de que se faça jus ao princípio da evidência pura apresentado anteriormente. [38] Isso quer dizer vinculação às puras ocorrências (*Gegebenheiten*) da reflexão transcendental, as quais precisam, pois, ser tomadas precisamente tal como se dão pura e "intuitivamente" na mera evidência, e ser mantidas livres de todas as interpretações sobre o que está para além do puramente intuído.[40]

Se seguimos esse princípio metódico no que diz respeito ao par *cogito-cogitatum* (*qua cogitatum*)[41], então se inauguram, a princípio, as descrições universais de cada uma das direções correlatas, a serem consumadas sempre com base em tais

---

40. Encontra-se, então, posto nesses termos o conceito husserliano de ideal científico: esfera da pura ausência de preconceito, esfera da pura evidência garantida pela disposição transcendental do puro *Ego*, que inibe, dispondo-se tal como uma espécie de *super-ego* ante o ego natural, a crença mundana na realidade – tomada em sentido tradicional – do ente. Apenas por meio da manutenção dessa cisão-do-eu (*Ichspaltung*) entre o ego transcendental e o ego natural se pode propor essa *entrega contida* (*Hingabe + Sich-Enthalten*) do eu ao horizonte aberto e infinito dos *cogitata*. Mostra-se, nesse sentido, o quanto a práxis epistêmica matemática (enquanto pretensão de absoluta *ausência de preconceito*) ainda exerce papel de modelo do conhecimento; fica, assim, igualmente claro que, se Husserl criticava a maneira tal como Descartes se aliou, sem-crítica prévia, a tal modelo de conhecimento, e também criticava a maneira tal como os positivistas sofriam do mesmo mal, isso não ocorria porque quisesse defender um conceito de conhecimento radicalmente (qualitativamente) diferente do modelo em questão: trata-se de melhor fundamentar precisamente a pretensão do modelo vigente por uma esfera da pura ausência de preconceito, bem vigiada pelo "super-ego" reduzido transcendentalmente.

41. Em latim no original: penso/pensado (enquanto pensado).

cogitationes singulares. Assim, de um lado, aquelas descrições do objeto intencional enquanto tal, no que diz respeito às determinações a ele atribuídas nos modos de consciência correspondentes e em modos correlacionados, que surgem na direção do olhar para eles (e assim concernindo aos modos-de-ser tais como: certamente sendo, possivelmente ou presumidamente sendo etc., ou aos modos subjetivo-temporais: presentemente sendo, sendo passado, sendo futuro). Essa direção descritiva se chama "noemática". Contrária a ela está a descrição "noética". Esta diz respeito aos modos do *cogito* ele mesmo, aos modos-da-consciência, p.ex., a percepção, a rememoração, a retenção, com as diferenças modais que lhes são inerentes, tal como clareza e distinção.

Compreendemos então que, de fato, não perdemos simplesmente o mundo para a Fenomenologia em virtude da universalmente atuada ἐποχή no que diz respeito ao seu ser ou não-ser; mantemo-lo, pois, *qua cogitatum*. E não apenas no que diz respeito às realidades singulares respectivas, as quais são assumidas, tal como são, nos – ou naqueles – atos-particulares da consciência; dito de maneira mais nítida: aquelas realidades singulares impostas nos atos-particulares da consciência.[42] Porque a sua unificação é tal que se dá dentro de um universo unitário, que nos aparece sempre unitário mesmo quando nos direcionamos de maneira compreensiva ao singular. Com outras palavras: o universo está constantemente coapreendido na unidade de uma consciência, a qual pode, ela mesma, tornar-se uma consciência compreensiva, o que acontece com boa frequência. Em virtude disso o todo do mundo (*Weltganze*) é apreendido na maneira da consciência a partir da forma da infinitude espaço-temporal que lhe é própria. Em toda mudança da consciência o universo mutável em suas singularidades experienciadas e, de outra maneira, [39] como que impostas à suposição permanece, contudo, um único universo, como pano de fundo ôntico da vida natural inteira. Dessa maneira, em execução consequente à redução fenomenológica, resta-nos noeticamente a vida-de-consciência pura, aberta, infinita; da perspectiva de seu correlato noemático, resta-nos o presumido mundo puro enquanto tal. Desta maneira, pode o eu que medita fenomenologicamente tornar-se espectador desinteressado de si mesmo não apenas a respeito das singularidades, mas [também] universalmente; e, incluso nisso, [pode tornar-se espectador desinteressado] de toda objetividade que há para ele, e tal como ela é para ele. Manifestamente se pode dizer: Eu, enquanto na postura natural, sou, também e sempre, Eu transcendental, mas disso eu sei apenas em decorrência da execução da redução fenomenológica. Apenas por meio dessa nova postura eu vejo pela primeira vez que o tudo-do-mundo, e assim tudo o que naturalmente é em geral, só é para mim se a mim é válido em cada sentido seu enquanto *cogitatum* das minhas *cogitationes* – mutantes e interconectadas entre si

---

42. Nessa sentença, Husserl joga com a diferença entre os termos *gemeinte* e *herausgemeinte*, notando-se, de princípio, que o segundo termo lhe é de cunho particular. Levinas e Peiffer optam por traduzir o par em questão pela oposição: *visées* e *objectivées*. Trata-se, como se percebe de imediato, de fortalecimento daquilo que, no mero visar (*viser*), se põe de maneira, por assim dizer, leve. Optamos, aqui, por marcar tal diferença pelo par: assumir/impor, de modo a evitar o uso do objetivar, termo em outros momentos tão particular na argumentação husserliana.

nessa mudança; e apenas enquanto tal eu o tomo em validade. De acordo com isso, eu, o fenomenólogo transcendental, tenho como tema das minhas verificações descritivas universais apenas objetos como correlatos intencionais dos modos de consciência, sejam eles singularmente ou de acordo com ligações universais.

§ 16
Excurso. O começo necessário pelo *ego cogito*, começo da reflexão tanto transcendental quanto "psicológica pura".

O *ego cogito* transcendental designa, de acordo com essas incursões na universalidade de seu viver, uma multiplicidade aberta, infinita, de vivências singulares concretas, multiplicidade que designa, segundo o desnudar de suas estruturas permutantes e o apreendê-las descritivamente, um primeiro grande domínio de tarefas (*Aufgabenbereich*); e da mesma maneira, por outro lado, no que diz respeito às suas maneiras de ligação, e até mesmo à unidade do próprio ego concreto. Este é naturalmente concreto apenas na universalidade sem-fim, aberta, de seu viver intencional unitariamente conexo e [na universalidade] dos correlatos implícitos como *cogitata* nesse viver, os quais, de sua parte, estão unificados até às universalidades totalizantes, [40] dos quais [o exemplo] do mundo que aparece enquanto tal. O próprio Ego concreto é o tema universal da descrição. Ou dito de maneira mais distinta: Eu, o fenomenólogo que medita, coloco-me a tarefa universal do desnudamento de mim mesmo em minha plena concreção, enquanto Ego transcendental, *i.e.*, com todos os correlatos intencionais inclusos nesse aspecto. Tal como já dito, o paralelo desse autodesnudamento transcendental é o psicológico, a saber, autodesnudamento do meu ser anímico puro em minha vida-anímica. Esta, nisso, é apercebida em maneira natural enquanto componente da minha realidade psicofísica (animal) e, assim, enquanto componente do mundo naturalmente válido para mim.

Manifestamente, não há, tanto para uma Egologia transcendental-descritiva quanto para uma "psicologia-da-interioridade pura" – a ser levada a cabo enquanto disciplina psicológica fundamental e elaborada descritivamente (e efetivamente de maneira completamente exclusiva) a partir de experiência interior – [não há] nenhum outro começo senão o começo pelo *ego cogito*. Posto terem falhado todas as tentativas modernas em diferenciar uma doutrina psicológica de uma doutrina filosófica da consciência, esta observação é de grande importância.[43] Trata-se,

---

43. Husserl se refere, nesse contexto, ao "espectro do psicologismo" (Gespenst des Psychologismus – FtL, p. 11) que ronda a tentativa de se fundamentar a *esfera da ausência absoluta de preconceito* (a esfera da cientificidade em seu sentido mais forte) em uma doutrina da subjetividade transcendental. Husserl, em 1891, publicou a sua primeira obra como professor de filosofia da Universidade de Halle e com ela buscou, dando largo passo adiante em relação ao citado trabalho de H. Cohen sobre a história do método matemático infinitesimal, "abrir o caminho, pelo menos em alguns pontos fundamentais, à verdadeira filosofia do cálculo (*der wahren Philosophie des Calculs*), esse desideratum de muitos séculos". (HUSSERL, 1891, p. VIII). Trata-se, certamente, de disputa aberta contra Gotlob Frege, então professor na não muito distante universidade de Jena, o qual, poucos anos antes, havia publicado *Os Fundamentos*

assim, de bloquear-se o acesso a ambas se, mal orientado pela tradição do sensualismo ainda totalmente dominante, começa-se com uma doutrina da sensação. Nisso está implícito que se indica de antemão, com presumida autoevidência, a vida da consciência como uma complexão (*Komplexion*) de informações da "sensibilidade exterior" e (em casos melhores) também da "sensibilidade interior", de cuja conexão com totalidades permite-se que cuidem as qualidades figurativas (*Gestaltqualitäten*). A fim de rejeitar o "atomismo" adiciona-se, ainda, a doutrina que diz que as figuras são necessariamente fundadas nessas informações, *i.e.*, que os todos são, ante as partes, o em si anterior. Entretanto, a doutrina descritiva da consciência que começa radicalmente não tem tais informações e tais totalidades diante de si, a não ser como preconceitos. O começo é a experiência pura e, por assim dizer, ainda muda, a qual, pois, tem que primeiro ser levada à pura enunciação de seu sentido próprio. A primeira enunciação efetivamente é, porém, o *ego cogito* cartesiano, p.ex.: Eu percebo, [41] eu percebo esta casa; eu me lembro, de uma certa aglomeração de pessoas na rua etc.; e o primeiro universal da descrição é a distinção entre *cogito* e *cogitatum qua cogitatum*. Em quais casos e em quais diferentes significados as informações sensoriais hão de se mostrar, com direito, como partes-componentes [do mundo real], isso é um produto especial de um trabalho de desnudamento e descrição do qual se desonerou completamente, para seu prejuízo, a doutrina tradicional da consciência. Em virtude de sua falta de clareza sobre o que há por princípios no método, perdeu-se-lhe de vista completamente a gigantesca temática da descrição dos *cogitata qua cogitata*, e também o sentido legítimo e as tarefas particulares das próprias *cogitationes* enquanto modos-de-consciência.

§ 17
A dupla-face da investigação da consciência enquanto problemática correlata. Direções da descrição. Síntese como forma-originária da consciência.

Se nos são claros, contudo, de antemão, o começo e a direção da tarefa, então resultam – e de fato em nossa postura transcendental – importantes pensamentos-guia para a problemática ulterior. A dupla-face da investigação da consciência (deixemos ainda de lado a questão a respeito do Eu idêntico) há de ser caracte-

---

da Aritmética (FREGE, 1884) e no ano seguinte uma curta, porém desaforada, resenha do citado texto de H. Cohen (FREGE, 1885). E a disputa continua: três anos depois da obra inaugural de Husserl, Frege publica uma longa resenha-crítica (FREGE, 1894, p. 313-332). Husserl se vê pesadamente acusado precisamente de psicologismo. Será apenas, por conseguinte, nas célebres LU que Husserl inicia uma exposição detalhada e cuidadosa de sua defesa da acusação de psicologismo. Tal defesa consistia em distinguir radicalmente o ponto de partida de seu mestre, F. Brentano, e o da própria fenomenologia transcendental – o que melhor se expressa nas *Ideias para uma pura fenomenologia e filosofia fenomenológica* (1913), mas alcança de fato expressão consumada apenas no acerto de contas final de Husserl com Frege, no já citado *Lógica formal e transcendental* (1929), do qual estas *Meditações* não são mais que corolário.

rizada descritivamente como uma coparticipação inseparável, como a maneira de ligação que unifica consciência com consciência, como a [maneira de ligação] exclusivamente própria da região-da-consciência: a da síntese. Se tomo, p.ex., a percepção deste cubo como tema da descrição, então eu vejo na reflexão pura que este cubo ocorre continuamente determinado como unidade objetiva, e em uma mutável multiplicidade multiforme de modos-de-aparecimento concernentes. Esses [modos-de-aparecimento] não são em seu curso um mero suceder de vivências sem conexão. Eles decorrem, antes, na unidade de uma síntese; de acordo com isso, toma-se consciência, neles, de uma e mesma coisa como aquilo que aparece. [42] O cubo, o único e o mesmo, ora em aparições próximas, ora em distantes, aparece nos modos mutantes do aqui e do ali, perante um absoluto aqui, o qual, embora fora da atenção, está constantemente copresente na consciência (no próprio corpo que coaparece). Cada afixado modo-de-aparecimento de um tal modo, p.ex., "o cubo aqui na esfera próxima", mostra-se ele mesmo, porém, novamente, como unidade sintética de uma multiplicidade de modos-de-aparecimento concernentes. A saber: a coisa-próxima (*Nahding*) aparece enquanto ela mesma ora deste "lado", ora daquele; trocam-se as "perspectivas visuais", mas também as "tácteis", as "acústicas" e demais modos-de-aparecimento, tal como podemos observar a partir da direção correspondente da atenção. Se prestarmos atenção, então, particularmente a qualquer caractere do cubo que se mostre na percepção dele, p.ex., à sua figura ou coloração, ou a uma superfície sua por si mesma, ou mesmo à sua figura quadrática, à sua cor por si mesma etc., então o mesmo se repete. Encontramos constantemente o caractere concernente como *unidade de multiplicidades* que ali incorrem. Vista diretamente, temos, p.ex., a mesma figura ou cor que permaneceu constante; em postura reflexiva, temos os modos-de--aparecimento concernentes, os [modos] da orientação, da perspectiva etc., que em sequência contínua se anexam uns nos outros. Por isso, cada um de tais modos--de-aparecimento em si mesmo, p.ex., a figura ou o espectro de cor, é, em si mesmo, apresentação de sua figura, de sua cor etc. Dessa maneira, o respectivo *cogito* não está, pois, consciente de seu *cogitatum* no vazio indiferenciado, mas em uma estrutura-de-multiplicidade descritiva de uma construção noético-noemática totalmente determinada, pertencente de maneira essencial precisamente a esse idêntico *cogitatum*.

Podemos, tal como para a percepção sensível, conduzir descrições paralelas (excessivamente amplas no alcance, tal como se mostra na execução) para todas as intuições, *i.e.*, também para as intuições dos outros modos-de-intuição (tal como a respeito das rememorações posteriores e anteriores ao terem sido feitas intuitivas); também a coisa relembrada, p.ex., aparece em lados, perspectivas permutantes etc. Para [43] fazer jus, porém, às diferenças dos modos da intuição, p.ex., àquilo que diferencia a ocorrência na lembrança da ocorrência na percepção, novas dimensões descritivas viriam à tona. Um [traço] universal ao máximo permanece, porém, para todo tipo em geral de consciência[:] como consciência de algo. Esse algo – o "objeto intencional enquanto tal" em cada caso na consciência – é apreendido pela consciência como unidade idêntica de modos-de-consciência noético--noematicamente permutantes, pouco importa se intuitivos ou não-intuitivos.

Se tivermos domínio da tarefa fenomenológica da descrição concreta da consciência, abrem-se-nos, então, verdadeiras infinidades de fatos nunca investigados antes da Fenomenologia, os quais podem ser todos também designados como fatos da estrutura sintética, esta que dá unidade noético-noemática tanto às *cogitationes* singulares (enquanto totalidades concretas e sintéticas) quanto às em correlação recíproca. Apenas o esclarecimento da peculiaridade da síntese torna frutífera a exibição do *cogito*, da vivência intencional como consciência-de; torna, pois, frutífera a descoberta significativa de Franz Brentano, de que a intencionalidade seria o caráter fundamental descritivo dos "fenômenos psíquicos"; [apenas tal esclarecimento] expõe efetivamente o método de uma doutrina-da-consciência descritiva – tanto a transcendental-filosófica quanto, naturalmente, a psicológica.

§ 18
Identificação como uma forma fundamental da síntese. Síntese universal do tempo transcendental.

Se observamos a forma fundamental da síntese, a saber, a da identificação, ela então se nos impõe a princípio como síntese onipotente que decorre passivamente na forma contínua da consciência interna do tempo. Toda e qualquer vivência tem sua temporalidade vivencial. Se ela é uma vivência de consciência, na qual aparece um objeto mundano enquanto *cogitatum* (tal como na percepção do cubo), temos então que diferenciar a temporalidade objetiva, que aparece (p.ex. a temporalidade objetiva deste cubo), da temporalidade interna do aparecer (p.ex. a temporalidade[44] do perceber o cubo). [44] Este [perceber o cubo] flui adiante em seus trechos e fases de tempo; as aparições, as quais, do seu lado, são contínuas e cambiantes, são aparições do único e mesmo cubo. Sua unidade é unidade da síntese – não, de fato, um contínuo estar ligado (*Verbundenheit*) das *cogitationes* (como se um exterior estar colado um no outro), porém um estar ligado a uma única consciência, na qual a unidade de uma objetividade intencional se constitui precisamente como as maneiras múltiplas de aparecimento dessa mesma objetividade. A existência de um mundo, e, da mesma maneira, a existência deste cubo aqui, foi "posta entre parênteses" pela ἐποχή; mas o único e mesmo cubo que aparece é, enquanto tal, continuamente imanente à consciência fluente – descritivamente "nela", tal como nela é descritivamente o "único e mesmo" [cubo]. Esse estar na consciência (*Inbewußtsein*) é um existir interior (*Darinsein*) completamente peculiar, a saber, um "existir-interior" não como parte constituinte real, mas como "existir idealmente dentro" (*Ideel-darin-sein*) que aparece, ou, o que diz a mesma coisa: existir-interior como seu imanente "sentido objetivo". O objeto da consciên-

---

44. Interessante notar, nesse ponto, que Levinas e Peiffer traduzem *Zeitlichkeit* por *durée* (op. cit., p. 78), o que não pode deixar de apontar para certa influência bergsoniana, para quem o conceito de duração servia de conceito fundamental.

cia, em sua identidade consigo durante a vivência fluente, não vem à consciência a partir de fora, mas reside fechado nela enquanto sentido, *i.e.*, enquanto realização (*Leistung*) intencional da síntese da consciência.⁴⁵

Agora, o mesmo cubo – o mesmo na medida da consciência – pode ser apreendido na consciência tanto de uma só vez, simultaneamente, quanto sucessivamente em modos-de-consciência separados e bastante distintos, *i.e.*, em particularizadas percepções, rememorações, esperanças, valorações etc. Há sempre de novo uma síntese que produz a consciência da identidade como consciência unitária que compreende essas vivências particularizadas e, com isso, torna possível todo o saber da identidade⁴⁶.

Mas toda consciência que apreende unificadamente o não-idêntico, toda consciência de pluralidade (*Mehrheitsbewußtsein*), toda consciência-de-relação etc., é, enfim, nesse sentido, uma síntese que constitui o seu próprio *cogitatum* (pluralidade, relação) de maneira sintética ou, tal como será também dito aqui, de maneira sintática – mesmo que esse alcance sintético possa ser, ademais, caracterizado como uma pura passividade do eu ou como [45] sua atividade. Mesmo as contradições, as inadmissibilidades, também são, de fato, constructos (*Gebilde*) de outros tipos de sínteses.⁴⁷

---

45. Nesse ponto, tal como em toda a argumentação a partir do exemplo do cubo, trata-se da reconceituação husserliana do uso que fez Descartes do conhecido exemplo da cera, na *segunda Meditação* (AT.VII, p. 30-34; F. Castilho, p. 49-57; cf. Forlin, op. cit., p. 181-204). Tratava-se, ali, de mostrar como o conhecimento da identidade da cera, que é a mesma apesar de suas várias alterações formais ao longo do tempo, não provinha do acesso dos sentidos, mas jazia no pensar fechado em si mesmo. Mas para Descartes o pensar era ainda uma coisa (res). Coube a Kant, então, apontar a estrutura transcendental desse ato-de-síntese, a saber, o conceito do *eu-transcendental*, em virtude do qual permanece apenas o ato-da-síntese e cai por terra a *coisidade ôntica* do pensar sintético. Mas tal apresentação ainda se contrapunha a uma noção, qualquer que seja (= x), de uma oposição do *eu-transcendental*, pura síntese, a uma *coisa-em-si*. Nesse ponto, portanto, Husserl deixa bem claro a sua maneira de retomada do projeto fichteano da *Doutrina da ciência*, pois se verifica, exatamente nesse sentido, que Fichte dá um passo além na tentativa da apresentação genética do ponto de vista da doutrina transcendental da ciência precisamente por haver conceituado a *coisa-em-si* kantiana enquanto momento interior ao eu puro, *i.e.*, enquanto não-eu, resultado da intenção livre de autodeterminação de si do eu puro. Essa *imanência da objetividade*, radicalizada por Fichte ante a doutrina transcendental de Kant, haveria de ser ponto de partida para a proposta de Hegel e Schelling de um *idealismo absoluto*, no qual, p.ex., o movimento do conceito/pensamento-absoluto é inteiramente imanente: "a determinidade-de-conceito designa a si mesma". (TW5, p. 386). Mas, quanto a isso, é importante deixar clara a diferença: pois para Hegel essa imanência do conceito não se trata de maneira alguma de resultado da síntese; é fruto, antes, da atividade autorreferente da negatividade (negação da negação) e, por isso, está além de toda temporalidade múltipla do eu transcendental-fenomenológico.

46. Importante notar: trata-se do *saber*, e não do *conhecer* (*Erkennen*), da identidade (*Wissen von Identität*). Na doutrina de Kant já se estabelecia claramente a diferença entre o conhecer e o pensar, a partir da qual resultava que a *identidade do eu transcendental* poderia ser apenas pensada, mas conhecido, apenas o fato de que o *eu penso deve poder acompanhar todas as minhas representações*. Hegel, mais tarde, reformula tal diferença a partir da oposição entre *conhecer* (o âmbito da cisão entre *a ideia e a vida*) e *saber* (o âmbito da autorreferencialidade da negatividade ou imanência da ideia). Trata-se, pois, tal diferença, de um *tópos* clássico do idealismo alemão.

47. Tal elemento diferencia, pois, radicalmente o posicionamento de Hegel e de Husserl, pois, para o primeiro, a contradição é simplesmente a apresentação do elemento essencial da imanência absoluta do

Não é apenas em todas as vivências de consciência singulares que há síntese, e não é apenas ocasionalmente que ela liga singular com singular; antes, a vida inteira da consciência é, tal como já dissemos anteriormente, sinteticamente unificada. Há, assim, um *cogito* universal que capta em si sinteticamente todas as vivências-de-consciência singulares – que sempre se tolhem a si mesmas; [há um *cogito* universal] com seu *cogitatum* universal, fundado em distintos níveis nos múltiplos *cogitata* isolados. Esse fundar não expressa, porém, uma construção na sucessão temporal de uma gênese, posto que, antes, toda e qualquer vivência-singular pensável é um ser-tolhido (*Abgehobenheit*) de dentro de uma consciência-total unitária já sempre pressuposta. O *cogitatum* universal é a vida universal ela mesma em sua unidade e totalidade aberta e infinita. Apenas porque ele [o *cogitatum* universal, ou a vida universal] aparece desde sempre como totalidade é que pode também ser observado(a) nas maneiras específicas dos atos que atentam e apreendem, e ser feito(a) tema de um conhecimento universal. A forma fundamental dessa síntese universal, que torna possível todas as outras sínteses-de-consciência, é a tudo-englobante consciência interna do tempo.[48] O seu correlato é a temporalidade imanente ela mesma; dessarte, todas as vivências do Ego a serem encontradas sempre reflexivamente precisam oferecer-se enquanto ordenadas temporalmente, enquanto começando e terminando temporalmente, enquanto simultâneas e sucessivas – no interior do horizonte constante e infinito do tempo imanente. A diferença entre consciência do tempo e o próprio tempo pode ser também expressa como a diferença entre vivência intratemporal, no que diz respeito à forma temporal dessa vivência, e seus modos de aparecimento temporal, enquanto multiplicidades correspondentes. Dado que esses modos de aparecimento da consciência interna do tempo são elas mesmas vivências intencionais e precisam ser dadas de novo na reflexão como temporalidades, então nos deparamos com uma idiossincrasia paradoxal da vida da consciência, a qual, assim, parece também estar aprisionada em um regresso infinito. [46] O esclarecimento compreensivo desse fato prepara dificuldades extraordinárias. Mas, como sempre, esse fato é evidente; é-o de maneira apodítica e designa um lado maravilhoso do ser-para-si-mesmo do Ego, *i.e.*, em primeiro lugar, aqui, [um lado maravilhoso do ser-para-si-mesmo] do ser da vida de consciência do Ego na forma do estar intencionalmente retrorreferido a si mesmo.

---

conceito, a saber, da autorreferencialidade da negatividade, em uma palavra: da suspensão da síntese enquanto elemento da imanência do pensamento – pois se trata da imanência do pensamento enquanto tal e não da subjetividade transcendental; para Husserl, por outro lado, permanecendo no solo da subjetividade transcendental, a contradição aqui é posta como apenas um *outro tipo* de síntese.

48. Mais uma vez, distinguem-se radicalmente nesse ponto as doutrinas de Hegel e de Husserl a respeito do processo de autoconstituição de si da consciência pura. Pois se, de um lado, Husserl precisa manter-se no solo da consciência de tempo interior do Ego, Hegel, por outro, busca suspender exatamente esse solo, o solo do eu que se toma puramente no tempo puro. O resultado dessa suspensão hegeliana do solo do eu como elemento constitutivo do processo da consciência de si será apresentado na célebre dialética do senhor e do escravo – que apresenta, esta sim, a lógica pura da consciência de si, não da subjetividade, mas do *espírito*.

§ 19
Atualidade[49] e potencialidade da vida intencional.

A pluralidade da intencionalidade que pertence a cada *cogito* – que pertence desde já a todo *cogito* que se relaciona mundanamente, porque ele não tem consciência apenas do mundano, mas é ele mesmo consciente, enquanto *cogito*, na consciência interna do tempo – [tal pluralidade] não é exaurida tematicamente na mera consideração dos *cogitata* como vivências atuais. Toda atualidade implica, antes, suas potencialidades, que não são nenhuma possibilidade vazia, senão possibilidades intencionalmente esboçadas com conteúdo e, de fato, em cada respectiva vivência atual ela mesma; e elas são equipadas para isso com o caráter de serem efetivadas pelo Eu.

Com isso, está anunciado um traço-fundamental ulterior da intencionalidade. Toda vivência tem um "horizonte", que se troca na mudança de seu nexo de consciência (*Bewußtseinszusammenhanges*) e na mudança de suas próprias fases de fluxo (*Stromphasen*); um horizonte intencional da remissão às potencialidades da consciência pertencentes à própria vivência. P.ex., a toda percepção exterior pertence a remissão dos lados propriamente percebidos do objeto-percebido, aos lados coassumidos, ainda não percebidos e apenas antecipados, na medida da expectativa e, a princípio, no vazio não-intuitivo – como os que hão de ocorrer daqui em diante perceptivamente, uma propensão (*Protention*) constante que tem novo sentido a cada fase da percepção. Além disso, a percepção tem horizontes de outras possibilidades da percepção enquanto tal, que podemos acessar se dirigirmos ativamente de outra maneira o curso da percepção, se movermos os olhos talvez assim, ao invés de [47] outra maneira, ou se caminharmos adiante ou para o lado etc. Na recordação correspondente tudo isso retorna de maneira modificada – p.ex., na consciência de que eu poderia, naturalmente, ter então percebido, ao invés daquilo que estava presente faticamente, também outros lados, *i.e.*, se eu tivesse dirigido a minha atividade de percepção correspondentemente de outra maneira. Para retomar esse ponto, pertence a isso, *i.e.*, pertence constantemente a toda percepção um horizonte de passado como potencialidade para rememorações (*Wiedererinerungen*) que se despertam, e a toda rememoração ela mesma como horizonte pertence a contínua e mediada intencionalidade de rememorações possíveis (a serem efetivadas ativamente a partir de mim) até mesmo ao ponto do agora-perceptivo em cada caso atual. Aqui, em geral, adentro dessas possibilidades está em jogo um "Eu posso" e um "Eu faço", no sentido de: "eu posso

---

49. *Aktualitäten*. Trata-se naturalmente da oposição: potência, ato, o que nos obrigaria a verter *aktuel* pela locução *em ato*, e não pelo termo *atual*. Contudo, a fluidez da escrita husserliana demandou, assim me pareceu, a modalização imediata do termo, deixando de lado aparentemente a sutileza introduzida na locução. Atualidade, portanto, tal como no título do presente parágrafo, não remete mais ao horizonte temporal daquilo que é recente, mas à qualidade do que está em ato, e não em potência.

[proceder] diferente do que fiz", independente, ademais, das constantemente possíveis repressões dessa liberdade, tal como de qualquer outra.

Os horizontes são potencialidades esboçadas. Dizemos também: pode-se questionar todo horizonte a respeito daquilo que reside nele, interpretá-lo, desnudar as respectivas potencialidades da vida da consciência. Porém desnudamos, precisamente com isso, o sentido objetivo, visado constante e implicitamente em cada *cogito* atual em apenas um grau da alusão. Este sentido objetivo, o *cogitatum qua cogitaum*, nunca é representável como um dado (*Gegebenes*) pronto; ele se torna claro pela primeira vez por meio dessa interpretação do horizonte e dos horizontes constantemente despertados. Até mesmo o esboço, contudo, é eternamente incompleto; mas pertence, ainda em sua indeterminidade, a uma estrutura da determinidade. P.ex., o cubo deixa, segundo os lados não-vistos, ainda uma pluralidade de lados abertos; mas, ainda assim, ele já é de antemão "apreendido" enquanto cubo, e apenas depois, isoladamente, enquanto colorido, torto e coisas do tipo; e nisso, todavia, qualquer uma dessas determinações deixa ainda abertas, constantemente, [outras] particularidades. Esse deixar-aberto é, antes das determinações-detalhadas – que talvez nunca sucedam –, um momento fechado em si mesmo em cada respectiva consciência; é precisamente aquilo que constitui o horizonte. Mediante percepção que procede efetivamente – e não pelo mero tornar claro (*Klärung*) por "representações" antecipatórias – sucede a determinação detalhada [48] que preenche; eventualmente também a determinação de alteridade (*Andersbestimmung*), mas com novos horizontes da abertura.

Dessa maneira, a toda consciência como consciência de algo pertence a idiossincrasia-essencial: não apenas poder, em geral, passar adiante rumo a novos modos-de-consciência como consciência do mesmo objeto, deste objeto que, na unidade da síntese, é-lhes inerente intencionalmente como sentido objetivo idêntico; mas podê-lo exclusivamente na maneira daquelas intencionalidades de horizontes (*Horizontintentionalitäten*). O objeto é, por assim dizer, um polo de identidade apreendido na consciência sempre com um sentido previamente assumido, e a ser efetivado, um índice (*Index*), em cada momento-de-consciência, de uma intencionalidade noética que lhe pertence segundo seu sentido, sobre a qual é interrogado, que pode ser explicitada. Tudo isso está concretamente acessível à pesquisa.

§ 20
A peculiaridade da análise intencional.

Mostra-se que a análise-da-consciência como algo intencional é totalmente diferente da análise no sentido ordinário e natural. A vida da consciência, repetimo-lo, não é nenhum mero todo de "informações" da consciência; não é, por isso, meramente "analisável" – no sentido mais amplo: partível – em seus elementos dependentes ou independentes, com o que, pois, as formas de unidade (as qualidades-figuras [*Gestaltqualitäten*]) haveriam de ser contadas dentre os dependentes. De fato, a análise intencional leva a certos direcionamentos-de-visão temáticos e, nisso, também a partições (e apenas nessa medida pode a palavra análise ser ainda útil); mas a capacidade sobretudo própria dessas partições é o desnudamento das potencialidades implícitas nas atualidades-de-consciência, com o que se consuma, no sentido noemático, a interpretação (*Auslegung*), o tornar-distinto e, eventualmente, o clarificar o que foi presumido conscientialmente, *i.e.*, o sentido objetivo. A análise intencional é guiada pelo conhecimento fundamental de que cada *cogito*, enquanto consciência, é – e o é no sentido mais amplo – assumir o seu visado, mas esse presumido é mais em cada momento (é presumido com um a mais) do que o que está aí explicitamente em cada momento. Em nosso exemplo, [49] cada uma das fases perceptivas era mero lado do objeto, enquanto presumido perceptivamente. Esse visar além de si, que reside em cada consciência, precisa ser considerado como momento essencial dela. Que isso signifique, e precise significar, porém, um "mais-assumir" (*Mehrmeinung*) da mesma consciência, isso mostra, em primeiro lugar, a evidência do possível tornar-distinto, e, por último, do desnudamento intuitivo na forma do efetivo e possível "perceber-adiante" ou do possível rememorar – a serem transformados em ato a partir de mim mesmo.

Mas o fenomenólogo não se faz atuante em uma entrega (*Hingabe*) meramente ingênua ao objeto intencional puro enquanto tal; ele não consuma uma mera consideração direta desse mesmo objeto, uma interpretação de seus caracteres visados, de suas partes e propriedades visadas. Manter-se-ia "anônima", nesse caso, a intencionalidade autoconstituinte do ter-consciência, intuitivo ou não, e da própria consideração interpretante. Em outras palavras, manter-se-iam ocultas as multiplicidades noéticas da consciência e a unidade sintética dessas multiplicidades em virtude das quais nós – e nós como a sua realização unificadora essencial (*wesensmäßige Einheitsleistung*) – continuamente em geral visamos a um objeto intencional (e, em cada respectivo caso, a este objeto determinado), temo-lo quase diante de nós como visado desta e daquela maneira; e ocultas também as realizações constitutivas por meio das quais podemos, se a consideração logo se excede como interpretação, em parte encontrar diretamente, *i.e.*, visar implicitamente, e depois expor intuitivamente algo tal como o "caractere" (*Merkmal*), a "propriedade" (*Eigenschaft*), como explicitações (*Explikate*) do visado. Na medida em que o fenomenólogo pesquisa tudo quanto há de objetivo, e o que está presente nessa objetividade enquanto correlato-da-consciência, ele não o considera e não o descreve apenas diretamente, tampouco meramente o relacionando de volta ao Eu correspondente, ao *ego cogito* cujo *cogitatum* é [tudo quanto há de objetivo]; antes, penetra o fenomenólogo na vida pensante anônima, a desnudá-la com seu olhar que reflete; ele desnuda os processos sintéticos determinados das maneiras múltiplas da consciência e os modos do comportamento egóico que bem mais repousam no que já passou; tais modos tornam compreensível o ser pura e simplesmente presumido para o eu (*Für-das-Ich-schlechthin-vermeint-Sein*), o ser intuitivo ou não--intuitivo [50] daquilo que é objetivo; *i.e.*, eles tornam compreensível como a consciência em si mesma, e em virtude de sua estrutura intencional em cada caso, torna necessário que o mesmo objeto possa ser nela apreendido como sendo e sendo-assim, possa entrar em cena tal como este sentido. Assim o fenomenólogo pesquisa, p.ex., no caso da percepção de coisas espaciais (a princípio abstraindo--se de todos os predicados da significação, mantendo-se puro na *res extensa*), as "coisas-vistas" permutantes e outros tipos de "coisas sensíveis", [*i.e.*,] tal como elas têm em si o caráter de aparições dessa mesma *res extensa*. Ele investiga, para cada uma das perspectivas que se trocam, e ainda a respeito de suas maneiras temporais de ocorrência, as variações de seu ainda ser consciente (*Nochbewußtseins*) no declínio retentivo; no sentido egóico, os modos da atenção etc. A respeito disso há de se atentar que a interpretação fenomenológica do percebido enquanto tal não está ligada à explicação desse mesmo percebido a partir de seus caracteres, explicação que se consuma na progressão da percepção; mas ela torna claro aquilo co-suposto de maneira fechada no sentido do *cogitatum*, e de maneira meramente não-intuitiva (tal como o lado de trás), e o faz mediante a presentificação (*Vergegenwärtigung*) das percepções potenciais que tornariam visível o invisível. Isso vale universalmente para toda análise intencional. Ela alcança, enquanto tal, além das vivências singularizadas e a serem analisadas: na medida em que exibe os horizontes correlativos dessas vivências, ela coloca essas muito variadas vivências no campo temático das que atuam de maneira "constitutiva" para o sentido objetivo do *cogitatum* em questão: *i.e.*, não são apenas as vivências atuais, mas também as potenciais – tal como as implicadas na intencionalidade realizadora-de-sentido (*sinnleistenden*) das vivências atuais – as que são "esboçadas" e que têm, expostas, o caráter evidente das [vivências] que interpretam o sentido implícito. Apenas dessa maneira pode o fenomenólogo compreender como se pode tomar consciência de unidades objetivas estáveis e permanentes na imanência da vida de consciência e nas como que constituídas maneiras de consciência desse fluxo de consciência incessante; [51] e, particularmente, como esse alcance maravilhoso da constituição de objetos idênticos vêm à tona para cada categoria de objeto, *i.e.*, como a vida de consciência constituidora é vista, e é preciso ser vista, por cada uma [das categorias-de-objeto] segundo as variações correlativas noéticas e noemáticas do mesmo objeto. A estrutura de horizonte de toda intencionalidade prescreve à análise e descrição fenomenológicas, pois, um tipo totalmente novo de metódica (*Methodik*) – uma metódica que entra sobretudo em ação quando consciência e objeto, suposição e sentido, efetividade real e ideal, possibilidade e necessidade, ilusão e verdade (também experiência, juízo, evidência etc.), surgem como títulos para problemas transcendentais e devem ser levados em conta no trabalho como autênticos problemas da "origem" subjetiva.

Mutatis mutandis, o mesmo vale manifestamente para uma pura "Psicologia pura da interioridade" (*reine Innenspychologie*) ou uma Psicologia "puramente intencional" sobre o solo da positividade natural, que expusemos de maneira indicativa como paralela da fenomenologia simultaneamente constitutiva e transcendental. A única reforma radical da Psicologia reside na elaboração pura de uma Psicologia intencional. Já Brentano a havia exigido; infelizmente, ele não havia ainda conhecido o sentido-fundamental de uma análise intencional, *i.e.*, do método que pela primeira vez torna possível uma tal Psicologia, posto que apenas assim ela inaugura a sua autêntica problemática, verdadeiramente infinita.[50]

A princípio parece, de fato, justamente questionável a possibilidade de uma Fenomenologia pura da consciência, a saber, em respeito ao fato de que o reino dos fenômenos de consciência seja, com justiça, o domínio do fluxo heraclitiano. Teria sido de fato desesperançoso almejar incorrer aqui em uma metodologia da formação do conceito e do juízo, tal como é reguladora para as ciências objetivas. Uma vivência de consciência enquanto objeto idêntico, querer determiná-la assim com base na experiência como um objeto natural (*Naturobjekt*) – *i.e.*, enfim, a partir da presunção ideal da possibilidade de uma explicação em elementos idênticos, apreensíveis mediante conceitos fixos –, isso seria simplesmente uma vã aspiração.[51]
[52] As vivências da consciência não têm (e não apenas em virtude de nossa força cognoscente incompleta para objetos de tais tipos, mas *a priori*) quaisquer elementos e relações últimas que se acordem à ideia de determinidades conceituais fixas, às quais, pois, a tarefa da determinação aproximativa haveria de ser posta racionalmente sob conceitos fixos. É, porém, nisso que consiste, por direito, a ideia de uma análise intencional. Porque no fluxo da síntese intencional, que cria unidade em toda consciência e constitui, noética e noematicamente, a unidade do sentido objetivo, domina uma típica (*Typik*) essencial, apreensível em conceitos rigorosos.[52]

---

50. É interessante, aqui, observar que é precisamente na medida em que Husserl aponta certa deficiência na doutrina de seu mestre, Franz Brentano, *i.e.*, quando diz que lhe faltou desgarrar-se do solo da "positividade natural"; exatamente nesta medida, pois, é que Husserl pretende haver superado a acusação fregeana de *psicologismo*, *i.e.*, tal como se apontasse que uma tal acusação seria válida apenas para a perspectiva de Brentano, mas não para a perspectiva desenvolvida ulteriormente pelo próprio Husserl.

51. Trata-se, certamente, de referência ao estilo fregeano de análise e composição conceitual.

52. Nota-se o confronto entre uma *Típica* fundamentada sobre conceitos *rigorosos* e um *elementarismo* (de estilo fregeano) para o qual haveria elementos e relações últimos da análise, apreensíveis em conceitos *fixos*. A rigidez dos conceitos, para Husserl, não desemboca, contudo, em tomá-los como fixos. Sua fixidez estaria em oposição ao *fluxo da síntese intencional*, para o qual apenas uma *doutrina dos tipos* haveria de se projetar como ciência apropriada. Tais elementos não tradicionalmente analíticos (não--fixos) dessa doutrina dos tipos seriam, pois, as *Gestaltqualitäten* (qualidades de figuras), mencionadas no início do presente parágrafo. A respeito destas, vale a pena lembrar que Hegel havia inaugurado o seu tipo de *fenomenologia* (porém a do *espírito* e não a da *egoidade*) justamente na medida em que havia – desenvolvendo conceitualmente certas teses de Goethe – inaugurado a *doutrina dialética dos tipos*, *i.e.*, das *figuras da consciência* (*Gestalten des Bewusstseins*). Observa-se, portanto, por meio do intento husserliano de opor-se ao conceito lógico tradicional (fregeano) de análise, o intento colateral de reconquistar para a filosofia rigorosa as *figuras-de-qualidade* pretensamente abusadas pela dialética especulativa.

§ 21
O objeto intencional como fio-condutor transcendental.

A típica mais universal, na qual todo particular está encerrado como forma, será designada mediante o nosso esquema universal: *ego-cogito-cogitatum*. Relacionam-se a ela as descrições mais universais que tentamos a respeito da intencionalidade, da síntese que lhe pertence. O objeto intencional encontrado no lado do *cogitatum* representa, na particularização e na descrição dessa típica – e o faz a partir de razões facilmente compreensíveis –, o papel de fio-condutor transcendental para a inauguração (*Erschließung*) da multiplicidade típica de *cogitationes* que trazem em si, na medida da consciência, o objeto enquanto aquele mesmo presumido. O ponto de partida é, de fato, necessariamente, o objeto em cada caso diretamente dado, a partir do qual a reflexão vai de volta aos modos-de-consciência respectivos, e àqueles circunscritos ao seu horizonte, os modos-de-consciência potenciais, e em seguida àqueles nos quais ele mesmo poderia ter sido apreendido de outra maneira, na unidade de uma vida de consciência possível. Mantenhamo-nos ainda no quadro da universalidade formal; pensemos um objeto em geral, em arbitrariedade desconexa quanto ao conteúdo, enquanto *cogitatum*; tomemo-lo em tal universalidade enquanto fio-condutor; então a multiplicidade de possíveis modos de consciência [53] separa-se do mesmo objeto – o tipo-completo formal (*formale Gesamttypus*) – [gerando] uma série de tipos particulares noético-noemáticos precisamente diferentes. A possível percepção, a retenção, a rememoração, preocupação, significação, o tornar intuitivo mediante analogias são, p.ex., tais tipos da intencionalidade, os quais pertencem a todo objeto concebível, quaisquer sejam os seus tipos de entrelaçamento sintético. Todos esses tipos particularizam-se mais uma vez na sua construção (*Aufbau*) inteira, tão logo particularizamos a universalidade esvaziada do objeto intencional. As particularizações podem, a princípio, ser lógico-formais (ontológico-formais): *i.e.*, modos do algo em geral, tal como o singular e afinal o individual, o universal, pluralidade, o todo, circunstância coisal, relação etc. Aqui entra em cena também a radical diferença entre objetividades reais no sentido amplo e objetividades categoriais; estas últimas retrorreferem a uma origem a partir de operações, a partir de uma atividade do eu que paulatinamente constrói-produz, as primeiras, a partir de realizações de uma simples síntese passiva. Por outro lado, temos as particularizações ontológico-materiais que se vinculam ao conceito do indivíduo real, que se divide em suas regiões reais, p.ex., (mera) coisa-espacial, essência animal etc., e que arrasta para si particularizações correspondentes às mudanças lógico-formais correlativas (propriedade real, pluralidade real, relação real etc.).

Cada tipo que resulta segundo esse fio-condutor há de ser questionado a respeito de sua estrutura noético-noemática, há de ser interpretado sistematicamente e fundamentado de acordo com as suas maneiras do fluxo intencional e de acordo com seus horizontes típicos e as coisas por estes implicadas etc. Se se mantém um objeto qualquer afixado em sua forma ou categoria, e se se mantém a identidade desse mesmo objeto constantemente em evidência na mudança de seus modos de consciência, então se mostra que estas, tão fluidas possam ser e tão inapreensíveis no que diz respeito aos elementos últimos, não são, porém, de nenhuma maneira arbitrárias. Elas permanecem continuamente ligadas a uma estrutura-típica, a qual é inquebrantavelmente a mesma, desde que precisamente a objetividade permaneça apreendida pela consciência diretamente como esta, como tipificada desta maneira, [54] e desde que deva poder perseverar na mudança dos modos de consciência dentro da evidência da identidade.

Interpretar sistematicamente precisamente essa estrutura-típica é a tarefa da teoria transcendental, a qual, se ela se mantém em uma universalidade objetiva como fio-condutor, chama-se teoria da constituição transcendental de um objeto em geral como objeto da concernente forma ou categoria – no limite, como objeto da região concernente.

Desdobram-se assim, a princípio diferenciadas, diversas teorias transcendentais: uma teoria da percepção e dos outros tipos de intuições, uma teoria da significação, uma teoria do juízo, uma teoria da vontade etc. Elas se encerram em si conjuntamente de maneira unitária, a saber, em relação aos contextos sintéticos englobantes; elas pertencem conjuntamente de maneira funcional à teoria constitutiva formal-universal de um objeto em geral, *i.e.*, de um horizonte aberto de objetos possíveis em geral como objetos de consciências possíveis.

Em sequência ulterior desdobram-se, então, teorias transcendentais constitutivas que se relacionam – agora não mais como formais – p.ex., a coisas-espaciais em geral, singulares e no contexto universal de uma natureza, a entes psicofísicos, a seres humanos, a comunidades sociais, a objetos culturais, enfim, a um mundo objetivo em geral, puramente como mundo de uma consciência possível e, transcendentalmente como um mundo que se constitui puramente, segundo a consciência, no Ego transcendental. Tudo isso, naturalmente, a partir da ἐποχή transcendental levada a cabo de maneira consequente.

Mas nós não podemos deixar de notar que não apenas os tipos dos objetos reais e ideais, apreendidos na consciência como objetivos, são fios-condutores para pesquisas *constitutivas*, *i.e.*, quando nos questionamos a respeito da típica universal de seus modos de consciência possíveis; mas também os tipos dos objetos meramente subjetivos, tal como de todas as próprias vivências imanentes, desde que tenham a sua constituição singular e universalmente como objetos da constituição da consciência interna do tempo. [55] De qualquer maneira que se o venha observar, destacam-se os problemas das espécies de objeto consideradas individualmente por si, e problemas da universalidade. Estes últimos dizem respeito ao Ego na universalidade de seu ser e de sua vida e em relação à universalidade correlativa de seus correlatos objetivos.

Se tomamos o mundo objetivo unitário como fio-condutor transcendental, ele retrorrefere, então, à síntese – que se estende pela unidade da vida inteira – das percepções objetivas e das intuições objetivas, que surgem de outra maneira; em virtude de tal síntese, essas percepções e intuições objetivas são, enquanto unidade, apreendidas pela consciência, podendo ser tematizadas. De acordo com isso, o mundo é um problema universal egológico, e o mesmo, em perspectiva puramente imanente, é a vida da consciência inteira em sua temporalidade imanente.

§ 22
Ideia da unidade universal de todos os objetos e a tarefa de sua explicação constitutiva.

Encontramos tipos de objetos – apreendidos na redução fenomenológica puramente enquanto *cogitata*, e não a partir de "preconceitos" de uma conceitualidade científica válida de antemão – como fios-condutores para pesquisas transcendentais tematicamente interdependentes. As multiplicidades constitutivas da consciência – que hão de ser trazidas, na efetividade ou possibilidade, à unidade da síntese no Mesmo – não são de maneira alguma ocasionais, mas interdependentes, a partir de razões essenciais (*Wesensgründen*), no que diz respeito à possibilidade de tal síntese. Elas mantêm-se, portanto, sob princípios em virtude dos quais as pesquisas fenomenológicas não se perdem em descrições sem coerência, porém organizam-se a partir de razões essenciais. Todo objeto (*Objekt*), todo objeto em geral (*Gegenstand*) – e também todo imanente – designa uma estrutura-regra (*Regelstruktur*) do ego transcendental.[53] Como o seu representado, em todo caso apreendido na consciência, designa prontamente uma regra universal de outra consciência possível da mesma típica, possivelmente esboçada numa típica essencial; e assim, naturalmente, [designa] [56] todo concebível, representado enquanto pensável. A subjetividade transcendental não é um caos de vivências intencionais. Mas ela também não é um caos de tipos constitutivos, cada um dos quais organizado em si por meio de relação a uma espécie ou forma de objetos intencionais. Em outras palavras: a totalidade dos concebíveis objetos e tipos de objetos para mim – e dito de maneira transcendental, para mim enquanto Ego transcendental – não é nenhum caos; correlativamente, também não o é a totalidade dos tipos das multiplicidades infinitas correspondentes aos tipos de objetos, os quais são, respectivamente, interdependentes noética e noematicamente segundo a sua possível síntese.

Isso aponta antecipadamente a uma síntese constitutiva universal, na qual atuam em conjunto todas as sínteses de maneira determinadamente ordenada e na qual, pois, todas as objetividades efetivas e possíveis enquanto tais, e, correlativamente, todas as suas maneiras de consciência efetivas e possíveis estão, para o Ego transcendental, englobadas. Podemos também dizer: indica-se uma tarefa gigantesca,

---

53. Observa-se, nesse sentido, que a distinção entre *Objekt* (coisa existente de fato e empiricamente em um sentido comum e tradicional) e *Gegenstand* (objeto que se dá para uma consciência) se mostra irrelevante para a última configuração da fenomenologia transcendental husserliana, quando a *epoché* já está consolidada. Tal distinção é de interesse apenas no início do percurso.

que é a Fenomenologia transcendental inteira, a tarefa de levar a cabo – a partir da unidade de uma ordenação sistemática e todo-englobante, a partir de um fio--condutor móvel de um sistema de todos os objetos da consciência possível, a ser trabalhado gradativamente, e, nisso, do sistema das categorias formais e materiais desses objetos – todas as pesquisas fenomenológicas como pesquisas constitutivas correspondentes, *i.e.*, construídas umas sobre as outras, conectadas umas com as outras de maneira rigorosamente sistemática.

Mas ainda colocamos isso melhor: trata-se aqui de uma ideia reguladora infinita; o sistema dos objetos possíveis enquanto tais de uma consciência possível, pressuposto em evidente antecipação, seria ele mesmo uma ideia (mas não uma invenção, não um "como se"[54]) e tornaria praticamente palpável o princípio de – mediante o desnudamento constante não apenas dos horizontes internamente próprios dos objetos da consciência, mas também dos horizontes que apontam para fora, para as formas-essenciais dos nexos (*Wesensformen der Zusammenhänge*) – conectar com cada outra toda teoria constitutiva relativamente fechada. [57] De fato, as tarefas que se oferecem nos limitados fios-condutores de tipos-singulares objetivos já se mostram como altamente complicadas e levam em geral, por meio de penetração profunda, a grandes disciplinas – tal como é o caso, p.ex., para uma teoria transcendental da constituição de um objeto espacial e, de fato, da constituição de uma natureza em geral, da animalidade e humanidade em geral, da cultura em geral.

---

54. Trata-se de referência clara à obra célebre: VAIHINGER, *Die Philosophie des Als Ob. System der theoretischen, praktischen, und religiösen Fiktionen der Menschheit auf Grund eines idealistischen Positivismus. Mit einem Anhang über Kant und Nietzsche*, 1922.

TERCEIRA MEDITAÇÃO
A problemática constitutiva, Verdade e Efetividade

§ 23
O conceito preciso da constituição transcendental sob os títulos "racionalidade" e "irracionalidade".

A constituição fenomenológica era-nos, até aqui, constituição de um objeto intencional em geral. Ela abrangia o título *cogito-cogitatum* em sua completa amplitude. Agora seguiremos com o intuito de diferenciar estruturalmente essa amplitude e preparar um conceito mais preciso de constituição. Era-nos, até aqui, indiferente se se tratava de objetos que verdadeiramente existiam ou não, *i.e.*, objetos possíveis ou impossíveis. Essa diferença não é colocada fora de questão talvez pela contenção da decisão pelo ser ou não-ser do mundo (e, em seguida, das outras objetividades previamente dadas). Muito mais, sob os termos ultra-abrangentes "racionalidade e irracionalidade" como correlatos para ser e não-ser, essa diferença é um tema universal da fenomenologia. Mediante a ἐποχή estamos reduzidos ao puro assumir (*cogito*) e ao presumido (puramente como presumido). A este último – e assim não aos objetos puros e simples, mas ao sentido objetivo – relacionam-se os predicados ser e não-ser e suas variações modais; ao primeiro, ao visar em cada caso, relacionam-se os predicados [58] verdade (corretude) e falsidade, embora no mais amplo sentido. Não é simplesmente e sem mais que esses predicados são dados como informações fenomenológicas nas presumidas vivências, *i.e.*, nos objetos presumidos enquanto tais – porém, eles têm a sua "origem fenomenológica". Às multiplicidades dos modos de consciência sinteticamente interdependentes, pesquisáveis a respeito de sua típica fenomenológica e relativos a qualquer objeto presumido, de qualquer categoria, pertencem as sínteses que têm, no que diz respeito a cada assumir-inicial, tanto o estilo típico das [sínteses] que confirmam, e que confirmam particularmente por evidência, quanto, em sentido oposto, o das que suspendem, e que suspendem por evidência. É daí que o objeto presumido tem, correlativamente, o caráter evidente do ente ou do não-ente (do ser que foi suspenso, riscado fora). Essas ocorrências sintéticas são intencionalidades de um grau superior e pertencem, a partir de disjunção exclusiva, a todos os sentidos objetivos como atos e correlatos da razão, os quais hão de ser essencialmente produzidos por parte do Ego transcendental. A razão não é nenhuma faculdade fáctica e contingente, não é um título para fatos contingentes possíveis; a razão é, antes, [um título] para uma forma estrutural universal de tipo essencial da subjetividade transcendental em geral.[55]

A razão aponta para possibilidades da confirmação, e estas, em última instância, ao tornar evidente e ao ter na evidência. Era preciso que tivéssemos falado sobre elas já no começo de nossas meditações – quando pela primeira vez buscávamos, na ingenuidade inicial, pelos direcionamentos metódicos, *i.e.*, quando ainda não estávamos sobre o solo fenomenológico. Eis que se tornam agora o nosso tema fenomenológico.

§ 24
A evidência como auto-ocorrência (*Selbstgegebenheit*) e suas variações.

No sentido mais amplo, a evidência designa um fenômeno-originário[56] universal da vida intencional (oposto a outro [59] modo de ter-consciência que pode ser *a priori* "vazio", pretenso, indireto, inapropriado), o modo de consciência totalmente extraordinário do autoaparecer, do autoapresentar-se (*Sich-selbst-Darstellens*), do

---

55. A razão, esta que aplica ao presumido o veredicto da confirmação (portanto do ente), não lida com o fático e com o contingente. Isso quer dizer, ela não há de conferir no mundo factual e sempre contingente a confirmação, o caráter-de-ente do que foi presumido. O caráter de ente e o caráter de verdade são, pois, uma síntese da razão, uma "ocorrência intencional de grau superior". Eis um corolário elaborado da *epoché* husserliana. Note-se, nesse sentido, a oposição radical do conceito husserliano ao conceito hegeliano de razão (precisamente o processo negativo de mediação entre contingência e necessidade, entre o fático e o universal: a filosofia é a "rosa na cruz *do presente*"). Esta comparação vem à luz, antes de tudo, em decorrência do termo *Aufhebung*, particularmente central à filosofia hegeliana, e, aqui, ironicamente apontado como o correlato da irracionalidade. Há de se notar, contudo, que mesmo que crítica, a asserção husserliana aponta a irracionalidade (ou a suspensão) como não mais que correlato da racionalidade (ou confirmação). Vale lembrar que foi o Prof. Marcos Lutz Müller quem defendeu a tradução de *Aufhebung* por suspensão. Supressão, precisamente neste caso, seria igualmente aceitável, porém aplainaria certo tanto da histórica fluidez semântica do termo *Aufhebung*, que a Hegel coube tanto explorar, e que ainda é mantida em português no termo suspensão (que se refere tanto a suprimir, adiar, riscar fora, quanto a elevar, manter, e até mesmo conservar).

56. *Urphänomen*. Este é o polêmico conceito fundamental da *Teoria das Cores* de Goethe, a partir do qual toda a teoria óptica newtoniana teria sido refutada. Citamo-lhe a primeira aparição na referida obra: "Aquilo de que tomamos notícia na experiência são no mais das vezes apenas casos que se deixam coligir, com alguma atenção, sob rubricas empíricas universais. Estas subordinam-se, todavia, a rubricas científicas que apontam muito adiante, com o que se nos tornam mais conhecidas certas condições incontornáveis do aparecer. Daí em diante tudo ocorre sucessivamente sob regras e leis mais altas, as quais, porém, não se manifestam ao entendimento por meio de palavras e hipóteses, mas, em todo caso, por meio de fenômenos ao intuir. Chamamos [tais fenômenos fundamentais] de fenômenos-originários (*Urphänomene*), pois não há no aparecer nada que lhes seja mais elevado, eles, porém, sendo completamente aptos a que, paulatinamente (...) se possa descer, a partir deles, até o caso mais comum da experiência cotidiana". (GOETHE, 1981, p. 368). Note-se, nisso, o imenso débito que, sem dúvida, a teoria husserliana tem em relação às pesquisas científicas de Goethe. Contudo, há entre ambos uma diferença radical, precisamente no que diz respeito ao conceito do *Urphänomen*, precisamente já contida na citação anterior. O fenômeno originário de Goethe não escapa ao mundo fenomenal empírico (ele ainda é cor, p.ex.), ao passo que a evidência, para Husserl, se coloca necessariamente como *meta* fenômeno originário, posto se tratar da reflexão a respeito da condição de possibilidade da experiência egológica.

auto-dar-se (*Sich-selbst-Gebens*) de uma coisa, de uma circunstância coisal, de uma universalidade, de um valor etc., dadas "intuitivo-imediatamente", "*originaliter*"[57], no modo-final do "si mesmo aí" (*Selbst da*). Isso quer dizer para o eu: não se trata de visar a algo assumindo previamente de maneira confusa, vazia, mas de estar nele mesmo, de intuir, ver, ver adentro dele mesmo. A experiência é no sentido comum uma evidência particular; a evidência em geral, podemos dizer, é experiência no sentido mais amplo e, contudo, unitário de maneira essencial. A evidência é, pois, no que diz respeito a quaisquer objetos, apenas uma ocorrência qualquer da vida da consciência, mas ela designa uma possibilidade, a saber, como meta de uma intenção, que se esforça e se efetiva, para todo e qualquer já presumido e a ser presumido; e, com isso, [ela designa] um traço fundamental da vida intencional em geral. Cada consciência em geral é configurada ela mesma já a partir do caráter da evidência – *i.e.*, no que diz respeito ao seu objeto intencional, dando-o ela mesma – ou é configurada de maneira essencial por meio de remissões a auto-ocorrências, *i.e.*, a sínteses da confirmação, as quais, de maneira essencial, pertencem à região do "eu posso". Toda consciência vaga pode ser questionada na postura da redução transcendental se (e o quanto), ante a manutenção da identidade do objeto presumido, este lhe corresponde, pode-lhe corresponder no modo do "ele mesmo"; ou, o que é o mesmo, [pode ser questionada a respeito de] como ele, o pressuposto, precisaria mostrar-se como ele mesmo, com o que o ainda indeterminadamente antecipado simultaneamente se determinou mais detalhadamente. No processo da verificação ela pode transformar-se no negativo, ao invés do ele mesmo presumido pode surgir um outro, e de fato um outro no modo "ele próprio", no qual fracassa a posição (*Position*) do visado e ele toma, de sua parte, o caráter da nadidade (*Nichtigkeit*).

O não-ser é apenas uma modalidade (preferida na lógica por certas razões) do ser puro e simples, da [60] certeza de ser. Porém a evidência, no mais amplo sentido, é um conceito-correlato não apenas no que diz respeito aos conceitos ser e não-ser. Ele se modaliza também correlativamente às outras variações modais do ser puro e simples, tal como ser-possível, ser-verossímil ou ser-duvidoso, mas também com as variações não pertencentes a essa série, as quais têm sua origem na esfera do sentimento (*Gemüt*) e da vontade, tal como ser-valor e o ser-bom.[58]

§ 25
Efetividade e quase-efetividade.

Todas essas diferenças se cindem, ademais, em diferenças paralelas por causa da diferença que perpassa toda a esfera da consciência, e correlativamente todas as modalidades de ser, a diferença entre efetividade e fantasia (efetividade-como-se).

---

57. Em latim no original.
58. Trata-se, notadamente, do intento de ganhar para o solo da evidência também os elementos que talvez para a lógica de Hegel habitassem a região das nadidades, a região da suspensão – e não a região da comprovação possível, *i.e.*, da evidência possível.

Nas últimas páginas surgiu um novo conceito universal de possibilidade, o qual repete modificadamente – nos modos da mera inventividade (em um pensar consigo [*Sich-Denken*] como se isso fosse assim) – todos os modos de ser, a começar pela simples certeza de ser. Ele faz isso na maneira dos modos da pura inefetividade, puramente fantasiada, em oposição àqueles da efetividade (ser efetivamente, ser efetivamente verossímil, ser efetivamente duvidoso ou nulo etc.). Separam-se correlativamente, assim, os modos da consciência da posicionalidade (*Poistionalität*) e aqueles da quase-posicionalidade (do como-se, do fantasiar – uma expressão de fato demasiado polissêmica); suas maneiras particulares correspondem a maneiras próprias da evidência de seus objetos presumidos e, de fato, em cada um dos seus respectivos modos de ser; igualmente, [correspondem a] potencialidades próprias do tornar-evidente. A isso pertence o que frequentemente chamamos de clarificação, de trazer à clareza; ela designa continuamente um modo do tornar-evidente, do encenar um caminho sintético desde uma assunção obscura até uma "intuição prefigurativa" (*vorverbildlichende Anschauung*), a saber, uma tal que traz em si implicitamente o sentido de que: se chegasse a ser direta, que se dá a si mesma, teria então satisfeito em seu sentido de ser, de maneira a confirmar-se, esse assumir. Da intuição prefigurativa desse preenchimento que confirma não resulta [61] a evidência efetivante do ser, mas, sim, a da possibilidade-de-ser do conteúdo em cada caso.

§ 26
Efetividade como correlato da confirmação evidente.

Nessas breves considerações anunciaram-se problemas a princípio formal-universais da análise intencional, em conjunto com investigações dela procedentes, bastante englobantes e difíceis, que dizem respeito à origem fenomenológica dos conceitos fundamentais e princípios formais-lógicos. Mas não apenas isso: com eles abre-se-nos o conhecimento significativo de que esses conceitos, em sua universalidade formal-ontológica, são índice de uma legalidade estrutural (*Strukturgesetsmäßigkeit*) universal da vida da consciência em geral, em virtude da qual, exclusivamente, verdade e efetividade têm, e podem alguma vez ter, sentido para nós. De fato, dado que objetos são para mim – no mais amplo entendimento (coisas reais [*reale Dinge*], vivências, números, circunstâncias-coisais, leis, teorias etc.) – isso não diz a princípio nada, pois, acerca da evidência, ou diz apenas que valem para mim; com outras palavras, eles são para mim na medida da consciência como *cogitata*, os quais são, em cada caso, apreendidos pela consciência no modo posicional da crença certa. Contudo, também sabemos que precisaríamos abandonar essa validade (*Geltung*), tão logo um caminho da síntese evidente de identidade conflitasse com [algo] dado evidentemente; e [sabemos] que podemos estar seguros do ser-efetivo apenas por meio da efetividade correta ou verdadeira, síntese da confirmação evidente, que se dá por si mesma. Está claro que a verdade, *i.e.*, a verdadeira efetividade dos objetos, há de ser haurida apenas da evidência, e apenas por meio dela é que o objeto "efetivamente" existente, verdadeiro, corretamente válido, de qualquer forma ou tipo, tem-nos sentido – em conjunto com todas as determinações que, para nós, lhe pertencem sob o título do ser-assim verdadeiro. Todo direito provém daí; provém, portanto, da nossa própria subjetividade transcendental, toda e qualquer adequação concebível surge como confirmação [62] nossa, é síntese nossa, tem em nós o fundamento transcendental último.

§ 27
Evidência habitual e potencial constitutivamente atuando para o sentido do "objeto que é".

De fato, já como a identidade do objeto presumido enquanto tal e em geral, também a identidade do [objeto] que é verdadeiramente – e assim também a identidade da adequação entre esse [objeto] presumido enquanto tal e o [objeto] que é verdadeiramente – não é um momento real (*Reel*) dessa vivência fluente da evidência e da confirmação. Porém, trata-se então de uma imanência ideal (*Ideal*) que nos remete a conexões ulteriores de sínteses possíveis, as quais lhes pertencem essencialmente. Cada evidência funda para mim uma posse permanente (*bleibende Habe*). Eu posso retornar "sempre de novo", em cadeias de novas evidências como restituições da evidência primeira, à efetividade que apareceu por si mesma; tal como, p.ex., a respeito da evidência das ocorrências imanentes, as quais têm a forma de uma cadeia de rememorações intuitivas abertas ao infinito – este que, enquanto horizonte potencial, produz o "eu posso sempre de novo". Não haveria para nós, sem tais possibilidades, nenhum ser estável e permanente, nenhum mundo real e ideal. Cada um [desses mundos] é para nós a partir da evidência, *i.e.*, da presunção do poder tornar [algo] evidente e poder repetir a evidência alcançada.

Disso já decorre que a evidência singular não produz para nós nenhum ser permanente. Todo ente é, em um sentido amplíssimo, "em si", e se tem a si perante o "para-mim" contingente dos atos singulares; igualmente, toda verdade nesse sentido amplíssimo é "verdade em si". Esse mais amplo sentido do em si remete, pois, à evidência, mas não a uma evidência como fato vivencial (*Erlebnistatsache*); remete a certas potencialidades fundamentadas no eu transcendental e em sua vida, a princípio àquelas da infinitude sinteticamente relacionada a uma única assunção em geral, *i.e.*, a evidências potencialmente repetíveis ao infinito enquanto fatos vivenciais. [63]

§ 28
Evidência presumida da experiência de mundo.
O mundo como ideia correlata
de uma plena evidência de experiência.

As evidências apontam ainda de outra maneira a infinidades de evidências – no que diz respeito ao mesmo objeto – e [o fazem] em maneiras muito mais complicadas, a saber, sempre quando levam o seu objeto em uma unilateralidade até a auto-ocorrência. Isso concerne nada menos do que o conjunto das evidências por meio das quais um mundo objetivo real está aí para nós imediatamente de maneira intuitiva, como todo e de acordo com quaisquer objetos singulares. A evidência que lhes pertence é a experiência externa; há de ser visto como uma necessidade essencial que não haja, para objetos desse tipo, nenhuma outra maneira concebível da auto-ocorrência. Por outro lado, há também que se ver que, todavia, pertence de maneira essencial a esse tipo de evidência a unilateralidade; melhor dito, um horizonte plurifigurativo de antecipações insatisfeitas, mas que demandam preenchimento, *i.e.*, teores do mero assumir que apontam a evidências potenciais correspondentes. Essa incompletude da evidência se consuma, de evidência em evidência, nas passagens sintéticas, efetivadoras, porém com tal necessidade que nenhuma dessas tais concebíveis sínteses conclui-se em uma evidência adequada; ao contrário, direciona a partir de si sempre de novo a suposições prévias e co-suposições não preenchidas. Ao mesmo tempo permanece sempre uma possibilidade aberta que a crença-de-ser, estendendo-se antecipações adentro, não se preencha; que aquilo que aparece no modo do "ele próprio" não seja, porém, agora, ou seja de outra maneira. Igualmente, a experiência externa é, para seus objetos, para todas as realidades objetivas, de maneira essencial a única força que se confirma; contudo, apenas enquanto a experiência que transcorre de maneira passiva ou ativa tiver, de fato, a forma da síntese da univocidade. Que o ser do mundo seja, nessa maneira e também na evidência auto-ocorrente, transcendente à consciência, e que ele permaneça necessariamente transcendente, isso não muda nada no fato de que há unicamente a vida da consciência, na qual todo e qualquer transcendente constitui-se como inseparável dela, e a qual traz, especialmente como consciência-de-mundo, inseparavelmente em si [64] o sentido 'mundo' e também o sentido "este mundo que efetivamente é".

Enfim, é apenas o desnudamento do horizonte-de-experiência que esclarece a efetividade do mundo e sua "transcendência", provando-a, pois, como inseparável do sentido e da efetividade de ser da subjetividade transcendental constituinte. A remissão a infinidades unívocas da possível experiência ulterior, a partir de qualquer experiência mundana onde, todavia, o objeto que é efetivamente só pode ter sentido como unidade presumida e a ser presumida no contexto da consciência, unidade esta que seria dada como ela própria em uma evidência de experiência plena – isso tudo diz, manifestamente, que o objeto efetivo de um mundo (pela primeira vez, com justiça, de um mundo) é ele próprio uma ideia infinita, concordante com infinidades, relacionada a experiências unificantes: uma ideia-correlata à ideia de uma evidência de experiência plena, de uma síntese completa de experiências possíveis.

§ 29
As regiões ontológicas materiais e formais enquanto índices de sistemas transcendentais de evidências.

Compreende-se agora as grandes tarefas da autointerpretação transcendental do ego, *i.e.*, de sua vida de consciência, as quais se desdobram no que diz respeito às objetividades postas e a serem postas nela mesma. O título: ser verdadeiro, verdade (segundo todas as modalidades), designa a cada um dos objetos em geral, presumidos e alguma vez a serem presumidos para mim enquanto ego transcendental, uma separação estrutural dentro das multiplicidades infinitas das *cogitationes* efetivas e possíveis que se relacionam a cada um desses objetos, *i.e.*, que podem em geral estar conjuntamente [em relação] à unidade de uma síntese identitária. O objeto efetivamente existente indica dentro dessa multiplicidade um sistema particular, o sistema das evidências a ele relacionadas e de tal maneira sinteticamente interdependentes, que se unificam em uma – talvez também infinita – evidência total. Isso seria uma evidência absolutamente completa, [65] a qual haveria de dar ela mesma o objeto, no final das contas, de acordo com tudo que ele é, e em cuja síntese seria adequadamente satisfeito tudo aquilo que, nas evidências singulares que a fundam, ainda é pré-intenção insatisfeita. Não estabelecer efetivamente essa evidência seria, no que concerne a todos os objetos real-objetivos, uma meta sem-sentido, porque (tal como apresentado) uma evidência absoluta é para eles uma [mera] ideia; ao contrário, dispor claramente, segundo todas as estruturas interiores, a estrutura essencial dessa evidência, *i.e.*, a estrutura essencial das dimensões de infinidade que constroem sistemáticas a sua síntese infinita ideal – eis uma tarefa totalmente determinada e poderosa: a tarefa da constituição transcendental da objetividade que é, em um sentido preciso da expressão. Ao lado das pesquisas formalmente universais, aquelas que se mantém no conceito formal lógico (formal ontológico) do objeto em geral (portanto insensíveis diante das particularidades materiais das distintas categorias específicas de objetos), temos, então, como se mostra, a problemática poderosa daquela constituição que resulta sempre como consequência para cada uma das supremas categorias (ou regiões) de objetos, não mais formal-lógicas: as regiões que estão sob o título mundo objetivo. É preciso uma teoria constitutiva da natureza física, do humano, da comunidade humana, da cultura etc., [objetos estes] sempre "dados" como existindo – o que implica, ao mesmo tempo, sempre pressupostos. Cada um de tais títulos designa uma grande disciplina, com distintas direções de pesquisa, correspondentes aos conceitos repartidos (*Teilbegriffen*), ingenuamente ontológicos (tal como espaço real, tempo real, causalidade real, coisa real, propriedade real etc.). Naturalmente, trata-se em todo caso do desnudamento da intencionalidade implícita na própria experiência enquanto vivência transcendental; trata-se de uma interpretação sistemática dos horizontes pré-delineados [levada a cabo] mediante a transposição rumo à evidência satisfatória possível; e assim, [trata-se] sempre de novo [da interpretação] dos novos horizontes que neles [próprios] se desdobram precisamente sempre de novo segundo um estilo determinado – isso [66], porém, sob o estudo permanente das correlações intencionais. Nisso, e no que diz respeito aos objetos, mostra-se uma construção intencional, altamente complexa, das evidências constituintes em sua unidade sintética, p.ex., uma fundação em níveis – que se incrementa desde o mais baixo fundamento objetivo – dos objetos não objetivos (meramente subjetivos). Atua como tal [*i.e.*, como esse mais baixo fundamento objetivo] a temporalidade imanente, a vida fluente que se constitui em si e para si própria, cuja explicação é o tema da teoria da consciência originária do tempo, esta que constitui em si as informações temporais.

QUARTA MEDITAÇÃO
Desdobramento dos problemas constitutivos do próprio Ego transcendental

§ 30
O Ego transcendental inseparável de suas vivências.

Os objetos são para nós, são para nós aquilo que eles são – apenas objetos da consciência efetiva e possível. Se isso não há de ser um discurso vazio e tema de especulações vazias, então é preciso que se mostre o que constitui concretamente esse ser-para-nós e ser-assim, *i.e.*, [que se mostre] o que se faz problemático para uma consciência como que estruturada, efetiva e possível, [que se mostre] o que, nisso, há de significar a possibilidade etc. Só a investigação constitutiva é capaz disto, e a princípio no sentido mais amplo, disposto previamente anteriormente, em seguida no sentido mais estrito descrito agora há pouco. E isto, contudo, segundo o único método possível, exigido pela essência da intencionalidade e seus horizontes. Já em virtude das análises que estão se preparando, e que conduzem adiante rumo ao sentido da tarefa, torna-se claro que o Ego transcendental (no paralelo psicológico: a alma) é apenas o que é em relação a [67] objetividades intencionais. Além disso, todavia, também pertencem ao Ego objetos necessariamente existentes, e, para ele enquanto relacionado ao mundo, [pertencem] não apenas os objetos em sua esfera temporal imanente, a ser confirmada adequadamente, mas também os objetos mundanos, os quais se verificam como existindo na concordância de seu curso apenas na experiência exterior inadequada, não mais que presuntiva. É, pois, idiossincrasia essencial do Ego ter progressivamente sistemas da intencionalidade, e também sistemas de concordância, em parte decorrendo em si [próprio], em parte mediante horizontes que se esboçam como potencialidades fixas, disponíveis ao desnudamento. Todo objeto alguma vez visado, pensado, valorizado, manuseado, mas também fantasiado e a ser fantasiado pelo Ego, indica como correlato o seu sistema, e ele apenas é enquanto esse correlato.

§ 31
O eu como polo idêntico das vivências.

Agora, porém, precisamos chamar a atenção para uma grande lacuna de nossa apresentação. O Ego ele mesmo é existente para si em evidência contínua, portanto continuamente constituinte de si, em si mesmo, como ente. Tocamos até aqui apenas em um lado dessa autoconstituição, vislumbramos apenas o *cogito* fluente. O Ego apreende-se não meramente como vida fluente, mas como eu, o eu que vivencia isto e aquilo, que vive este e aquele *cogito* como o mesmo. Até aqui, ocupados com a relação intencional entre consciência e objeto, *cogito* e *cogitatum*, havia-nos entrado em cena apenas aquela síntese que, a respeito das multiplicidades da consciência efetiva e possível, "polariza-as" segundo objetos idênticos; portanto em relação a objetos como polos, como unidades sintéticas.[59] Agora estamos diante de uma segunda polarização, um segundo tipo de síntese que engloba de um só golpe e em maneira própria todas as multiplicidades particulares das *cogitationes*, a saber, como *cogitationes* do eu idêntico, que vive como atuante da consciência e [68] como afetado em todas as vivências dela, e que está referido, por meio das vivências, a todos os polos-objeto.

§ 32
O Eu como substrato de habitualidades.

Contudo, agora há de se notar que esse eu centralizante não é um polo de identidade vazio (tampouco o é qualquer um dos objetos), porém, com cada um dos atos de um novo sentido objetivo que dele irradiam, ele adquire uma nova idiossincrasia permanente, [e isso] em virtude de uma legalidade da "gênese transcendental". Se eu me decido, pela primeira vez, em um ato-de-juízo, p.ex., se me decido por um ser e ser-assim, então esse ato efêmero deflui, mas de agora em diante eu sou, e permanentemente, o Eu decidido de tal e tal maneira, "eu sou a convicção concernente". Isso não quer dizer meramente que eu me lembro ou que eu posso me lembrar em seguida do ato. Isto eu também posso, mesmo se nesse ínterim eu tiver "abdicado" da minha convicção. Depois de a haver excluído ela não é mais minha convicção, mas o foi permanentemente até ali. Enquanto ela é válida para mim posso "retornar" a ela repetidamente, e a encontro sempre de novo como a minha, como a habitualmente própria a mim, *i.e.*, eu me encontro como o eu que está convicto – que está determinado como Eu afixado por esse hábito

---

59. *Polarização* foi um conceito que permeou de maneira especial toda a especulação científica alemã que surgia nas últimas décadas do século XVIII, da qual Goethe foi sem dúvida o mais perfeito exemplo. *Polarität und Steigerung* (Polaridade e Elevação) foram os princípios, por assim dizer metafísicos, segundo os quais Goethe constituiu a sua célebre *Metamorfose das Plantas*, e mais tarde os mesmos que habitaram fundamentalmente a *física especulativa de Schelling*; e ainda, apesar de que o caráter eminentemente dialético inerente a tais princípios nunca tenha escapado a nenhum leitor atento, foi notoriamente Hegel quem ofereceu configuração lógica, dialética, para esses princípios elucidativos, traduzindo em *Ciência da Lógica* o que Goethe e Schelling encontravam, empírica ou especulativamente, operante na *alma* da natureza. Já o texto célebre do Hölderlin auditor dos cursos de Fichte em Jena (*Urteil und Sein* [Juízo e Ser]) indicava claramente o tanto que tais princípios teriam habitado, mesmo que obscuramente, o cerne da filosofia transcendental. Disso decorre que Husserl, neste ponto, retoma um conceito célebre e bem conhecido então há 120 anos, porém soterrado pela avalanche positivista a partir do meio do século XIX.

(*Habitus*) permanente; igualmente para toda sorte de decisões, decisões valorativas e de vontade. Eu me decido – a vivência do ato deflui, mas a decisão persiste, quer eu submerja em sono profundo, tornando-me passivo, quer eu vivencie outros atos – a decisão é válida continuamente; correlativamente: eu sou daqui em diante aquele que se decidiu de tal maneira e o serei desde que não abdique da decisão. Se a decisão é direcionada a um ato conclusivo, então não é "suspensa" por meio do seu cumprimento, ela continua a ser válida no modo do cumprimento – "o meu ato me condiciona adiante". Eu próprio, aquele que persiste em minha vontade permanente, altero-me, se "excluo", suspendo decisões ou feitos. O persistir, o durar temporal de tais determinidades egóicas e o "alterar-se" que lhes é próprio não significa, manifestamente, um [69] preenchimento contínuo (com vivências) do tempo imanente, tal como o eu permanente, então, ele mesmo enquanto polo de determinidades egóicas permanentes, não é nenhuma continuidade de vivência – embora, com efeito, com tais determinidades habituais [seja] essencialmente retrorreferido ao fluxo de vivência. Na medida em que o eu se constitui a partir de gênese ativa própria como substrato idêntico de idiossincrasias egóicas[60] permanentes, constitui-se em sequência ulterior também como eu pessoal "estável e permanente" – no mais amplo sentido, que autoriza falar também de "pessoas" subumanas. Se também as convicções em geral são apenas relativamente permanentes, se têm as suas maneiras da alteração (por modalização das posições ativas, dentre as quais a exclusão ou negação, anulação de sua validade), então o eu confirma em tais alterações um estilo permanente, um caráter pessoal.

§ 33
A plena concreção do eu como mônada e o problema de sua autoconstituição.

Diferenciamos do eu como polo idêntico e como substrato de habitualidades o Ego tomado em plena concreção (o qual pretendemos denominar com a palavra leibniziana: mônada), na medida em que adicionamos precisamente aquilo sem o que o Eu não pode ser de maneira concreta; notadamente, apenas pode sê-lo na pluriformidade (*Vielgestaltigkeit*) fluente de sua vida intencional e nos objetos nela presumidos – os quais, eventualmente, se constituem para ele como existindo. Manifestamente, o caráter em cada caso permanente do ser e do ser-assim é para esses objetos um correlato da habitualidade de sua tomada de posição, que se constitui no próprio polo-eu (*Ichpol*).

Isso há de ser entendido da seguinte maneira: eu tenho, como Ego, um mundo circundante (*Umwelt*) permanentemente existente-para-mim (*für-mich-seiende*); nesse mundo circundante tenho objetos como existentes para mim, a saber, para

---

60. *Ich-Eigenheiten*. Vertemos aqui *Eigenheit* por idiossincrasia, deixando o termo propriedade para verter *Eigenschaft*.

mim como já conhecidos em repartição (*Gliederung*) permanente, ou, apenas antecipados, como a conhecer. Os primeiros, que são para mim no primeiro sentido, são a partir de aquisição originária, *i.e.*, da tomada de conhecimento originária, da explicação daquilo que a princípio nunca [70] foi assumido em intuições particulares. Dessa maneira constitui-se na minha atividade sintética o objeto na forma-de-sentido explícita: "o idêntico de suas propriedades múltiplas", *i.e.*, objeto como idêntico consigo, como objeto que se determina em suas propriedades múltiplas. Essa minha atividade de posição e da interpretação do ser funda uma habitualidade do meu Eu em virtude da qual esse objeto, como objeto de suas determinações, agora se torna permanentemente meu. Tais aquisições permanentes constituem em cada caso o meu mundo circundante conhecido, com seu horizonte de objetos desconhecidos, *i.e.*, de objetos a adquirir, porém já antecipados com essa estrutura de objeto formal.

Eu sou dado para mim mesmo, [sou dado] progressivamente a mim mediante evidência empírica (*Erfahrungsevidenz*) como "eu próprio". Isso vale para o Ego transcendental e para qualquer sentido do "Ego". Dado que o Ego monádico concreto apreende consigo todo o conjunto da vida da consciência efetiva e potencial, então é claro que o problema da interpretação fenomenológica desse Ego monádico (o problema de sua constituição para si próprio) precisa englobar todos os problemas constitutivos em geral. Resultará em sequência ulterior a coincidência da "fenomenologia dessa autoconstituição" com a "fenomenologia em geral".

§ 34
A configuração de princípios do método fenomenológico.
A análise transcendental como eidética.

Com a doutrina do eu como polo de seus atos e substrato de habitualidades já tocamos, e em um ponto significativo, na problemática da gênese fenomenológica, e por isso nos degraus da fenomenologia genética. Antes de clarificarmos o seu sentido mais específico, é preciso uma inovadora "reflexão" a respeito do método fenomenológico. É preciso, enfim, trazer à validade uma visão interna, fundamental, metódica, a qual uma vez apreendida atravessa toda a metódica da fenomenologia transcendental (e igualmente, sobre o solo natural, a metódica de uma psicologia interna legítima e pura). [72] Apenas para facilitar o acesso à fenomenologia é que a introduzimos tão tarde. A exagerada multiplicidade de novos tipos de verificações (*Aufweisungen*) e problemas deveria a princípio atuar sob a roupagem simplificada de uma mera descrição empírica (embora decorrendo apenas na esfera de experiência transcendental). Opondo-se a isto, o método da descrição eidética significa uma passagem de todas essas tais descrições rumo a uma dimensão nova, fundamental, a qual teria, no começo, elevado as dificuldades do entendimento, ao passo que é de fácil apreensão depois de um grande número de descrições empíricas.

Cada um de nós, meditando cartesianamente, foi reconduzido pelo método da redução fenomenológica ao seu Ego transcendental – e, naturalmente, com o seu respectivo teor concreto-monádico, [ao Ego] como este fático, como o uno e único Ego absoluto. Eu, como este Ego, na medida que continuo a meditar, encontro tipos apreensíveis descritivamente e a serem desdobrados intencionalmente, e eu poderia, paulatinamente, no desnudamento intencional da minha "mônada", progredir rumo aos direcionamentos fundamentais que resultam. Por boas razões, expressões tais como "necessidade de essência" e "de maneira essencial" impõem-se frequentemente nas descrições, com o que um conceito do *a priori*,[61] pela primeira vez clarificado e delimitado pela fenomenologia, alcança expressar-se.

Aquilo de que se trata, neste ponto, será tornado imediatamente compreensível por meio de exemplos. Tomemos certo tipo qualquer de vivência intencional, [que seja] da percepção, da retenção, rememoração, do enunciar, do ter-se-dado--conta-de-algo, do esforçar-se-por-algo e semelhantes; pensemo-lo segundo a sua tipificação de realização (*Leistung*) intencional, *i.e.*, explicitado e descrito segundo "noese" e "noema". Isso pode dizer, e assim o compreendemos até aqui, que tipos de ocorrências (*Vorkomnisse*) fáticas do Ego transcendental fático estejam em questão, e que as descrições transcendentais deveriam ter significado "empírico". Contudo, e não por acaso, manteve-se a nossa descrição em uma tal universalidade a ponto de não lhe concernirem os seus resultados, não obstante as factualidades empíricas do Ego transcendental.

Tornemos isso claro para nós e, assim, metodicamente frutífero. Partindo do exemplo da percepção desta mesa, variemos o objeto da percepção – mesa – em algo completa e livremente arbitrário, porém de tal maneira que se mantenha fixa a percepção como percepção de algo – de algo, seja o que for; [variemo-lo] talvez começando por reinventar (*umfingieren*) de maneira totalmente arbitrária a sua figura, suas cores etc., mantendo fixo de maneira idêntica apenas o aparecer perceptivo. Em outras palavras, transformemos o fato desta percepção, sob a manutenção de sua validade de ser, em uma possibilidade pura dentre outras possibilidades puras totalmente arbitrárias – mas possibilidades puras de percepções. Desloquemos, por assim dizer, a percepção efetiva para o domínio das inefetividades, do como-se, o qual nos é oferecido pelas puras possibilidades, puro de tudo o que conecta ao fato e a cada fato em geral. Em última análise, mantenhamos essas possibilidades também desconexas em relação ao Ego fático posto em conjunto, precisamente como inventividade (*Erdenklichkeit*) completamente livre da fantasia – de tal maneira que teríamos podido, desde o princípio, tomar como exemplo inicial um fantasiar que ruma adentro de um perceber,[62] fora de qualquer relação

---

61. A partir desse ponto, Husserl utiliza a expressão *a priori* de maneira substantivada: *apriori*; assim também o faremos aqui.
62. *ein Hineinphantasieren in ein Wahrnehmen*. Termo de dificílima versão, que já no alemão se lê com surpresa considerável. O fato de *ein Wahrnehmen* encontrar-se no caso acusativo não pode passar despercebido, pois é o que denota o movimento do *fantasiar que ruma adentro de uma percepção*.

com o restante de nossa vida fática. O tipo universal "percepção" alcançado dessa maneira paira, por assim dizer, no ar – no ar absoluto das puras inventividades. Destituído, assim, de toda facticidade, tornou-se o "*eidos*" percepção, cujo âmbito "ideal" constitui todas as percepções *idealiter*[63] possíveis como puras inventividades. As análises de percepção são então "análises de essência", tudo que apresentamos sobre as sínteses concernentes ao tipo "percepção", sobre os horizontes das potencialidades etc.; tudo isso vale, tal como facilmente há de ser visto, "de maneira essencial" para tudo a se formar nessa livre variação, *i.e.*, para todas as percepções concebíveis em geral, em outras palavras, em "universalidade de essência" absoluta e, para cada caso singular destacado, em necessidade de essência, portanto também para toda percepção fática, [73] na medida em que cada fato há de ser pensado como mero exemplo de uma possibilidade pura.[64]

Dado que a variação é visada como evidente, *i.e.*, dado que as possibilidades são visadas em intuição pura (*reiner Intuition*) como possibilidades que se dão a si próprias (*selbstgegebende*), então o seu correlato é uma consciência-universalidade, intuitiva (*intuitives*) e apodítica. O próprio *eidos* é um universal fabricado na intuição, *i.e.*, intuível,[65] um puro, um "incondicionado", *i.e.*, condicionado por nenhum fato, segundo o seu próprio sentido intuitivo. Ele está presente em todos os "conceitos" – no sentido de significados léxicos, os quais, antes, hão de ser formados de maneira a adequarem-se a ele, como conceitos puros.

Se, então, cada tipo singular destacado for elevado desde o seu meio empírico-fático do Ego transcendental rumo à esfera pura da essência, então os horizontes intencionais externos, aqueles que indicam no Ego o seu nexo por desnudar, não desaparecem; apenas que esses horizontes de nexo tornam-se, eles próprios, eidéticos. Com outras palavras, com cada tipo eidético puro não estamos, de fato, no Ego fático, mas em um Ego *Eidos*; *i.e.*, cada constituição de uma possibilidade efetivamente pura dentre possibilidades puras leva implicitamente consigo, como seu horizonte externo, um Ego possível no sentido puro, uma variação-de-possibilidade pura do meu Ego fático.

---

63. Em latim no original. Idealmente.
64. Observa-se que Husserl ressignifica o conceito do *essencial*, esvaziando-o de seu lastro tradicionalmente ontológico. Objetivo análogo – *mutatis mutandis* – foi buscado por Hegel em sua *Doutrina da Essência*, segundo volume da *Ciência da Lógica* (1813).
65. *erschautes, erschaubares*. O sentido de *erschauen* aponta a um caráter especial do ver, que indica visão pensativa, visão da mente, visão em certa medida trabalhada (pelo pensamento). Mas intuir, até aqui, fora usado para traduzir *anschauen*, no sentido de visão simplesmente, intuição sensível (o prefixo *an* indicando certo "contato" visual, ao passo que o prefixo *er* denota em certa medida criação, produção, trabalho). Discernir essa equivocidade inerente ao conceito da "intuição" foi certamente a tarefa primordial da *Crítica da Razão Pura* de Kant, que assegurou e definiu o conceito da intuição (*Anschauung*), sensível ou pura, a base do uso empírico da razão, e recusou (à teoria, mas não à prática) o caráter constitutivo da intuição intelectual (*intellektuelle Anschauung*) e o uso transcendental da razão. Tal duplicidade diz respeito, na verdade, à questão mais tradicional de toda a psicologia, pelo menos desde os escritos de Aristóteles *Sobre a alma*, a saber, a diferença entre o intelecto passivo (*noûs pathétikós*) e o ativo (*noûs poiétikós*).

Poderíamos, também, desde o princípio, pensar esse [Ego *Eidos*] livremente variado, e expor a tarefa da investigação pela essência da constituição explícita de um Ego transcendental em geral.[66] Assim fez desde o início a nova Fenomenologia, e nessa medida todas as descrições (delimitações de problemas) com que lidamos até aqui eram, de fato, retroversões partindo da figura eidética originária até a figura de uma típica empírica.

Se pensamos, pois, uma Fenomenologia cultivada puramente segundo o método eidético, como ciência apriorístico-intuitiva, então todas as suas investigações pela essência nada mais são do que desnudamentos do *Eidos* universal "Ego transcendental em geral", este que capta em si como possibilidade todas as puras variações de possibilidades do meu Ego fático, inclusive ele próprio [74]. A Fenomenologia eidética investiga, portanto, o *a priori* universal, sem o qual o eu, e um Eu transcendental, não são de maneira alguma "concebíveis"; *i.e.*, dado que toda universalidade essencial tem o valor de uma legalidade inquebrável, a Fenomenologia eidética investiga a legalidade universal essencial, esta que delineia o seu sentido possível (em oposição ao contrassenso) a cada enunciação de fato (*Tatsachenaussage*) sobre o transcendental.

Como Ego que medita cartesianamente, guiado pela ideia de uma filosofia como ciência universal fundamentada absoluta e rigorosamente, cuja possibilidade postulei heuristicamente, e em decorrência do levar a cabo as últimas reflexões (*Überlegungen*), torna-se evidente para mim que eu preciso sobretudo levar a cabo uma Fenomenologia puramente eidética, e que apenas nela se consuma, se pode consumar, a primeira efetivação de uma ciência filosófica – a efetivação de uma "Filosofia Primeira". Se o meu interesse próprio vai também em busca da redução transcendental ao meu puro Ego, ao desnudamento desse Ego fático, então esse desnudamento pode apenas se tornar autenticamente científico mediante recurso aos princípios apodíticos que lhe pertencem, *i.e.*, que pertencem ao Ego, às universalidades e necessidades de essência por meio das quais o fato (*Faktum*) é retrorreferido aos seus fundamentos racionais, aos fundamentos racionais de sua possibilidade pura; com isso, [o fato] é tornado científico (é logicizado). Há de se bem atentar para o fato de que na passagem do meu Ego para um Ego em geral não é pressuposta nem a efetividade, tampouco a possibilidade, de um âmbito a partir de outro. Aqui, o âmbito do *Eidos Ego* é determinado pela autovariação do meu Ego. Eu apenas invento para mim que eu fosse de outra maneira, eu não invento o outro. Dessa maneira a ciência das puras possibilidades precede "em si"

---

66. Assim fez, notadamente, J.G. Fichte, que em seus *Fundamentos de toda a Doutrina da Ciência* (1794) anuncia, logo no prefácio, "ter descoberto o caminho através do qual a filosofia precisa se elevar à classe de uma ciência evidente" (FICHTE, 1997, p. 6). Este caminho, pois, é apresentado, como se sabe, pelo desdobramento *lógico* dos três princípios fundamentais (o puro *eu penso*, o não-eu, o eu com um limite) do puro Ego transcendental, ante o qual não há nada a não ser si mesmo, pura imanência – não havendo, pois, a necessidade da pressuposição-ôntica de qualquer *coisa-em-si*. Contudo, talvez não seja justificado apontar que Husserl entende por *nova fenomenologia* precisamente a doutrina fichteana. O que não impede, todavia, que Fichte possa ser, neste caso, com boa justiça mencionado.

aquela ciência das efetividades, e faz com que esta seja pela primeira vez possível como ciência em geral. Elevamo-nos à visada metódica de que a intuição eidética é, ao lado da redução fenomenológica, a forma fundamental de todos os métodos transcendentais particulares; de que, pois, ambas [75] determinam completamente o sentido correto de uma Fenomenologia transcendental.[67]

§ 35
Excurso pela psicologia eidética *interna*.

Ultrapassamos o círculo fechado em si mesmo destas nossas meditações, o qual nos conecta à Fenomenologia transcendental, se não reprimimos também aqui mais uma vez a observação segundo a qual todo o conteúdo dessa consideração fundamental metódica realizada há pouco resulta, para nós, como pequenas modificações que afinal suspendem o seu sentido transcendental, posto que operamos [, assim,] no solo da consideração natural do mundo, uma psicologia como ciência positiva e, nisso, sobretudo a psicologia em si primeira, necessária para essa ciência positiva: a psicologia intencional pura, a ser produzida a partir da "experiência interior". Ao Ego transcendental concreto corresponde assim o Eu-ser-humano, concretamente como alma captada puramente em si e por si com a polarização anímica: Eu como polo das minhas habitualidades, das minhas propriedades de caráter. No lugar da Fenomenologia transcendental eidética surge, então, uma doutrina eidética pura da alma, referente ao *Eidos* Alma, cujo horizonte eidético continua afinal inquestionado. Porém, se fosse questionado, então o caminho estaria aberto para a superação dessa positividade, *i.e.*, para a sequência rumo à Fenomenologia absoluta, a Fenomenologia do Ego transcendental que precisamente não tem mais nenhum horizonte que o pudesse levar acima e afora de sua transcendental esfera de ser, que o pudesse relativizar, portanto.[68]

---

67. Se, pois, Fichte apresentava a *narrativa lógico-genética* do Ego transcendental, *i.e.*, disso que Husserl nomeia *Eidos* Ego, o objetivo das presentes Meditações, por sua vez, será o de caracterizar o *método fenomenológico* enquanto tal, *i.e.*, os *princípios da análise eidético-transcendental*.

68. Husserl demarca assim o seu distanciamento ante uma *doutrina eidética pura da alma* – psicologia intencional pura, ciência positiva que ainda opera no solo natural e que se fixa no Eu-humano (e não se eleva ao Ego transcendental). Essa ciência positiva produz-se a partir da "experiência interior", do acesso interior à alma como polo subjetivo das habitualidades concretas, das propriedades do caráter do Eu-humano. Não é impossível que Husserl esteja se referindo, aqui, a Freud, cujo objetivo seria, pretensamente, a concepção de um *Eidos* Alma (a ideia da alma), mas de maneira pura, sem que o horizonte eidético em questão fosse problematizado. Adiante, especialmente a respeito do conceito de síntese passiva, será o caso de observar que a problematização do *Eidos* Alma puro implica em sua historicização e socialização, isto é, de sua inserção, ainda que transcendental, à ordem da temporalidade. Isso poderia indicar que a crítica husserliana à psicanálise freudiana diz respeito ao questionamento do caráter puro (a-histórico) da ideia de alma com que trabalharia Freud. Certamente, contudo, se pode também problematizar essa crítica de Husserl, em todo caso, porém, cabe notar o sentido do projeto eidético-transcendental fenomenológico: demarcar a sua superação do psicologismo (*i.e.*, do positivismo,

§ 36
O Ego transcendental como universo de formas de vivências possíveis. Regulação essencial-nomológica da compossibilidade das vivências na coexistência e sucessão.

Retornemos, depois da muito significativa nova concepção da ideia de uma Fenomenologia transcendental mediante o método eidético, à inauguração da problemática [76] fenomenológica; mantemo-nos, assim, de agora em diante, naturalmente no quadro de uma Fenomenologia puramente eidética, na qual o fato do Ego transcendental, e das ocorrências particulares concernentes à sua empiria transcendental, tem unicamente o significado de exemplos para puras possibilidades. Entendemos por eidéticos também os problemas que mostramos até aqui, na medida em que pensamos [como] em todo lugar efetivada a possibilidade mostrada no exemplo (de se os purificar eideticamente). Fazer jus à tarefa ideal de uma inauguração efetivamente sistemática de um Ego concreto em geral segundo os seus estoques essenciais (*Wesensbeständen*), *i.e.*, pôr em jogo uma problemática e uma sequência investigativa efetivamente sistemática, isso traz dificuldades extraordinárias. Apenas na última década essa sistemática começou a clarificar-se, e sobretudo porque alcançamos novos acessos ao problema-universal específico à constituição do Ego transcendental. O *a priori* universal que pertence enquanto tal a um Ego transcendental é uma forma essencial que contém em si uma infinitude de formas, de tipos aprioríticos de atualidades e potencialidades possíveis da vida, com os objetos a serem constituídos nela como efetivamente existentes. Mas nem todos os tipos singulares possíveis são compossíveis a um Ego unitariamente possível: não o são em quaisquer ordenações, em quaisquer lugares de sua própria temporalidade. Se dou forma a uma qualquer teoria científica, então essa complexa atividade da razão e o ente a ela correspondente são de um tipo essencial que não é possível em qualquer Ego possível, mas apenas em um Ego "racional" em sentido particular, *i.e.*, daquele próprio que entra em cena na mundanização do Ego na forma essencial "humano" (*animal "rationale"*). Tal como tipifico eideticamente o meu teorizar fático, [igualmente] variei-me a mim mesmo em conjunto, quer eu tenha disso consciência ou não – porém não de maneira completamente arbitrária, e sim dentro do quadro do tipo essencial correlato: "ente-racional".[69]

---

da postura natural), e, portanto, a diferença da sua proposta ante os vários *kantismos* do século XIX, desde Fichte até Brentano, enfim esquivando-se das objeções de Frege.

69. Tal como Leibniz concebeu certa hierarquia entre tipos distintos de mônadas (mônadas perceptivas e aperceptivas: mônada mineral, vegetal, animal e mônada animal-racional), analogamente Husserl opera aqui semelhante distinção. O *Eidos Ego* é, pois, por assim dizer, dividido – diacronicamente – em *tipos essenciais*, cada qual dispondo do seu horizonte determinado (e infinito) de compossibilidades. Isso diz respeito a certa particularização circunstancial da *epoché* fenomenológica, da qual não se excluem, portanto, as especificidades sócio-históricas concernentes à concretude do Ego transcendental em questão. Mas tais especificidades que particularizam mesmo o Ego transcendental certamente serão consideradas não apenas como singularidades referentes a um único indivíduo, mas como especificidades estruturais. Começa a clarear-se, nisso, que Husserl se dirija à tarefa da concepção de uma estrutura

Manifestamente, não posso sequer pensar o teorizar praticado agora, e ainda a ser praticado, como adiado a bel-prazer na unidade da minha vida, e isso também se transfere à [minha vida] eidética. [77] A apreensão eidética da minha vida infantil e de suas possibilidades constitutivas produz um tipo, em cujo desenvolvimento ulterior – mas não em seu nexo próprio – pode entrar em cena o tipo "teorizar científico". Tal ligação tem as suas razões em uma estrutura universal *a priori*, em legalidades essenciais da coexistência e sucessão egológico-temporal. Pois o que quer que ocorra no meu Ego, e eideticamente em um Ego em geral – em vivências intencionais, em unidades constituídas, em habitualidades egóicas –, tem a sua temporalidade, toma parte, nesse sentido, no sistema de formas da temporalidade universal com a qual se constitui para si mesmo cada Ego concebível.

§ 37
O tempo como forma universal de toda gênese egológica.

As leis essenciais da compossibilidade (de fato regras do estar em conjunto simultânea ou sucessivamente, e do poder sê-lo) são, no mais amplo sentido, leis da causalidade – leis para um "se" e um "então". Porém, aqui é melhor evitar a expressão causalidade, carregada de preconceitos, e falar, na esfera transcendental (tal como na esfera "puramente" psicológica), de motivação. O universo das vivências que constituem o "real" teor de ser do Ego transcendental é um universo compossível apenas na forma de unidade universal do fluir, no qual todas as singularidades se ordenam a si próprias como nele fluindo. Dessarte, essa universalíssima forma de todas as formas particulares de vivências concretas e de figurações constituídas (que fluem no próprio fluir dessas vivências) é uma forma de motivação, que a tudo conecta e que domina de maneira particular em cada singularidade, da qual também podemos dizer que se trata de uma legalidade formal de uma gênese universal segundo a qual os modos de ocorrência, que se confluem sempre de novo em uma certa estrutura formal noético-noemática [78], constituem em uma unidade o passado, o presente e o futuro.

Entretanto, dentro dessa forma, decorre a vida como um caminhar motivado, de capacidades constituintes particulares, com motivações e sistemas de motivações particulares e plurais, as quais, de acordo com as legalidades universais da gênese, estabelecem uma unidade da gênese universal do Ego. O Ego constitui-se para si mesmo, por assim dizer, na unidade de uma "história". Se dissemos que na constituição do Ego estão contidas as constituições de todas as objetividades para ele existentes, sejam elas imanentes ou transcendentes, ideais ou reais, então agora há que se adicionar que os sistemas constitutivos, por meio dos quais as [objetivi-

---

científica transcendental para as assim chamadas ciências humanas, estas cuja missão é tecer a rede de especificidades estruturais que relativizam o horizonte eidético de cada Ego transcendental – *i.e.*, desde que se libertem do solo das ciências positivas, a saber, a postura natural dogmática.

dades] e aqueles objetos e categorias de objetos são para o Ego, são eles próprios apenas possíveis no quadro de uma gênese nomológica. Ao mesmo tempo, nesse sentido, eles são ligados pela forma genética universal, que torna possível o Ego concreto (a mônada) como unidade, como compossível em seu teor particular de ser. Que haja para mim uma natureza, um mundo cultural, um mundo humano com suas formas sociais etc., isso expressa que há para mim possibilidades de experiências correspondentes – como a serem por mim postas em jogo a cada momento, a serem conduzidas adiante livremente em certo estilo sintético, quer eu experiencie ou não de maneira efetiva precisamente esses objetos; consequentemente, isso expressa que outros modos de consciência a eles correspondentes, suposições vagas e coisas semelhantes, são para mim possibilidades, e que, ademais, pertencem-lhes possibilidades de serem satisfeitas ou decepcionadas por experiências da típica delineada. Repousa nisso uma habitualidade fixamente configurada – uma habitualidade adquirida a partir de uma certa gênese sujeita a leis essenciais.

Aqui se é lembrado dos problemas há muito conhecidos da origem psicológica da representação do espaço, da representação do tempo, da representação da coisa, representação do número etc. Tais representações entram em cena na Fenomenologia como transcendentais e, naturalmente, com o sentido de problemas intencionais, e, de fato, como subordinados aos problemas da gênese universal. [79]

O acesso à última universalidade da problemática fenomenológico-eidética é bastante difícil, e, por isso, também difícil o acesso a uma gênese última. O fenomenólogo que inicia está involuntariamente vinculado à maneira exemplar de seu ponto de partida a partir de si próprio. Ele se dá consigo transcendentalmente como um Ego, e em seguida como um Ego em geral, que tem, conscientemente, um mundo, um mundo do nosso tipo ontológico há muito conhecido, que tem natureza, cultura (ciências, belas artes, técnica etc.), personalidades de ordem superior (Estado, Igreja) etc. A Fenomenologia elaborada inicialmente é meramente "estática", suas descrições são análogas às descrições histórico-naturais, que procedem rumo aos tipos singulares e que os sistematizam, no melhor dos casos, de maneira ordenada. Ainda estão distantes as questões da gênese universal e aquelas sobre a estrutura genética do Ego em sua universalidade, estruturas que vão além da formação temporal (*Zeitformung*), posto que, de fato, são questões de grau superior. Porém, mesmo quando se lança tais questões, isso é feito em um vínculo (*Bindung*). Pois também a consideração essencial irá pela primeira vez se apoiar em um Ego em geral em um vínculo, segundo o qual um mundo constituído já é para o Ego. Isso é também um grau necessário, a partir do qual se pode, pela primeira vez, *i.e.*, mediante a exposição das formas de leis genéticas que lhe pertencem, fabricar intuitivamente as possibilidades para a mais universal Fenomenologia eidética. Nela o Ego varia a si mesmo de maneira tão livre, que nunca postula como pressuposição ideal, mas vinculante, que para ele seja constituído de maneira essencial um mundo da estrutura ontológica autoevidente para nós.[70]

---

70. O que é autoevidente para nós não o é necessariamente para o Ego. No horizonte particular de habitualidades do ego transcendental em questão – para o qual há teorias científicas, teorias filosóficas

§ 38
Gênese ativa e passiva.

Se agora questionamos, em primeiro lugar, os sujeitos, para nós como possivelmente relacionados ao mundo, a respeito dos princípios significativos universais da gênese constitutiva, então eles se dividem segundo duas formas fundamentais: em princípios da gênese ativa e princípios da gênese passiva. Na primeira, o eu atua como por atos específicos do eu, como eu que cria, que constitui. A isso pertencem todas as capacidades da razão prática no mais amplo sentido. [80] Nesse sentido também a razão lógica é prática.[71] O elemento característico é que atos do eu, ligados na socialidade (cujo sentido transcendental há de ser sobretudo estabelecido pela primeira) mediante a comunização (*Vergemeinschaftung*), constituem originariamente novos objetos, conectando-se em sínteses múltiplas da atividade específica e sobre a base fundamental de objetos já previamente dados. Estes

---

e, de fato, não quaisquer teorias científicas ou filosóficas em geral, mas a de Platão, de Aristóteles, de Newton, de Kant etc. – há, portanto, entes tais como o espaço, o tempo, a coisa, o número, cuja constituição genética haveria de ser fenomenologicamente apresentada. Mas querer dizer que a gênese do ente transcendental "número" encontra-se explicitamente imbuída na "gênese evolutiva da classe dos mamíferos", na "gênese histórica do homem", no "desenvolvimento psicológico da razão" etc., isso seria recair, conforme Husserl, em psicologismo, ou na crença de que paralelo ao ente transcendental "número" precisa necessariamente existir um ente real-empírico correlato – que lhe garanta a verdade e realidade. A gênese transcendental-fenomenológica de tais objetos (espaço, tempo, coisa, número etc.) acontece, pois, não no tempo natural-empírico, mas na temporalidade unicamente eidética.

71. Vale a pena lembrar que o subtítulo de FtL é *tentativa de uma crítica da razão lógica*, e que já no prefácio Husserl anuncia que "a ciência se tornou, na forma das ciências específicas, um tipo de técnica teorética, a qual, tal como a técnica em sentido usual, consiste muito mais em uma 'experiência prática' que se amplia na atuação plurilateral e muito exercitada (que, comumente, se chama também intuição [*Intuition*], tato e visada prática), do que na visada (*Einsicht*) adentro da *ratio* da capacidade consumada". (FtL, p. 3). A lógica de seu tempo (leia-se Frege), ao se deixar guiar por tais ciências específicas, ao invés de – como a filosofia platônica ditava – impor-se-lhes como modelo universal, limitou-se, portanto, à consideração do caráter apenas prático, ativo, da atividade racional. A tal conceito de lógica escapava, pois, a divisão dos *princípios significativos universais da gênese constitutiva* em *ativos* e *passivos* – e precisamente por conta dessa indiscernibilidade apareceu, a tal lógica, o intento husserliano de, p.ex., apresentar a gênese transcendental do "número" – a qual contém, como se verá a seguir, fundamento intersubjetivo e por isso "passivo", antropológico, social, histórico para o Ego – como meramente psicologismo. Também há de se ter em mente que Fichte foi responsável por buscar evidenciar o caráter eminentemente prático, ativo, moral, dos objetos transcendentais, *i.e.*, o seu caráter de serem atos do eu que se autodetermina. A questão da passividade, suposta no elemento dialético do não-eu, apesar de momento constituinte do movimento, é superada pela autodeterminação prática, livre, ativa, do eu que se determinou. A filosofia de Schopenhauer, precisamente contra esse exagero idealista da atividade produtora do eu, buscou mostrar como se pode observar os objetos sob dois aspectos, como expressão da *vontade* e como *representação* do sujeito – em cuja divisão, pois, se reconhece já os elementos por assim dizer metafísicos disso que Husserl, agora purificadamente, trata sob o título: síntese passiva e ativa. Com o que se pode dizer que o conceito husserliano de síntese passiva, social, partilhe, também, algo da tarefa da socialização/historização do conceito metafísico de vontade da filosofia de Schopenhauer. Que a filosofia de Schopenhauer estivesse em questão nesse embate entre fenomenologia e filosofia analítica clássica, isso se pode comprovar também pela análise de *The Refutation of Idealism* (1903), de G. E. Moore, em cujos primeiros momentos se reconhece claramente os termos com que Schopenhauer inicia a sua obra magna.

entram em cena, então, na medida da consciência como produtos (*Erzeugnisse*). E assim: no coligir, o conjunto, no contar, os números, no partir, a parte, no predicar, o predicado (p.ex., a circunstância coisal predicativa), no concluir, a conclusão etc. Também a consciência originária da universalidade é uma atividade na qual o universal constitui-se objetivamente. Do lado do Eu constitui-se como consequência uma habitualidade da validação continuada, a qual copartícipa na constituição dos objetos como diretamente existente para o Eu, a qual se pode sempre retomar, seja em recriações com a consciência sintética da mesma objetividade, como dada de novo em "intuição categorial", seja em uma consciência vaga, sinteticamente concernente. A constituição transcendental de tais tipos de objetos com relação a atividades intersubjetivas (tal como as da cultura), pressupõe a constituição prévia de uma intersubjetividade transcendental, sobre a qual se falará daqui em diante pela primeira vez.

Não podemos tomar, tal como já foi mencionado, as figuras superiores de tais tipos de atividades da "razão" – em um sentido específico e correlato a produtos-da-razão que, em conjunto, têm o caráter da irrealidade (o caráter de objetos "ideais") – como pertencendo, sem mais, a cada Ego concreto enquanto tal (tal como o mostra a recordação de nossa infância). Contudo, a respeito dos graus mais inferiores, tal como do apreender que experiencia, do interpretar – o apreender em conjunto, o relacionar etc. – o experienciado em seus momentos particulares [, com estes, pois,] ocorrerá de outra maneira. Em todo caso, porém, cada construção da atividade pressupõe necessariamente, como grau mais inferior, uma [81] passividade que se dá previamente; e é buscando essa construção que atingimos a constituição por gênese passiva. Aquilo com que nos deparamos na vida por assim dizer pronto, como mera coisa que está aí (*daseindes bloßes Ding*) – abstraindo-se de todos os caracteres "espirituais" que tornam cognoscível essa [coisa], p.ex., como martelo, como mesa, como produto estético – essa coisa é dada na originariedade do "ela própria" na síntese da experiência passiva. Enquanto tal ela é dada previamente em relação às atividades "espirituais" instituídas com o apreender ativo.

Na medida em que estas levam a cabo as suas realizações sintéticas, está sempre adiante em curso a síntese passiva que toda "matéria" lhe disponibiliza. A coisa dada previamente na intuição passiva aparece adiante em intuição unitária e, nisso, ainda que também a atividade da explicação (do apreender singularmente segundo partes e caracteres) possa ser modificada, ela é ocorrência prévia (*Vorgegebenheit*) que persiste durante e também nessa atividade, maneiras múltiplas de aparecimento decorrem, imagens perceptivas unitárias, visuais ou tácteis, em cuja síntese passiva aparece a coisa única, e, nela, a figura única. Mesmo essa síntese tem, contudo, enquanto síntese desta forma, sua "história", a qual se anuncia nela mesma. Em uma gênese de estilo essencial repousa [o fato de] que eu, o Ego, posso experienciar uma coisa já na primeira mirada. Isso vale, ademais, tanto para a gênese fenomenológica quanto para a psicológica em sentido comum. Isso significa, com boas razões, que tivemos na tenra infância de ter primeiro aprendido o ver das coisas em geral, tal como que a esta [a saber, à coisa em geral] precisam anteceder geneticamente todos os outros modos de consciência das coisas. O campo perceptivo dado previamente na tenra infância não contém, pois, nada que pudesse ser explicitado enquanto coisa no mero olhar. Porém, sem nos dispormos a nós mesmos de novo sobre o solo da passividade, ou sem fazer qualquer uso da consideração psicofísica externa da psicologia, podemos, pode o Ego que medita encontrar, mediante penetração no teor intencional dos próprios fenômenos de experiência, dos fenômenos que experienciam coisas e em todos os restantes, indicações intencionais que [82] conduzem a uma "história", *i.e.*, [podemos, pode o Ego que medita] tornar esses fenômenos cognoscíveis como pós-figurados a partir de outras prefiguras, as quais lhes antecedem de maneira essencial (quando também já não são relacionáveis ao mesmo objeto constituído). Mas aí atingimos logo as legalidades essenciais de uma formação passiva de sínteses sempre novas, a qual, em parte, precede a toda atividade, e em outra parte abarca ela mesma de novo toda atividade; atingimos uma gênese passiva das múltiplas apercepções tal como na [gênese passiva] de formações perseverantes em habitualidade própria, que parecem, para o Eu central, ocorrências prévias já formadas, *i.e.*, que afetam e motivam à atividade quando se tornam atuais. O Eu tem, constantemente, graças a essa síntese passiva (na qual são incluídas também as capacidades da síntese ativa), uma vizinhança de "objetos". Pertence a isto já o fato de que tudo no Ego desenvolvido que afeta o meu eu é apercebido enquanto "objeto", enquanto substrato de predicados a serem conhecidos. Pois, conhecida de antemão e possível, isso é uma forma de finalidade (*Zielform*) para possibilidades da explicação, como uma que torna conhecido, como uma tal que haveria de constituir um objeto enquanto posse permanente, enquanto disponível sempre de novo: e essa forma de finalidade é compreendida de antemão como surgida a partir de uma gênese. Ela mesma remete a uma protoinstituição dessa forma. Todo o conhecido remete a um originário tornar conhecido; o que chamamos de desconhecido tem, contudo, uma forma estrutural da cognoscibilidade, a forma objeto e, mais detalhadamente, a forma coisa espacial (*Raumding*), objeto cultural (*Kulturobjekt*), utensílio etc.[72]

---

72. Nota-se, assim, a importância da questão da *gênese passiva* para a teoria husserliana da constituição eidética dos objetos transcendentais e para a superação da acusação de *psicologismo*. Ela pressupõe, como dito, a constituição de uma *intersubjetividade transcendental*, *i.e.*, do conceito transcendental-fenomenológico da *experiência do estranho*, este que será o tema da seguinte – e última – meditação. Desde já, todavia, podemos apontar que, p.ex., a gênese transcendental-fenomenológica do *eidos* "número" pressupõe essencialmente a gênese transcendental-fenomenológica do *eidos* "outro". Cairia por terra, com isso, o mito do absoluto isolamento dos objetos lógico-matemáticos ante o desdobramento das estruturas estritamente *sociais* do pensamento. – Essa ameaça que a *gênese passiva* porta, *ab ovo*, ao paradigma científico dominante – ao positivismo epistêmico que Husserl farejava na lógica de Frege, p.ex. – encontra análogos bastante significativos. Em nota anterior apresentamos a doutrina schopenhauriana da vontade como gênese passiva *avant la lettre*, e por isso fadada, segundo a própria perspectiva fenomenológica husserliana, à metafísica. Uma outra prefiguração de gênese passiva, igualmente ameaçadora ao *status quo* científico, é, sem dúvida, a doutrina psicanalítica de Freud, a qual buscava, se assim é permitido expressar-se, uma exposição negativa da gênese passiva dos mais diversos objetos intencionais. Posto que ancorada no ser humano psicofísico, e não no espaço quase atópico da fenomenologia transcendental e da análise eidética, tal modelo de gênese passiva ainda seria vista,

§ 39
Associação como princípio da gênese passiva.

O princípio universal da gênese passiva para a constituição de todas as objetividades dadas previamente no formar ativo porta o título "associação". Ele é, bem entendido, um título da intencionalidade, como aquilo verificável descritivamente em suas figuras originárias; sujeito, em suas realizações intencionais, a leis de essência a partir das quais toda e qualquer constituição passiva, tanto as das vivências como objetos temporais imanentes, quanto [83] as de todos os objetos naturais reais do mundo espaço-temporal, hão de ser tornadas compreensíveis. Associação é um conceito fundamental transcendental-fenomenológico (assim como, no paralelo psicológico, um conceito fundamental da psicologia intencional pura). O conceito antigo da associação e o conceito das leis de associação, mesmo que esse conceito tenha sido, desde Hume, via de regra pensado em relação aos nexos da vida anímica pura, é apenas uma distorção naturalista dos conceitos legitimamente intencionais correspondentes. Por meio da Fenomenologia, que apenas muito tarde encontrou vias de acesso à investigação da associação, esse conceito recebe um aspecto completamente novo, um contorno essencialmente novo com novas formas fundamentais, em que, p.ex., a configuração sensível pertence à coexistência e sucessão. É fenomenologicamente evidente, mas estranho para aqueles aprisionados à tradição, que associação não seja um mero título para uma legalidade empírica da complexão de informações de uma "alma", segundo a imagem antiga algo como uma gravitação interna da alma; porém, um título – e ainda um título altamente englobante – para uma legalidade intencional de essência da constituição concreta do Ego puro, um domínio do *a priori* "inato", sem o qual, pois, um Ego enquanto tal é impensável. O Ego é, pela primeira vez, mediante a Fenomenologia da gênese, compreendido como um nexo infinito (conectado à unidade da gênese universal) de realizações sintéticas copartícipes – em graus que precisam subordinar-se completamente à forma universal permanente da temporalidade, porque esta própria constrói em uma gênese constantemente passiva e completamente universal, que engloba consigo de maneira essencial tudo o que há de novo. Essa construção gradativa mantém-se no Ego desenvolvido como um sistema permanente de formas da apercepção e, assim, [formas] das objetividades constituídas, dentre as quais a de um universo objetivo [que tem] estrutura ontológica fixa; e esse conter-se é ele mesmo uma forma da gênese. Em tudo isso, o respectivo fato é irracional, mas apenas possível no sistema de formas do *a priori* que lhe pertence como fato egológico. Mas, nisso, não se deixará [84] de ver que o "fato" e a sua "irracionalidade" são, eles mesmos, um conceito estrutural no sistema do *a priori* concreto.

---

segundo a perspectiva husserliana, como carecendo de certa autorreflexividade metodológica. Uma crítica claramente inspirada em Husserl ao modelo freudiano de gênese passiva pode ser encontrada especialmente em: LEVI-STRAUSS, *Le Totémisme aujourd'hui*, 1962.

§ 40
Transição à questão do idealismo transcendental.

A Fenomenologia parece designar-se por direito como teoria do conhecimento transcendental a partir da redução da problemática fenomenológica ao título-total da constituição (estática e genética) das objetividades da consciência possível. Contrastemos a teoria do conhecimento, neste sentido transcendental, com a teoria tradicional do conhecimento.

O problema da teoria transcendental do conhecimento é o da transcendência. Ela não quer, mesmo quando se baseia, como empírica, na psicologia comum, ser mera psicologia do conhecimento; antes, ela quer explicar, a partir de princípios, a possibilidade do conhecimento. O problema desperta-se-lhe na postura natural e será ainda tratado nela. Eu me deparo comigo, enquanto ser humano, no mundo, e ao mesmo tempo como experienciando o mundo e conhecendo-o – eu próprio incluso – cientificamente. Agora digo a mim mesmo: tudo o que é para mim, é-o graças à minha consciência cognoscente: é para mim o experienciado do meu experienciar, o pensado do meu pensar, o teorizado do meu teorizar, o intelectualmente visto do meu ver intelectual (*Einsehens*). Se se reconhece, na sequência de F. Brentano, a intencionalidade, então se diz: a intencionalidade como idiossincrasia fundamental da minha vida psíquica designa uma idiossincrasia real, que pertence a mim como ser humano, tal como a todo ser humano no que diz respeito à sua interioridade puramente psíquica; e já Brentano trouxe-a ao ponto central da psicologia empírica do ser humano. O discurso egológico (*Ich-Rede*) desse começo é e permanece o discurso natural sobre o eu; ele se mantém, e também toda a sequência ulterior do problema, sobre o solo do mundo dado. Trata-se, pois, do seguinte, e posto de maneira completamente compreensiva: tudo que vale e que é para o ser humano, que vale e que é para mim, é-o na vida de consciência própria, a qual permanece consigo em todo o tomar-consciência de um mundo e em toda [85] realização científica. Todas as separações que faço entre aparecimentos legítimos e ilusórios, e, neles, entre ser e aparência, sucedem na minha própria esfera de consciência, da mesma maneira como diferencio, nos graus superiores, entre o pensar com ou sem visão intelectual, também entre o *a priori* necessário e o contrassensual, entre o empiricamente correto e o empiricamente falso. Evidentemente efetivo, necessário no pensamento, contrassensual, possível no pensamento, verossímil etc., todos estes são caracteres no objeto intencional respectivo, os quais entram no domínio do meu campo de consciência. Toda fundamentação, toda prova sobre a verdade e sobre o ser procede totalmente em mim e o seu fim é um caractere no *cogitatum* do meu *cogito*.

Nesse ponto, vê-se o grande problema. Que eu advenha a certezas no meu campo de consciência, no nexo da motivação que me determina, e mesmo as evidências urgentes – isso é compreensível. Mas como pode todo esse jogo, que ocorre na imanência da vida da consciência, alcançar significado objetivo? Como pode a evidência (a *clara et distincta percepio*⁷³) pretender mais do que ser um caractere de consciência em mim? Este é o problema cartesiano (sob marginalização do talvez não tão indiferente desligamento da validade de ser do mundo) – que deveria ser resolvido pela *veracitas* divina.⁷⁴

§ 41
A autêntica autointerpretação fenomenológica do "*ego cogito*" como "idealismo transcendental".

O que tem mais a dizer sobre isso a "autorreflexão" (*Selbstbesinnung*) transcendental da Fenomenologia? Nada menos do que: todo esse problema é absurdo, é um contrassenso, no qual o próprio Descartes tinha de cair porque não alcançou o sentido legítimo de sua ἐποχή transcendental e da redução ao Ego puro. Mas, ainda mais grosseira, precisamente em virtude de completa desatenção à ἐποχή cartesiana, é a postura de pensamento pós-cartesiana usual. Perguntamos, [86] quem é então o Eu que pode com direito colocar tais questões "transcendentais"? Eu posso perguntar isso enquanto ser humano natural, e posso perguntá-lo seriamente, *i.e.*, de maneira transcendental: como alcanço sair da minha ilha-de-consciência, como pode aquilo que surge na minha consciência como vivência de evidência alcançar significado objetivo? Tal como me apercebo como ser humano natural, então também já apercebi de antemão o mundo espacial, já me apreendi como no espaço, no qual eu tenho, pois, um "fora-de-mim". Não foi, portanto, a validade da apercepção de mundo já pressuposta na colocação da pergunta? Já não terá adentrado no sentido da pergunta, ao passo que, em primeiro lugar, da sua resposta deveria resultar o direito da validade objetiva em geral? É preciso, manifestamente, levar a cabo conscientemente a redução fenomenológica para alcançar aquele mesmo Eu e aquela mesma vida de consciência a partir dos quais há de se colocar questões transcendentais como questões sobre a possibilidade do conhecimento transcendente. Porém, da mesma maneira que ao invés de se

---

73. Percepção clara e distinta (em latim no original): elemento fundamental da teoria cartesiana do conhecimento.

74. Pois, para Descartes, apenas a veracidade de Deus poderia garantir que aquilo claro e distinto para o conhecimento humano finito corresponderia a algo efetivamente verdadeiro no mundo. Essa era, de fato, a conclusão da *quarta Meditação* de Descartes que, então estabelecidas as provas da existência divina da *terceira Meditação*, retirava de tal estado de coisas as consequências necessárias para a cognoscibilidade humana. Analogamente procede Husserl, pois, em sua *terceira Meditação*, havia desdobrado do conceito de *evidência* o seu horizonte infinito (não precisando, contudo, para tanto, do conceito da infinitude divina) e agora, na *quarta*, se concentra em retirar as conclusões fenomenologicamente adequadas da infinitude (imanência) da evidência. Observa-se, com isso, que se a prova da existência de Deus era o que permitia a Descartes sair, por assim dizer, do círculo fechado da *clareza e distinção* encerradas na alma, Husserl, por sua vez, permanece fiel ao princípio da redução fenomenológica e mostrará, adiante, que quando bem entendido (*i.e.*, a partir do conceito da gênese passiva e da experiência do estranho) o espaço transcendental não é mera interioridade da alma, mas contém em si também a alteridade.

consumar fugidiamente uma ἐποχή fenomenológica, antes se dispõe, em "autorreflexão" sistemática e como Ego puro, a querer desnudar a totalidade de seu campo de consciência, [analogamente, então,] se conhece que tudo que é ente para esse campo de consciência é constituído nele mesmo; ademais, [conhece-se,] que todo tipo de ser, dentre os quais todo tipo de ser caracterizado "transcendentemente" em qualquer sentido, tem sua constituição particular. Toda e qualquer forma de transcendência é um sentido de ser que se constitui no interior do Ego. Todo sentido possível, todo ser possível, seja imanente ou transcendente, recai no campo da subjetividade transcendental como constituinte do sentido e do ser. Não tem sentido querer captar o universo do ser verdadeiro como algo que está fora do universo da consciência possível, do conhecimento possível, da evidência possível, correlacionando ambos os lados de maneira meramente exterior mediante uma lei fixa. Essencialmente, ambos são copartícipes, e o copartícipe essencialmente é, de maneira concreta, uno, uno na concreção absoluta única da subjetividade transcendental. Se ela é o universo do sentido possível, então um exterior é, portanto, precisamente contrassensual. Porém, mesmo cada contrassensual é um modo [87] do sentido, e tem a sua contrassensualidade na visão intelectual (*Einsehbarkeit*). Mas isso não vale meramente para o Ego fático e para o que lhe é faticamente acessível, a partir de constituição própria, como ente para ele (o que inclui uma pluralidade aberta que é para ele, uma pluralidade de outros Egos e de suas realizações constitutivas). Melhor posto: se outros Egos são constituídos como faticamente em mim (no Ego transcendental), e se, de sua parte, um mundo objetivo universalizante é constituído como a partir da intersubjetividade transcendental, a qual, com isso, surgiu-me constitutivamente, então tudo que foi dito até aqui vale não apenas para o meu Ego fático e esta fática intersubjetividade e este fático mundo, em que se alcança o meu sentido e validade. A autointerpretação fenomenológica que se consuma no meu Ego, a de todas as suas constituições e objetividades que são para ele, tomou necessariamente, de fato, a figura metódica de uma autointerpretação apriorística, uma autointerpretação que ordena os fatos no correspondente universo das possibilidades (eidéticas) puras. Ela somente concerne ao meu Ego fático na medida em que ele é uma das possibilidades puras que hão de ser alcançadas, a partir dele, mediante o livre repensar (reinventar) de si mesmo no pensamento, por isso ela vale como autointerpretação eidética para o universo dessas minhas possibilidades como Ego em geral, dessas minhas possibilidades de um ser-outro qualquer; de acordo com isso, pois, [ela vale] também para toda intersubjetividade possível[75], relacionada em variação correlativa a essas minhas

---

75. É preciso sublinhar essa conclusão, pois ela parece conter o cerne da posição husserliana. Se eu, pois, desdobro a partir da minha factualidade o horizonte infinito das possibilidades para um puro Ego transcendental, então esse horizonte infinito de possibilidades – dado que eu sou, de fato, um Ego possível – deve valer para todo outro Ego transcendental possível e, com isso, a intersubjetividade transcendental que eu desdobro autorreflexivamente a partir da minha factualidade empírica deve, portanto, valer para "toda intersubjetividade possível". A criação subjetiva de um Ego transcendental não é, pois, individual, mas partilha, desde já, de um universo de possibilidades reais que lhe antecede, e por isso a objetividade para o Ego não é mera ficção, mas possibilidade de objetividade para qualquer Ego.

possibilidades, e de novo como mundo a ser constituído nela intersubjetivamente. A teoria do conhecimento autêntica é, de acordo com isso, plena de sentido apenas como fenomenológica-transcendental, a qual, ao invés de lidar com conclusões absurdas desde uma presumida imanência até uma presumida transcendência, aquela de quaisquer "coisas-em-si" pretensamente incognoscíveis por questão de princípios, tem apenas que ver com a explicação sistemática da realização cognoscente (*Erkenntnisleistung*), na qual elas precisam ser tornadas compreensíveis de ponta a ponta como realização intencional. Precisamente por isso, todo tipo de ente propriamente, real e ideal, torna-se ele próprio compreensível como "constructo" (*Gebilde*) da subjetividade transcendental, constituído enquanto precisamente nessa realização. Esse tipo [88] de compreensibilidade é a mais alta forma concebível da racionalidade (*Rationalität*). Todas as deturpadas interpretações de ser provêm da cegueira ingênua para os horizontes codeterminantes do sentido de ser e para as tarefas concernentes ao desnudamento da intencionalidade implícita. Se elas [tais interpretações de ser] forem visualizadas e captadas, então como consequência dá-se uma fenomenologia universal enquanto uma autointerpretação do ego levada a cabo em constante evidência e, nisso, em concreção. Melhor dito, e, em primeiro lugar: enquanto uma autointerpretação no sentido preciso, que mostra sistematicamente como o Ego constitui-se a si mesmo como ente em si e para si de uma essência própria; adiante, em segundo lugar, como uma autointerpretação em sentido expandido, que a partir do primeiro ponto mostra como o Ego constitui em si, em virtude dessa essência própria, também o "outro", o "objetivo", e, dessa forma, tudo em geral que tem para ele validade de ser, tanto no eu quanto no não-eu.

Levada a cabo nessa concreção sistemática, a Fenomenologia é *eo ipso* "idealismo transcendental", embora em um sentido essencial e fundamentalmente novo; não no sentido de um idealismo psicológico, não de um idealismo que quer deduzir a partir de informações sensuais sem-sentido um mundo cheio de sentido. Ele não é um idealismo kantiano, que acredita frequentemente poder manter a possibilidade de um mundo de coisas-em-si pelo menos enquanto conceito-limite – mas [o idealismo transcendental] é um idealismo que não é mais do que autointerpretação do meu Ego, levada a cabo de maneira consequente em forma de ciência sistemática egológica, do meu Ego como sujeito de qualquer conhecimento possível, e isso com respeito a qualquer sentido do ente a partir do qual, precisamente, ele deve poder ter sentido para mim, o Ego. Este idealismo não é um constructo de argumentações lúdicas a ser alcançado, como prêmio da vitória, na disputa dialética contra "os realismos". Ele é a interpretação-de-sentido efetivamente trabalhada e levada a cabo em qualquer tipo de ente alguma vez concebido por mim, o Ego, e especialmente na transcendência (dada previamente a mim, efetivamente, mediante a experiência) da natureza, da cultura, do mundo em geral. Isso é o mesmo que: desnudamento sistemático da própria intencionalidade constituinte. A prova desse idealismo é, pois, a própria Fenomenologia. [89] Apenas quem compreende mal o sentido mais profundo do método intencional ou o sentido da redução transcendental, ou mesmo ambos, pode querer separar Fenomenologia e idealismo transcendental: quem comete o primeiro mal-entendido nunca vai tão longe a ponto de ter conceituado a essência peculiar de uma psicologia intencional legítima (nisso incluso a essência peculiar de uma doutrina do conhecimento psicológico-intencional), tampouco o seu emprego: o tornar-se a pedra fundamental e nuclear de uma Psicologia verdadeiramente científica. Quem, porém, desconhece o sentido e a realização da redução transcendental-fenomenológica ainda está no psicologismo transcendental; confunde os paralelos (psicologia intencional e fenomenologia transcendental) provenientes da possibilidade essencial da alteração-de-postura; recai no contrassenso de uma filosofia transcendental que se mantém no solo natural.

Nossas meditações estenderam-se tanto, a ponto de já terem trazido à evidência o estilo necessário de uma filosofia como fenomenológico-transcendental e, correlativamente ao universo do ente para nós efetivo e possível, o estilo do único sentido possível de sua interpretação, a saber, como idealismo fenomenológico-transcendental. A esta evidência também pertence [o fato de] que a infinitude do trabalho que se inaugura com o nosso esboço mais universal – [o fato de] que a autointerpretação, de acordo com a constituição e o constituído, do meu Ego, daquele que medita – insere-se como cadeia de "meditações" singulares ao quadro universal de uma meditação unitária, a ser sempre levada adiante de maneira sintética.

Estamos permitidos a concluir aqui e a deixar todo o restante à execução singular? Já será suficiente a evidência alcançada, com o seu sentido-alvo que se esboça, terá o esboço sido conduzido de maneira suficientemente ampla para que nos satisfaçamos com a nossa grande crença em uma filosofia que vem à tona nesse método meditante da autointerpretação – de forma tal que pudéssemos cristalizar [tal filosofia] em nossa vontade de vida [90] e seguir ao trabalho com plena segurança? Não pudemos evitar ponderar, já em uma mirada passageira, a respeito do estar-constituído dos "outros" em nós, sim, em mim, no Ego que medita, [ponderá-lo] e suas constituições como mundo, como em geral universo do ser. Mediante as constituições estrangeiras constituídas em meu si mesmo (*Selbst*), constitui-se para mim (isso já mencionamos) o mundo comum a todos "nós". A isso pertence também, naturalmente, a constituição de uma filosofia compartilhada por todos nós enquanto aqueles que meditam uns com os outros – a ideia de uma única *philosophia perennis*. Todavia, agora, haverá a nossa evidência – a evidência de uma filosofia fenomenológica e de um idealismo fenomenológico como evidência da única possibilidade – de se manter firme, essa evidência que nos foi por tanto tempo completamente clara e segura a ponto de nos termos abandonado à sequência de nossas intuições de meditantes, e articulado as necessidades de essência que, nisso, vêm à tona? Ela não se tornará vacilante, posto que não conduzimos suficientemente adiante o esboço metódico, posto que a possibilidade (sentimo-lo todos: a possibilidade bastante estranha) e o tipo mais adequado do ser-para-nós dos outros não são compreensíveis segundo o universal essencial, e que essa problemática referente à [possibilidade e tipo específico do ser-para-nós dos outros] não foi interpretada? Se as nossas "Meditações Cartesianas" devem ser para nós, como filósofos em devir, a "introdução" correta a uma filosofia e o começo que fundamenta a sua efetividade como ideia prática necessária (um começo ao qual pertence também a evidência de um caminho constituinte enquanto necessidade ideal para a infinitude do trabalho que se executa), então essas nossas próprias meditações precisam conduzir suficientemente adiante, a ponto de não deixarem abertas quaisquer estranhezas (*Befremdlichkeiten*) no que diz respeito a essa preocupação acerca da meta e do caminho. Elas têm que, tal como as antigas meditações cartesianas o queriam, haver desnudado em compreensibilidade incansável a problemática universal pertencente à ideia-finalidade da filosofia (para nós, pois, a [problemática] constitutiva); nisso repousa [o fato de] que elas têm que já haver exposto completamente, em uma universalidade que fosse a maior e ao mesmo tempo a mais rigorosamente contida, o sentido verdadeiro universal do "ente em geral" e de suas estruturas universais [91] – em uma universalidade que torna pela primeira vez possível o trabalho ontológico, que se executa na forma de uma filosofia fenomenológica concretamente conectada, tal como, em sequência ulterior, [torna possível] uma ciência de fato filosófica, pois o "ente" é para a filosofia – *i.e.*, para a correlação investigativa da fenomenologia – uma ideia prática, a saber, a ideia da infinitude do trabalho que se determina teoricamente.[76]

---

76. A inspiração fichteana desse trecho não pode deixar de ser enfatizada.

QUINTA MEDITAÇÃO
Desnudamento da esfera de ser transcendental como intersubjetividade monadológica

§ 42
Exposição do problema da experiência do estranho (*Fremderfahrung*[77]) em contraposição à objeção do solipsismo.

Vinculemos as nossas novas mediações a uma objeção – pesada, como poderia parecer. Ela diz respeito a nada menos que a pretensão da Fenomenologia transcendental de já ser filosofia transcendental, *i.e.*, de poder resolver – na forma de uma problemática e de uma teoria constitutivas que se movem no quadro do Ego reduzido transcendentalmente – os problemas transcendentais do mundo objetivo.

Se eu, o Eu que medita, me reduzo mediante a ἐποχή fenomenológica ao meu Ego transcendental absoluto, então eu não me tornei *solus ipse*[78] e não persevero enquanto tal quando pratico, sob o título de Fenomenologia, [uma] autointerpretação consequente? Não haveria, dessarte, de ser estigmatizada como solipsismo transcendental a Fenomenologia que queria resolver os problemas do ser objetivo e vir à cena já como filosofia?

Ponderemos mais de perto. A redução transcendental me conecta ao fluxo das minhas puras vivências de consciência e às unidades constituídas pelas atualidades e potencialidades [92] dessas vivências. Contudo, parece então autoevidente que tais unidades sejam inseparáveis do meu Ego e que pertençam, por isso, à sua própria concreção.

Mas como fica, então, a respeito dos outros Egos, os quais, todavia, não são meramente a representação e o representado em mim – unidades sintéticas de confirmação possível em mim –, mas, literal e precisamente, outros? Não cometemos, assim, injustiça ao realismo transcendental? Pode ser o caso de ele estar em falta quanto à fundamentação fenomenológica, mas no que diz respeito aos princípios ele confirma o seu direito, *i.e.*, na medida em que busca um caminho desde a imanência do Ego até a transcendência do outro. [Pergunta-se:] Podemos, enquanto fenomenólogos, seguir um caminho que difere de dizer que a natureza e o mundo

---

77. Levinas e Peiffer optam por "*expérience de l'autre*"; De Launay, "*expérience étrangère*"; Maria Gorete Lopes e Sousa opta por "experiência de outrem". *Fremd* remete ao latino *alio*, donde (por falta de um substantivo que mantivesse a mesma raiz) estrangeiro, e o adjetivo alheio. Experiência de outrem, contudo, passa também o sentido de que pudesse a tal experiência pertencer a outrem, e não apenas tematizar o contato com o outro.

78. Em latim no original: eu mesmo sozinho.

constituídos "imanentemente" no ego teriam, ambos, em geral, atrás de si sobretudo o próprio mundo que é em si, para o qual é preciso, ainda, buscar até mesmo o caminho; e, com isso, dizer que não haveria de ser colocada de maneira puramente fenomenológica nem mesmo a pergunta pela possibilidade do conhecimento efetivamente transcendente, sobretudo a pergunta pela possibilidade de que eu, a partir do meu Ego absoluto, advenha a outros Egos, os quais, porém, em mim, não são efetivamente enquanto outros, mas em mim são apenas apreendidos pela consciência? Não é de antemão autoevidente que o meu campo de conhecimento transcendental não alcança para além da minha esfera transcendental e [para além] daquilo que está nela incluído sinteticamente – não é autoevidente que tudo é designado e esgotado de uma só vez pelo meu próprio Ego transcendental?

Todavia, talvez nem tudo vai bem com tais pensamentos. Antes que se decida sobre eles, sobre as "autoevidências" neles empregadas, antes que se deixe então adentrar em argumentações dialéticas e em hipóteses que se chama de "metafísicas", cuja presumida possibilidade se expõe talvez como completo contrassenso; antes disso, poderia ser mais apropriado captar em primeiro lugar sistematicamente e levar a cabo em trabalho concreto a tarefa da interpretação fenomenológica que aqui se anuncia com o "alter ego". Precisamos, porém, estabelecer visada adentro (*Einblick*) da intencionalidade explícita e implícita, na qual, sobre o solo de nosso [93] Ego transcendental, se anuncia e se confirma o *alter ego*; e também [precisamos] estabelecer visada adentro daquelas intencionalidades, daquelas sínteses, daquelas motivações nas quais o sentido "outro Ego" se configura em mim e se confirma – sob o título de experiência do estranho concordante – como existindo, e, à sua maneira, até mesmo como si-próprio-aí (*selbstda*). Essas experiências e suas realizações são, sim, fatos transcendentais da minha esfera fenomenológica – como, senão a partir de seu questionamento, posso interpretar universalmente o sentido de outros existentes?

§ 43
Fio-condutor transcendental para a teoria constitutiva da experiência do estranho: os modos noemático-ônticos da ocorrência do outro.

Tenho, em primeiro lugar, o "fio-condutor" transcendental no outro experienciado, tal como ele se dá para mim justamente agora e no aprofundamento de seu teor noemático-ôntico (puro enquanto correlato do meu *cogito*, cuja estrutura detalhada há de ser antes desnudada). No caráter notável e na pluralidade desse teor anuncia-se já a plurilateralidade e a dificuldade da tarefa fenomenológica. Eu experiencio, p.ex., os outros; eu os experiencio como existindo efetivamente em multiplicidades empíricas mutáveis, concordantes, e, de fato, por um lado, como objetos do mundo; não como meras coisas-naturais (embora, de um lado, eles também sejam isso). Eles são experienciados também como vigentes, psiquicamente, nos *corpos* naturais (*Naturleibern*) que em cada caso lhes pertencem. Assim entrelaçados de maneira peculiar com *corpos*, como objetos "psicofísicos", eles são "no" mundo. Por outro lado, eu os experiencio ao mesmo tempo como sujeitos para este mundo, como experienciando este mesmo mundo que eu mesmo experiencio e, nisso, como experienciando-me também, a mim tal como experiencio o mundo e também os outros. Desse modo, seguindo adiante de acordo com essa direção, posso interpretar noematicamente ainda muitas coisas.

Em todo caso, experiencio, pois, em mim, *i.e.*, no quadro da minha vida de consciência transcendentalmente pura e reduzida, o mundo em conjunto com os outros e, de acordo com o sentido-da-experiência, [94] não como figurações sintéticas por assim dizer privadas, porém como mundo alheio a mim, intersubjetivo, que está aí para qualquer um, acessível em seus objetos a qualquer um. Ainda assim, cada um tem suas experiências, seus aparecimentos e unidades de aparecimento, seu fenômeno-mundo (*Weltphänomen*), ao passo que o mundo experienciado está em si diante de todos os sujeitos que experienciam e de seus fenômenos-mundo.

Como isso se esclarece? Irretorquivelmente preciso assegurar-me de que todo sentido que qualquer ente tem para mim, e pode tê-lo – tanto no que diz respeito ao seu *quid* (*Was*), quanto no que concerne o seu "é, e é em efetividade" – é sentido que se clarifica e se desnuda para mim, *i.e.*, na (ou a partir da) minha vida intencional, a partir de suas sínteses constitutivas, nos sistemas de confirmação concordante. Agora – a fim de se criar o solo de resposta para qualquer pergunta concebível que sobretudo deva ser plena em sentido, sim, para colocar e resolver essas perguntas passo a passo – agora é o caso de começar com um desdobramento sistemático da intencionalidade aberta e implícita no qual o ser dos outros se "faz" para mim e se interpreta segundo seu correto teor, *i.e.*, segundo seu teor-de-preenchimento (*Erfüllungsgehalt*).

O problema, pois, a princípio, é como um problema especial, precisamente colocado como o problema do aí-para-mim dos outros, como tema, portanto, de uma teoria transcendental da experiência do estranho, da assim chamada "empatia" (*Einfühlung*).[79] No entanto, em pouco tempo comprova-se que o escopo de tal teoria

---

79. Termo de difícil tradução e que significa, cotidianamente, a capacidade de se colocar no lugar de outrem. Levinas e Peiffer deixam-no como tal em alemão (Op. cit., p. 152). De Launay prefere o clássico *empathie*. Empatia traduz perfeitamente o "sentir-para-dentro" implicado em *einfühlen*, porém, dada a sua ressignificação mais cotidiana, em muitos casos mais técnicos preferiu-se o neologismo *intropatia* (também *entropatia*), ou *compreensão afetiva* etc. O *Historisches Wörterbuch der Philosophie* (Org. Joachim Ritter) esclarece o verbete *Einfühlung* como "conceito explicativo teórico para o surgimento do nosso saber de outros seres humanos," ou ainda como "uma capacidade caracterizada individual e diversamente, relativa ao ajuizamento de circunstâncias e disposições de outros seres humanos", e adiciona que o termo tem história bastante marcada no horizonte intelectual alemão do século XIX e início do século XX, especialmente na psicologia e antropologia (p.ex., Lipps [1906], Klages [1913], Scheler [1913], Freud [1921] – e até mesmo Mead [1934]) e na estética de influência romântica (*Einfühlungsästhetik*) – onde o termo se mistura com a *Einsfühlung* de Herder e Hölderlin (Sympathie), "o beatificante, panpsíquico sentir-se em unidade com a natureza plena de sentido". – Herder, nesse contexto, vale a pena ser destacado, posto que em sua *Auch eine Philosophie der Geschichte zur Bildung der Menschheit* (1770) apresentara, contra a historiografia "fria" do iluminismo, que via outras épocas e povos como momentos ultrapassados do

é muito maior do que a princípio parece; que ela, a saber, também é cofundadora de uma teoria transcendental do mundo objetivo e, de fato, também, portanto, (com pompa e direito) uma teoria concernente à natureza objetiva. Pertence ao sentido de ser do mundo e, particularmente, ao sentido de ser da natureza enquanto objetiva, tal como já esboçamos anteriormente, o aí-para-qualquer-um – como sempre coassumido por nós ali onde falamos da efetividade objetiva. Ademais, ao mundo-da-experiência pertencem objetos com predicados "espirituais" que remetem, segundo sua origem e sentido, a sujeitos e, universalmente, a sujeitos estranhos e sua intencionalidade, que se constitui ativamente: [95] e assim todos os objetos culturais (livros, instrumentos e trabalhos de todos os tipos etc.), os quais trazem consigo, nesse contexto, mas também simultaneamente, o sentido-de-experiência do aí-para-qualquer-um (a saber, para qualquer um da comunidade cultural correspondente, tal como da europeia, ou eventualmente em maior detalhe: da francesa etc.).

§ 44
Redução da experiência transcendental à esfera da idiossincrasia (*Eigenheitssphäre*).

Se está agora em questão a constituição transcendental e, por isso, o sentido transcendental de sujeitos estranhos – e, consequentemente, em questão uma camada-de-sentido universal que, irradiando a partir desses sujeitos estranhos, torna pela primeira vez possível para mim o mundo objetivo, então o sentido aqui questionável dos sujeitos estranhos não pode ser, ainda, o de outros como objetivos, outros que são no mundo. Para seguir corretamente em diante há, aqui, uma primeira exigência metódica: que, em primeiro lugar, levemos a cabo no interior da esfera universal transcendental um tipo apropriado de ἐποχή temática. Desliguemos, deixemos fora do campo temático em primeiro lugar tudo quanto há agora de questionável, *i.e.*, façamos abstração de todas as realizações constitutivas da intencionalidade relacionada imediata ou mediatamente à subjetividade alheia e delimitemos primeiramente o contexto-total dessa mesma intencionalidade, atual e potencial, na qual o Ego constitui a si próprio em sua idiossincrasia e constitui unidades sintéticas dela inseparáveis, *i.e.*, unidades que deverão se referir, de fato, à idiossincrasia dessa intencionalidade.

A redução à minha esfera própria transcendental, ou ao meu Eu-mesmo concreto transcendental, mediante abstração de tudo o que a constituição transcendental

---

progresso luminoso europeu, a possibilidade de se interpretar empática e ou simpaticamente épocas históricas distanciadas. Esse "maneirismo" herderiano fez-se em larga medida presente na crítica de Hegel à filosofia da história kantiana, mas, também, nos românticos, em Schelling e, via Schleiermacher, alcançaria lugar de destaque na teoria da historiografia de Dilthey (cf. SCHMIDT, 2003).

me dá como alheio, tem aqui um sentido incomum. Na postura natural da mundanidade (*Weltlichkeit*) eu encontro, diferente e na forma do oposto: a mim mesmo e aos outros. Se abstraio dos outros no sentido comum, então permaneço de novo "sozinho". Mas essa abstração não é radical, tal estar-sozinho [96] ainda não altera nada no sentido mundano natural do experienciável-por-qualquer-um, este que também está preso ao Eu naturalmente compreendido e não se perde mesmo se uma peste universal me tivesse deixado sozinho. Na postura transcendental e, ao mesmo tempo, na abstração constitutiva designada há pouco, o meu Ego – o Ego de quem medita – não é, todavia, em sua idiossincrasia transcendental, o Eu-ser-humano comum, reduzido a um mero fenômeno correlato no interior do fenômeno-total do mundo. Antes, trata-se de uma estrutura de tipo essencial da constituição universal em que o Ego transcendental vive adiante, como constituindo um mundo objetivo.

Aquilo próprio, específico a mim como Ego, meu ser concreto enquanto "mônada", puramente em mim mesmo e para mim mesmo em idiossincrasia fechada, engloba todas as intencionalidades e inclusive a intencionalidade direcionada ao alheio; apenas que, a princípio, e por razões metódicas, a sua realização sintética (a efetividade do alheio para mim) deve permanecer tematicamente desligada (*ausgeschaltet*). Nessa intencionalidade extraordinária constitui-se o novo sentido de ser, o qual transpõe o meu Ego monádico em sua própria idiossincrasia; constitui-se um Ego não como Eu-mesmo, porém como um Ego que se espelha em meu próprio eu, em minha "mônada".[80] No entanto, o segundo Ego não está pura e simplesmente aí e não se deu a si próprio de maneira apropriada, porém é constituído como *alter ego*, em cuja expressão o Ego designado como momento sou eu mesmo em minha idiossincrasia. Segundo o seu sentido constituído, o "outro" aponta para mim mesmo, o outro é espelhamento de mim mesmo e, contudo, não é de fato espelhamento; análogo a mim mesmo e, contudo, de novo, não análogo em sentido comum. Se o Ego, como primeiro, for circunscrito em sua idiossincrasia, mapeado e desmembrado em seus estoques – não apenas de vivências, mas também de unidades-de-vigência (*Geltungseinheiten*) concretamente inseparáveis dele –, então é preciso que assim se coloque a pergunta: como pode o meu Ego, no interior da sua idiossincrasia, constituir sob o título da "experiência do estranho" precisamente o estranho [97] – ou seja, com um sentido que exclui esse constituído do estoque concreto do Eu-mesmo concreto construtor de sentido (*sinnkonstituirenden*), [e o faz] de alguma maneira tal como seu "análogo". A princípio, isso concerne a qualquer *alter ego*; em seguida, porém, a tudo o que alcança determinações

---

80. Esse novo sentido de ser diz respeito, portanto, ao teor de objetividade de um tema científico (a questão da intersubjetividade, *i.e.*, dos fatos sociais), teor que não pode estar fundado, por isso, na ontologia tradicional, ou na crença natural do senso-comum. O alheio ao meu Ego, o outro e com ele a intersubjetividade inteira não podem ser constituídos (enquanto temas científicos) a partir de uma síntese ativa do Ego isolado. Trata-se de objetos científicos essencialmente exteriores ao âmbito da síntese ativa, em outras palavras, trata-se de representações científicas incapazes de serem imediatamente referíveis a uma experiência do Ego sozinho. Tanto o sentido de ser quanto o sentido de experiência foram, portanto, no objeto e na experiência do estranho, fundamentalmente ressignificados.

de sentido a partir deste, em suma, concerne a um mundo objetivo no sentido próprio e pleno.

Essa problemática ganhará em compreensibilidade se passarmos adiante até a caracterização da esfera de idiossincrasia do Ego, *i.e.*, até levarmos a cabo explicitamente a ἐποχή abstrativa da qual essa esfera resultou. O desligamento (*Ausschaltung*) temático das realizações constitutivas da experiência do estranho e, com elas, de todos os modos de consciência relacionados ao alheio enuncia, agora, não apenas a ἐποχή fenomenológica concernente à validade ingênua do ser do alheio, tal como de qualquer objetivo que é para nós ingênua e diretamente. A postura transcendental é, e sempre permanece, de fato, pressuposta, segundo a qual tudo o que anteriormente era ente diretamente para nós passa a ser tomado exclusivamente como "fenômeno", como sentido presumido e que se confirma puro, tal como alcançou e alcança sentido de ser para nós enquanto correlato dos sistemas constitutivos a serem desnudados. Preparamos agora precisamente esse desnudamento e clarificação-de-sentido mediante esta ἐποχή inovadora, e, no que diz respeito ao detalhe, da seguinte maneira.

Em postura transcendental eu tento em primeiro lugar circunscrever dentro do meu horizonte de experiência transcendental aquilo que me é próprio. Isto, digo para mim mesmo em primeiro lugar, é o não-alheio. Com isso eu começo a libertar abstrativamente esse horizonte de experiência de tudo quanto é em geral alheio. Pertence ao "fenômeno" transcendental do mundo que ele esteja dado precisamente agora, em experiência concordante; assim é chegado o momento de, mapeando-o, atentar para o quanto de alheio surge codeterminando o sentido e, na medida em que o faz, desligá-lo abstrativamente. Dessa maneira, abstraímos em primeiro lugar daquilo que dá a seres humanos e animais o seu sentido específico como, por assim dizer, seres viventes egóicos; em seguida, de todas as determinações do mundo fenomênico que apontam, em seu sentido, a "outros" enquanto sujeitos-Eu e, consequentemente, os pressupõem, tal [98] como todos os predicados culturais. Podemos, para isso, dizer também: abstraímos de todo espiritualmente alheio (*Fremdgeistigen*), como aquilo que possibilita, no "alheio" aqui em questão, seu sentido específico. Há que não se descuidar do caráter da circum-ambiência (*Umweltlichkeit*) para qualquer um, o estar aí e acessível para qualquer um, a possibilidade de algo importar ou não a qualquer um no seu viver e se esforçar, a qual é própria a todos os objetos do mundo fenomênico e constitui a sua estranheza; há de se desligar tudo isso abstrativamente.

Constatamos assim algo importante. Nesta abstração, retemos uma camada, que se mantém coerente de maneira unitária, do fenômeno-mundo: uma camada do correlato transcendental da experiência-de-mundo continuamente concordante. Podemos, apesar de nossa abstração, avançar continuamente na intuição que experiencia, permanecendo exclusivamente nesta camada. Essa camada unitária é, ademais, caracterizada por ser essencialmente uma camada fundante; *i.e.*, eu não posso, manifestamente, ter o "alheio" como experiência, não posso ter o sentido mundo-objetivo como sentido de experiência sem ter, em experiência efetiva, aquela camada – ao passo que o inverso dessa relação não é o caso.

Consideremos o resultado de nossa abstração mais detalhadamente, *i.e.*, aquilo que ela nos deixa como remanescente. No fenômeno do mundo, que aparece com sentido objetivo, separa-se uma camada inferior como "natureza" idiossincrática, a qual precisa permanecer bem diferente da mera natureza pura e simples, *i.e.*, bem diferente daquela que se torna o tema do pesquisador da natureza. Esta desdobra-se, pois, também por abstração, a saber, a abstração de todo psíquico e dos predicados do mundo objetivo surgidos em decorrência da pessoa. Porém, o que foi alcançado nessa abstração do pesquisador da natureza é uma camada que pertence (em postura transcendental rumo ao sentido objetivo "mundo objetivo") ao próprio mundo objetivo, *i.e.*, uma camada ela mesma objetiva, tal como, de sua parte, é objetivo aquilo de que se abstrai (psíquico objetivo, predicado cultural objetivo etc.).

Entretanto, em nossa abstração desaparece, sim, completamente, o sentido [99] "objetivo", que pertence a todo mundano enquanto intersubjetivamente constituído, enquanto algo experienciável por qualquer um etc. Dessa maneira, pertence à minha idiossincrasia (enquanto purificada de todo o sentido da subjetividade alheia) um sentido "mera natureza", o qual perdeu precisamente também esse "para-qualquer-um", portanto não pode ser tomado de maneira alguma como uma camada abstrativa do próprio mundo no que concerne ao seu sentido. Dentre as matérias (*Körper*) dessa natureza apropriadamente captadas eu encontro, então, designado de maneira singular, o meu corpo (*Leib*), a saber, como o único que não é mera matéria, mas precisamente corpo,[81] o único objeto dentro da minha camada-mundana abstrativa ao qual eu atribuo, segundo a experiência, campos sensoriais, embora em diferentes modos de pertença (campo-de-sensação-táteis, campo-de-calor/frio etc.), o único "no" qual eu "controlo e sou vigente" (*schalte und walte*) – vigente, em sentido particular, em cada um de seus "órgãos". Eu percebo, tocando cinestesicamente com as mãos, igualmente vendo com os olhos etc., e posso a todo tempo perceber dessa maneira – em cujo caso essas cinestesias dos órgãos ocorrem no "eu faço" e se subordinam ao meu "eu posso"; ademais, colocando em jogo essas cinestesias, eu posso chocar [contra algo], mover [algo] etc., e, por meio disso, "agir" corporalmente de maneira imediata e em seguida mediada. Ademais: agindo de maneira perceptiva eu experiencio (ou posso experienciar) toda a natureza, inclusive a própria corporeidade, a qual nisso está, portanto, retrorreferida a si própria. Isso se torna possível pelo fato de que "posso" respectiva-

---

81. Tal como anteriormente observado, também neste ponto Husserl joga com a semelhança e diferença dos termos *Körper* (termo de raiz latina, "matéria corpórea" em geral no sentido da física moderna – p.ex., *De Corpore*, de Hobbes) e *Leib* (de raiz germânica, corpo no sentido de individualidade material: o meu corpo, o corpo deste animal, mas também a inteireza (e não apenas pedaço) deste pão etc.). Levinas e Peiffer optam por verter essa relação por meio dos termos *corps* (para verter *Körper*) e *corps organique* (para verter *Leib* – op. cit., p. 158 e 159). De Launay, p. 145, opta pelo par: *corps physique, corps propre*. A correção de De Launay é pertinente, pois *Leib* não se refere unicamente a corpo orgânico. Mas ele recai em outro problema, pois *Leib* nem sempre é corpo *próprio*. De nossa parte, optamos por utilizar simplesmente o par *matéria/corpo*, porque acreditamos que, nesse caso como em outros, Husserl apenas refere o termo de raiz latina a algo mais genérico e abstrato, resguardando o sentido mais cotidiano ao termo de raiz germânica.

mente perceber uma mão "por meio" da outra, por meio de uma mão um olho etc. – em cujo caso o órgão atuante precisa tornar-se objeto e o objeto, órgão atuante. E também assim no que diz respeito ao originário e possível tratamento universal da natureza e da corporeidade ela mesma mediante a corporeidade, a qual, portanto, também é referida a si mesma praticamente.

A exposição (*Herausstellung*) do meu corpo reduzido idiossincraticamente significa já uma parte da exposição da essência idiossincrática do fenômeno objetivo "eu enquanto este ser humano". Se reduzo idiossincraticamente outros seres humanos, então alcanço matérias idiossincráticas; se eu me reduzo enquanto ser humano, então alcanço o "meu [100] corpo" e a minha "alma", ou a mim enquanto unidade psicofísica, e nela, o meu Eu pessoal, que atua neste corpo e, "por meio" de si, no "mundo-externo", que sofre esse mundo externo e, assim, sobretudo em virtude da experiência constante de tais referencialidades egóicas e vitais singulares, é constituído de maneira unitária e psicofísica com o corpo material (*körperlichen Leib*). Se a purificação idiossincrática for consumada no mundo externo, no corpo e no todo psicofísico, então eu perdi o meu sentido natural de um Eu, precisamente na medida em que se mantém fora de questão qualquer referência semântica (*Sinnbezug*) a um possível 'a nós' (*Uns*), ou nós (*Wir*) e toda minha mundanidade em sentido natural. Na minha idiossincrasia espiritual, porém, eu sou polo-egóico idêntico às minhas múltiplas vivências "puras", àquelas da minha intencionalidade passiva e ativa e a todas as habitualidades instituídas e a serem instituídas a partir disso.

Dessa forma, mediante essa apropriada e abstrativa eliminação semântica (*Sinnesausscheidung*) do alheio, retivemos um tipo de "mundo", uma natureza idiossincraticamente reduzida à qual subordinamos, mediante o corpo material, o Eu psicofísico com corpo, alma e Eu pessoal – gritantes peculiaridades desse "mundo" reduzido. Manifestamente, nele também ocorrem predicados que têm significado a partir do puro desse Eu, tais como, p.ex., predicados de valor e de trabalho. Tudo isso (e por isso as constantes "aspas") não é, pois, de maneira alguma algo mundano no sentido natural, porém apenas aquilo exclusivamente próprio em minha experiência de mundo, aquilo que sobretudo lhe atravessa por inteiro e que lhe é coerente também de maneira unitária e intuitiva. O que diferenciamos mediante desmembramentos nesse fenômeno mundano idiossincrático é concretamente unitário, tal como se mostra também no fato de que a forma espaço-temporal – mas a correspondente forma espaço-temporal reduzida idiossincraticamente – inclui-se conjuntamente nesse fenômeno mundano reduzido; também, portanto, os "objetos" reduzidos, as "coisas", o "Eu psicofísico" são reciprocamente exteriores. Aqui nos ocorre algo notável – uma cadeia de evidências que, todavia, no encadeamento se insinuam como paradoxos. O obscurecimento do alheio não afetou a vida psíquica inteira do meu Eu, desse [101] Eu "psicofísico" – o que inclui a minha vida que experiencia o mundo; portanto, não afetou as minhas experiências efetivas e possíveis do alheio. Pertence, pois, dentro do meu ser anímico, a constituição inteira do mundo que é para mim e também, consequentemente, a sua separação nos [respectivos] sistemas constitutivos, os que constituem o idiossincrático e o alheio. Eu, o "ser-humano-eu" reduzido ("eu-psicofísico") sou, portanto, constituído como elo do "mundo", com o "fora-de-mim" múltiplo, mas sou eu mesmo quem constituo tudo isso em minha "alma", portando-o intencionalmente em mim. Se fosse possível mostrar que tudo constituído como idiossincrático, e por conseguinte também o "mundo" reduzido, pertence à essência concreta do sujeito constituinte, como determinação interna inseparável, então na autoexplicação do Eu encontrar-se-ia o seu "mundo" idiossincrático como "interno"; por outro lado, percorrendo diretamente o seu mundo, o Eu encontraria a si mesmo como elo das "exterioridades" mundanas, e discerniria entre si e "mundo externo".

§ 45
O Ego transcendental e a autoapercepção idiossincraticamente reduzida como ser humano psicofísico.

Trouxemos a termo esta meditação, tal como todas as últimas, na postura da redução transcendental, portanto eu, o que medita, como Ego transcendental. Há agora a questão: como hão de se comportar reciprocamente eu, o eu-ser-humano reduzido ao puramente idiossincrático no igualmente reduzido fenômeno-mundo, e eu como o Ego transcendental? O último é aquele que veio à tona a partir do "pôr-entre-parênteses" o mundo objetivo inteiro e todas as outras objetividades (também ideais). Por meio delas tornei-me consciente de mim como Ego transcendental, o qual constitui em sua vida constitutiva tudo que em cada caso é objetivo para mim, o Eu de todas as constituições em geral, em cujas vivências e habitualidades atuais e potenciais é, e nas quais se constitui, tal como tudo que é objetivo, também a si próprio como Ego idêntico [102]. Podemos agora dizer: na medida em que eu, como este Ego, constituí e constituo continuamente adiante o mundo que é para mim como fenômeno (como correlato), assim eu consumei em sínteses constitutivas correspondentes, sob o título do eu no sentido usual do Eu pessoal-humano, uma autoapercepção mundanizante no interior do mundo inteiro constituído, e tais [sínteses constitutivas correspondentes] eu mantenho adiante em constante vigência e formação. Em virtude dessa mundanização, tudo o que transcendentalmente é idiossincrático a mim, como este último Ego, tudo isso surge na minha alma como psíquico. Eu encontro como presente a apercepção mundanizante e posso agora, desde a alma como fenômeno e como parte no fenômeno ser humano, retornar a mim enquanto o Ego universal, absoluto, o Ego transcendental. Se eu, pois, como este Ego, reduzo ao meu idiossincrático o meu fenômeno do mundo objetivo e então, além disso, assumo aquilo que eu encontro de qualquer outra maneira como próprio a mim (que não pode mais conter, segundo essa redução, o "alheio"), então o conjunto inteiro do idiossincrático do meu Ego há de ser reencontrado, no fenômeno mundano reduzido, como o idiossincrático "da minha alma" – apenas que, como componente da minha apercepção de mundo, ele aqui é transcendentalmente secundário. Se nos mantemos no último

Ego transcendental e no universo daquilo constituído nele, então imediatamente lhe pertence a cisão do seu campo inteiro de experiência transcendental: na esfera de sua idiossincrasia – com a camada correlacionada da sua experiência de mundo idiossincraticamente reduzida (na qual todo o alheio foi obscurecido) – e na esfera do alheio. Nesse sentido, todavia, qualquer consciência do alheio, qualquer modo do seu aparecimento copertence à primeira esfera. Aquilo que de alguma maneira o Ego transcendental constitui naquela primeira camada como não--alheio – como "próprio" –, isso lhe pertence de fato como componente de sua essência concretamente própria, tal como há de ser mostrado; é inseparável de seu ser concreto. No interior e com os meios desse próprio ele constitui, porém, o mundo "objetivo" [103], como universo de um ser que lhe é alheio e, no primeiro grau, alheio do modo alter ego.

§ 46
A "propriedade" (*Eigenheitlichkeit*[82]) como a esfera das atualidades e potencialidades do fluxo de vivência.

Até aqui caracterizamos o conceito fundamental do "que é próprio a mim" apenas indiretamente como não-alheio, o qual, por sua vez, baseia-se no conceito do outro, pressupondo-o, portanto. É, contudo, importante para uma clarificação do seu sentido trabalhar agora também o característico (*Charakteristikum*) positivo desse "próprio", *i.e.*, do "Ego em minha idiossincrasia". Ele foi apenas sugerido nas últimas sentenças do parágrafo anterior. Estejamos restritos ao mais universal: se um objeto concreto destaca-se-nos na experiência como algo por si e se então o olhar atento que apreende se direciona a tal objeto, então ele será, nessa apreensão simples, apropriado como mero "objeto indeterminado da intuição empírica". Tornar-se-á determinado e adiante determinante de si mesmo em uma continuação da experiência, *i.e.*, na forma de uma experiência determinante que a princípio interpreta apenas o próprio objeto a partir de si mesmo, [portanto na forma] de uma pura explicação. Em seu articulado avanço sintético rumo ao fundamento do objeto dado (dado como em identidade consigo mesmo na síntese da identificação contínua e intuitiva); em um encadeamento de intuições-particulares essa pura explicação desdobra as determinidades próprias a esse mesmo objeto, as determinidades "internas". Estas, com isso, entram em cena originariamente como as determinidades em que o objeto idêntico é ele mesmo o que ele é, e, de fato, é "em si e por si", nele próprio – onde o seu ser idêntico se expõe nas idiossincrasias particulares. Esse teor essencialmente próprio é, de antemão, antecipado apenas

---

82. Até aqui, vertemos *Eigenheit* por idiossincrasia, para bem diferenciar tal termo de *Eigenschaft*, propriedade – no sentido de, p.ex., as propriedades químico-físicas de um composto etc. Agora, pois, no que diz respeito ao termo *Eigenheitlichkeit*, que eleva o pensamento a um grau a mais de abstração e generalidade em relação à idiossincrasia, utilizaremos "*propriedade*" – sempre com aspas duplas, para bem diferenciá-lo de propriedade (*Eigenschaft*).

universalmente e segundo o horizonte, e constitui-se originariamente (com o sentido: característica interna, propriamente essencial, cuja parte específica é a propriedade [*Eigenschaft*]) apenas por meio da explicação.

Direcionemo-nos a essa questão. Se em redução transcendental eu reflito a meu respeito, o Ego transcendental, então [104] eu sou dado perceptivamente para mim, e, de fato, em uma percepção que apreende, como este Ego. Eu me torno também ciente de que, antes, eu já desde sempre, embora inapreendido, estava lá, estava "pré-dado" originária e intuitivamente (em sentido amplo, percebido). Contudo, pré-dado eu sou, em todo caso, com um infinito e aberto horizonte de idiossincrasias interiores ainda não inauguradas. O que é meu próprio também se inaugura mediante explicação, tem o seu sentido originário a partir da realização da explicação. Ele se desnuda originariamente no olhar que experiencia/explicita direcionado a mim mesmo, ao meu Eu-sou perceptivo e até mesmo apoditicamente dado, à minha identidade comigo mesmo, a qual está aprisionada na síntese unificante e contínua da autoexperiência originária. O propriamente essencial a esse idêntico caracteriza-se como aquilo seu que foi efetivamente e possivelmente explicado, como aquilo em cujo interior apenas eu desdobro o meu próprio ser idêntico, como aquilo que ele é em particularidade como idêntico – ele em si mesmo.

Aqui há de se atentar para o seguinte: embora eu fale com direito de autopercepção, e o faça no que concerne ao meu Ego concreto, com isso não foi dito que então eu me movimente – tal como concerne à interpretação de uma "coisa-vista" perceptivamente dada – sempre em percepções particulares próprias e que, portanto, eu só alcance coisas explicadas perceptivamente, nenhuma outra. É, porém, um princípio da explicação do meu horizonte de ser propriamente essencial que eu me depare com a minha temporalidade imanente e, por isso, com o meu ser na forma de uma infinidade aberta de um fluxo de vivência de todas as minhas idiossincrasias de algum modo ali incluídas, às quais o meu explicitar também pertence. Decorrendo no presente vivo, a explicação pode, de fato, encontrar perceptivamente apenas aquilo que decorre de maneira viva e presente. Ela desnuda o passado que me é próprio nos modos mais originários, pensáveis mediante rememorações. Embora eu seja, pois, permanentemente dado de maneira originária a mim mesmo e possa explicitar ulteriormente aquilo que me é propriamente essencial, essa explicação em larga medida se consuma, dessa forma, em atos de consciência que não são percepções para os [105] momentos concernidos, a mim propriamente essenciais. Apenas assim pode o meu fluxo de vivência, como aquele em que vivo como Eu idêntico, ser acessível para mim; em primeiro lugar, em suas atualidades, em seguida, nas potencialidades – as quais, também, são manifesta e propriamente essenciais a mim. Todas as possibilidades do tipo: "eu posso, ou poderia" colocar em jogo esta ou aquela vivência (o que também inclui: eu posso olhar adiante ou para trás, posso penetrar de maneira reveladora no horizonte do meu ser temporal) – todas essas possibilidades pertencem manifestamente de maneira propriamente essencial a mim mesmo.

Em todo caso, porém, a interpretação é original se ela desdobra o próprio experienciado a partir do solo da autoexperiência original e leva àquela auto-

-ocorrência (*Selbstgegebenheit*) que, com isso, é a mais originária pensável. A evidência apodítica da autopercepção transcendental (do "Eu sou") estende-se adentro dessa interpretação, embora em uma limitação já mencionada anteriormente. Na evidência diretamente apodítica vêm à tona, mediante autointerpretação, apenas as formas de estruturas universais nas quais eu sou como Ego, a saber, nas quais eu sou e apenas posso ser em universalidade essencial. A isso pertencem (embora não sozinhos) os modos de ser na forma de um certo viver universal em geral, na forma da autoconstituição constante de suas próprias vivências como temporais dentro de um tempo universal etc. Toma parte, então, nesse *a priori* apodítico universal em sua universalidade indeterminada – [que ainda é,] porém, determinidade – toda e qualquer interpretação de informações egológicas singulares, tal como, p.ex., uma certa evidência da rememoração do meu próprio passado. A participação na apoditicidade mostra-se na lei-formal, ela própria apodítica: tanto há aparência (*Schein*), tanto haverá ser (por ela apenas encoberto, falsificado) – [ser] pelo qual se pergunta, que pode ser buscado, que pode ser encontrado segundo um caminho previamente esboçado, embora em mera aproximação ao seu conteúdo completamente determinado. Este próprio [conteúdo], com o sentido de um [algo] fixamente identificável de maneira iterativa e segundo todas as partes e momentos, é uma "ideia" válida *a priori*.[83] [106]

§ 47
O objeto intencional coparticipa da plena concreção monádica da "propriedade". Transcendência imanente e mundo primordial.

Manifestamente, aquilo que me é propriamente essencial como Ego estende-se – e isso é de particular importância – não apenas às atualidades e potencialidades do fluxo de vivência, porém, tanto aos sistemas constitutivos quanto às uni-

---

83. Note-se como a presente argumentação termina por esclarecer algo a mais a respeito da sentença com que Husserl havia encerrado a sua *quarta Meditação*, a saber, quando dizia que o "ente" é uma ideia prática. Se, pois, o caráter ôntico do mundo já havia sido posto "entre parênteses", o mesmo se dá, portanto, a respeito do caráter ôntico do próprio Ego. Por isso, porque todo o conteúdo ôntico do ser tomado em sentido tradicional – tanto o ser do mundo, quanto o ser do Ego – foi reduzido à idealidade, o idealismo transcendental husserliano pretende então estar definitivamente livre da pecha de solipsismo egológico, diferindo, nisso, radicalmente do idealismo cartesiano, cujo ponto de partida primordial, como sabemos, é o estabelecimento da substancialidade (ôntica, como *res cogitans*) do Ego. Com isso, observa-se que na doutrina husserliana não há acesso imediato do pensamento a nenhum objeto, nem mesmo ao Ego, posto que também ele precisa ser "constituído originariamente por meio da explicação fenomenológica". O fato de o Eu ter de estar pré-dado à minha própria constituição dele, isso não implica que eu não tenha, de fato, que *explicá-lo*, *i.e.*, constituí-lo (e não apenas percebê-lo). Nesse sentido, o Eu só será essencialmente meu-próprio desde que for explicado em sua efetividade e possibilidade. A "imanência" do eu, pois, recebe tratamento igual à pretensa "transcendência" do mundo: a fenomenologia parte da recusa ao acesso imanente ao Ego, tal como da recusa ao acesso direto ao mundo. O em si do mundo, e do Ego, é uma ideia (válida). Esse ponto de vista deu alento, p.ex., ao primeiro trabalho fenomenológico de Sartre: *A transcendência do Ego*, de 1936.

dades constituídas – mas no último caso apenas em uma certa limitação. A saber, no caso e na medida em que a unidade constituída for inseparável, à maneira de uma unidade concreta, da própria constituição original e imediata, nesse caso, então, tanto o perceber constituinte quanto o ente percebido pertencem à minha autoidiossincrasia concreta.

Isso não diz respeito apenas a informações sensoriais, as quais, tomadas como meras informações da sensação, constituem-se como "temporalidades imanentes" no quadro do meu Ego como próprias a mim mesmo; antes, isso vale também para todas as minhas habitualidades que me são igualmente próprias a mim mesmo, as quais se constituem, partindo dos atos instituintes próprios a si mesmos, como convicções permanentes, como tais em que eu me torno, permanecendo-lhes, assim persuadido, e mediante as quais alcanço, como eu polar (no sentido particular do mero polo subjetivo [*Ichpoles*]) determinações especificamente egóicas. Por outro lado, também pertencem a este ponto, todavia, "objetos transcendentes"; p.ex., os objetos da sensibilidade "externa", unidades de multiplicidades de modos de aparecimento sensíveis – se eu, a esse respeito, levo puramente em consideração, como Ego, aquilo constituído como objeto espacial que aparece efetiva e originariamente, mediante a minha própria sensibilidade, minhas próprias apercepções, como sendo delas concretamente inseparável. Vemos imediatamente que pertence a esta esfera todo o mundo que anteriormente reduzimos mediante o desligamento dos componentes sensíveis (*Sinneskomponenten*) do alheio, e que esse mundo, por isso, há de ser lançado à conta, com direito, da subsistência (*Bestand*) concreta, positivamente definida do Ego, como próprio a ele. Desde que mantenhamos fora de consideração as capacidades intencionais da "empatia", da experiência do estranho, [107] temos uma natureza e uma corporeidade, as quais se constituem, de fato, como unidade espacial-objetiva e, em oposição ao fluxo de vivência, como unidade transcendente, porém como mera multiplicidade de objetividades da experiência possível – com o que essa experiência é puramente a minha própria vida, e aquilo que nela foi experienciado não é nada mais que uma unidade sintética inseparável desta vida e de suas potencialidades.

Assim se faz claro que o Ego tomado concretamente tem um universo do que lhe é próprio, o qual há de ser desnudado por meio de uma interpretação original e apodítica (pelo menos que esboça uma forma apodítica) de seu *ego sum* apodítico. Dentro dessa "esfera original" (da autointerpretação original) encontramos também um "mundo transcendente" que se desdobra mediante a redução da idiossincrasia (no sentido positivo agora preferido) em virtude do fenômeno intencional "mundo objetivo"; mas nesse âmbito – o âmbito do que é propriamente essencial a mim mesmo, do que sou em mim mesmo em concreção plena, ou, como também dizemos, como mônada) – coparticipam também todas as aparências, correspondentes como pairando "transcendentemente", as fantasias, "puras" possibilidades, objetividades eidéticas.[84]

---

84. Eis que se esclarece, assim, a sutil diferença entre idiossincrasia (*Eigenheit*) e "propriedade" (*Eigenheitlichkeit*). A primeira diz respeito àquilo que recai imediatamente no campo do Ego (natural

§ 48
A transcendência do mundo objetivo como superior em face da transcendência primordial.

Que essa essência própria (*Eigenwesen*) possa contrastar-se para mim, em geral, com algo outro, ou que eu, aquele que eu sou, possa tomar consciência de um outro que não sou eu (de um alheio a mim), isso pressupõe que nem todos os modos de consciência que me são próprias pertencem ao círculo daquelas que são modos da minha autoconsciência. Dado que o ser efetivo constitui-se originariamente mediante concordância da experiência, então, em oposição à autoexperiência e ao sistema de sua concordância – *i.e.*, àquele da autointerpretação em idiossincrasias – é preciso haver ainda outras experiências em sistemas de concordância no meu próprio [108] si-mesmo (*Selbst*); temos então o problema: como se há de entender que o Ego tenha e possa sempre formar em si tais intencionalidades de tipo novo, as quais têm um sentido de ser mediante o qual o Ego transcende integralmente o seu próprio ser? Como pode o ente efetivo para mim – não apenas como de algum modo presumido, porém como o que se confirma em mim de maneira concordante – não ser, por assim dizer, senão a intersecção da minha síntese constitutiva? Ele, assim, é meu próprio enquanto concretamente inseparável dessa síntese? Mas é problemática já a possibilidade do mais vago, do mais vazio presumir o alheio, se verdadeiro que cada um desses modos de consciência tem essencialmente as suas possibilidades de desnudamento, da sua remissão a experiências do presumido, satisfatórias ou decepcionantes, e que, na gênese da consciência, retrorrefere àquelas experiências do mesmo presumido, ou semelhante.

O fato da experiência do estranho (não-eu) está patente como experiência de um mundo objetivo, o que inclui: como experiência de outros (não-eu na forma: outro Eu), e tinha sido um resultado importante da redução idiossincrática a essas experiências que ela tenha levado ao destacamento de uma subcamada intencional dessas mesmas experiências, na qual um mundo reduzido como transcendência imanente advém à sua comprovação. Há na ordenação da constituição de um mundo alheio ao eu, exterior ao meu Eu concreto-próprio (mas não de todo exterior no sentido natural-espacial), a transcendência (ou "mundo") em si primeira, "primordial", a qual, desconsiderada a sua idealidade enquanto unidade sintética de um sistema infinito das minhas potencialidades, é ainda um elemento de determinação do meu ser concreto próprio como Ego.

É preciso agora tornar compreensível como vem à tona no grau superior e fundado a doação de sentido (*Sinngebung*) da transcendência autêntica, objetiva, constitu-

---

ou transcendental) particular – p.ex., as efetividades e possibilidades particulares em cada caso. A segunda, porém, diz respeito ao horizonte de experiências imediatas e constituídas do Ego transcendental em geral; diz respeito, pois, à concreção do Ego transcendental como mônada. A esfera da "propriedade" (esfera do mundo objetivo) transcende, pois, em certa medida (ou, como será dito, em certo grau), a esfera da idiossincrasia (esfera primordial), precisamente tal como a esfera da gênese passiva transcende a da ativa. O "outro", com isso, ver-se-á logo, é "alheio" (transcendente) à esfera da idiossincrasia, mas imanente à esfera da "propriedade".

tivamente secundária, e é preciso fazê-lo enquanto experiência. Não se trata, aqui, de um desnudamento de uma gênese que procede temporalmente, mas de uma análise estática. O mundo objetivo está para mim aí, continuamente já pronto, ocorrência da minha [109] experiência objetiva, continuamente vivaz, e também, segundo o não-mais-experienciar, em vigência ulterior habitual. Trata-se de questionar essa própria experiência e de desnudar intencionalmente as maneiras de sua doação de sentido, as maneiras tais como ela pode surgir enquanto experiência e confirmar-se como evidência para o ente efetivo de uma essência própria explicitável, a qual não é a minha própria ou não se lhe insere como parte constituinte, ao passo que só na minha própria é que pode alcançar sentido e confirmação.[85]

§ 49
Esboço do percurso da interpretação intencional da experiência do estranho.

O sentido de ser "mundo objetivo" constitui-se sobre o subsolo do meu mundo primordial em vários níveis. Como primeiro, há de se destacar o nível de constituição do "outro", ou "outros em geral", *i.e.*, a partir do meu ser-próprio concreto (a partir de mim como *Ego primordial*) os Egos excluídos. Em unidade com isso, e motivado por isso, consuma-se uma sobreposição de níveis universal sobre o meu "mundo" primordial, mediante a qual este se torna fenômeno "de" um determinado mundo "objetivo", como o mesmo e único mundo para qualquer um, incluindo eu próprio. Assim, o alheio em si primeiro (o primeiro "não-eu") é o outro Eu. E isso possibilita constitutivamente uma infinita e nova região do alheio, uma natureza objetiva e um mundo objetivo em geral aos quais todos os outros e eu próprio pertencemos. Reside na essência dessa constituição que se eleva a partir dos "puros" outros (que ainda não têm nenhum sentido mundano), que os que são para mim "outros" não permanecem singularizados, que, antes, (na minha

---

85. Fichte pode ser dito a ter inaugurado, na *Doutrina da Ciência* (1794), precisamente na relação entre o "eu absoluto" e o "não-eu", o esforço filosófico de apresentar filosoficamente isso que Husserl nomeia "experiência do estranho". Scheling, no *Sistema do Idealismo Transcendental* (1800) leva radicalmente adiante a tentativa inaugurada por Fichte e apresenta (em seu terceiro capítulo) as *épocas da consciência de si* – cujo corolário é, surpreendentemente, a possibilidade da construção filosófica do conceito da *matéria*. Isso significa que, para Schelling, o desdobramento imanente das camadas da autoconsciência transcendental é paralela à construção ("transcendente") das categorias da física. Hegel, por sua vez, ao críticar Kant, Fichte e Schelling, leva a questão ao âmbito histórico social, quando, p.ex., apresenta a *dialética do senhor e do escravo* como figura essencial do seu conceito de *autoconsciência*, tal como disposto na *Fenomenologia do Espírito* (1807). Em termos puramente lógicos, porém, tal como na *Doutrina do Ser* da *Ciência da Lógica* (1812), destaca-se nesse sentido a argumentação do capítulo do *ser-para-si*, onde se encontra a passagem do conceito do *um* ao conceito dos *muitos* e a conclusão de que o conceito dos *muitos* funda-se, de volta, apenas no conceito acabado da unidade total. Contudo, apesar de tais informações permitirem observar que Husserl não é de maneira alguma o pioneiro nessa temática, é forçoso destacar que a descrição dessa passagem precisamente *enquanto experiência* dá à tentativa husserliana novidade digna de nota na tradição transcendental.

esfera de idiossincrasia, naturalmente) constitui-se uma comunidade-egóica (*Ich--Gemeinshaft*) na qual estou incluso, como uma tal dos eus que são em conjunto (*miteinander*) e recíprocos (*füreinander*); enfim, uma comunidade de mônadas, de fato uma tal que (em sua intencionalidade comunalizada-constituinte) [110] constitui o único e mesmo mundo. Nesse mundo entram em cena, pois, de novo como objetos do mundo, todos os eus, porém em apercepção objetivante com o sentido "seres humanos", p.ex., seres humanos psicofísicos.

A intersubjetividade transcendental tem, em virtude dessa "comunalização" (*Vergemeinschaftung*), uma esfera idiossincrática intersubjetiva, na qual constitui intersubjetivamente o mundo objetivo, e de tal maneira que o "nós" transcendental é subjetividade para este mundo e também para o mundo humano, em cuja forma ela se efetivou objetivamente para si mesma. Mas se aqui se diferencia esfera idiossincrática intersubjetiva e mundo objetivo, então, na medida em que me coloco como Ego sobre o solo da intersubjetividade constituída a partir das minhas fontes propriamente essenciais, posso conhecer que o mundo objetivo não mais transcende em sentido próprio essa sua essência própria intersubjetiva, porém habita nela como transcendência "imanente". Melhor dito: o mundo objetivo como ideia, como correlato ideal de uma experiência intersubjetiva a ser idealmente consumada e já sempre consumada de maneira unívoca – uma experiência intersubjetivamente comunalizada – é relacionado essencialmente à intersubjetividade, ela própria constituída na idealidade da abertura sem-fim, cujos sujeitos singulares são dotados de sistemas constitutivos reciprocamente correspondentes e concordantes. Por conseguinte, à constituição do mundo objetivo pertence essencialmente uma "harmonia" das mônadas, precisamente esta constituição singular harmônica nas mônadas singulares – consequentemente também uma gênese, que decorre harmonicamente nas mônadas singulares. Todavia, isso não é visado como uma substração (*Substruktion*[86]) metafísica da harmonia monádica, tampouco são as próprias mônadas invenções ou hipóteses metafísicas. Antes, e de fato, isso coparticipa propriamente da interpretação dos estoques intencionais, estes que residem no fato do mundo da experiência que está aí para nós. Nesse sentido, há de se atentar novamente para o que já foi enfatizado várias vezes, a saber, que as [anteriormente] designadas ideias não são fantasias ou modos de um "como se", [111] porém, constitutiva e unitariamente, surgem com toda experiência objetiva e têm seus modos de legitimação (*Weise der Rechtgebung*) e sua configuração cientificamente ativa.

O que apresentamos precisamente agora é uma visão antecipada sobre o percurso gradativo da interpretação intencional que teremos de levar a cabo, *i.e.*, se

---

86. O dicionário Houaiss apresenta a seguinte definição para o termo: "penitência canônica de terceiro grau na Igreja antiga. (lat.) *Substratio-onis*, "ato de estender-se no chão. (lat.) *substractus-a-um*, do radical de *substractum*". Observa-se, portanto, que substração está fundada etimologicamente em substrato. O sentido da expressão, no contexto apresentado, há de ser: que não se trata do substrato metafísico da harmonia monádica – precisamente aquilo que também, e essencialmente, entrava em questão na monadologia leibniziana.

nos é dever solucionar o problema transcendental a partir do único sentido concebível e levar a cabo efetivamente o Idealismo transcendental da fenomenologia.[87]

§ 50
A intencionalidade mediada da experiência do estranho como "Apresentação"[88] (apercepção analógica).

Depois que completamos a etapa prévia, muito significativa transcendentalmente (a definição e articulação da esfera primordial), surgem as autênticas e não pequenas dificuldades ocasionadas pelo primeiro dos anteriormente mencionados passos rumo à constituição de um mundo objetivo, a saber, o passo rumo ao "outro". Elas dizem respeito, pois, à explicação transcendental da experiência do estranho, no sentido em que o outro ainda não adveio ao sentido ser humano.

Experiência é consciência originária, e de fato dizemos universalmente, no caso de se experienciar um outro ser humano, que o outro está ele próprio "corporalmente" ali diante de nós. Por outro lado, essa corporeidade não impede que concedamos, sem mais, que nisso, e de fato, não é o próprio outro Eu, não são as suas vivências, seus próprios fenômenos, nada do que pertence à sua essência própria, o que advém à ocorrência originária. Se fosse esse o caso, se o essencialmente próprio do outro fosse acessível diretamente, então ele seria mero momento

---

87. É interessante notar como Husserl é levado, necessariamente, na medida em que pretende apresentar a *experiência do estranho*, a abordar a questão da *harmonia monádica* de Leibniz (mas, à época de Husserl, notabilizada na sociologia francesa do fim do XIX, p.ex., por Gabriel Tarde). Hegel, a seu tempo, precisamente no capítulo do *ser-para-si* da *Ciência da Lógica*, menciona em uma nota que o idealismo leibniziano era essencialmente incompleto porque não oferecia uma *efetiva apresentação* da passagem desde a esfera monádica individual até a comunidade monádica (cf. TW5,189). Tal passagem era apenas pressuposta pelo "atalho-conceitual" da *harmonia-pré-estabelecida*. Para Hegel, pois, isso é sintoma de que na filosofia de Leibniz não se encontra, de fato, um conceito da passagem da unidade à multiplicidade e, igualmente, um conceito da passagem da qualidade à quantidade. Pois a experiência do estranho contempla, além da questão do conceito da alteridade fundamental, o da relação unidade-multiplicidade. As diferenças e analogias entre ambas as dialéticas (algo-outro, um-muito) – tema clássico do platonismo quando se se recorda de que, no *Sofista*, encontra-se o desenvolvimento da primeira, e no *Parmênides* o da segunda – constituem, na *Ciência da Lógica* de Hegel, o tema dos capítulos subsequentes do *ser-aí* (algo-outro) e do já mencionado *ser-para-si* (um-muitos). – Observa-se, nesse sentido, que se Hegel havia impugnado a monadologia leibniziana (e por conseguinte a kantiana) em decorrência da inexistência da passagem (algo-outro, um-muitos), é bastante condizente que Husserl tenha precisamente a intenção de apresentar o conceito *comunidade monádica* via a descrição completa de uma experiência de pensamento, suprindo, assim, a lacuna que Hegel identificava na raiz da tradição transcendental.

88. *Appräsentation*. Este termo é derivado, naturalmente, de *Präsentation* – a partir do conhecido modelo leibniziano: perceptio/aperceptio. A mônada percebe suas representações, mas apercebe a si mesma. Trata-se da justaposição do prefixo "ad" à forma verbal, de modo a indicar que se trata de: "em direção à percepção", ou "percepção em direção a" – pois, de fato, talvez a mônada não pudesse ter a si mesma enquanto seu próprio objeto perceptivo. De maneira análoga, portanto, a relação entre *Präsentation* (e sua versão germanizada *Gegenwärtigung*) e *Appräsentation*, que aqui vertemos por: presentação e apresentação. Surge, contudo, um problema, pois apresentação também verte *Darstellung*. Em decorrência disso, *Appräsentation* estará, aqui, como "apresentação". Presentificação verterá *Vergegenwärtigung*.

da minha essência própria e, consequentemente, ele e eu próprios seríamos um só. O mesmo se daria a respeito de seu corpo, *i.e.*, se ele não fosse outra coisa senão a "matéria", unidade que se constitui puramente em minhas experiências efetivas e possíveis, pertencente à minha esfera primordial como figuração exclusiva da minha sensibilidade. Uma certa [112] mediatez da intencionalidade precisa aqui estar patente e, de fato, uma que parte da camada inferior (em todo caso constantemente subjacente) do "mundo primordial" e torna representável um "aí-com" (*Mit-da*) – o qual, porém, não está ele próprio aí, nunca pode tornar-se um si-próprio-aí (*Selbst-da*). Trata-se, pois, de um tipo do tornar-copresente (*Mitgegenwärtig-Machen*), de um tipo de "apresentação".

Uma tal "apresentação" patenteia-se já no caso da experiência exterior, na medida em que o lado da frente de uma coisa, aquele que foi, de fato, visto, "apresenta" constante e necessariamente um lado de trás coisal, esboçando-lhe um teor mais ou menos determinado. Contudo, esse teor não pode ser precisamente esse tipo de "apresentação" coconstituinte da natureza primordial, porque a tal tipo pertence a possibilidade da confirmação mediante "presentação" satisfatória correspondente (o lado de trás se torna lado da frente), ao passo que isso precisa ser *a priori* excluído para aquela "apresentação" que deve conduzir adiante rumo a uma outra esfera original.

Como pode ser motivada, na minha, a "apresentação" de um outro e, com isso, o sentido "do outro" enquanto, de fato, experiência – tal como a palavra "apresentação" (tornar consciente enquanto copresente) já indica? Não o pode uma qualquer presentificação (*Vergegenwärtigung*). Ela o pode apenas em conexão com uma presentação (*Gegenwärtigung*), em conexão com uma autêntica autodoação; e apenas como exigida por esta pode ela ter o caráter da "apresentação", tal como na experiência coisal o ser-aí perceptivo motiva *ser-aí-com* (*Mitdasein*).

O subsolo da percepção autêntica nos é oferecido pela percepção (continuamente sucessiva, subordinada ao quatro universal da constante autopercepção do ego) do mundo primordialmente reduzido na articulação anteriormente descrita. A questão é então a seguinte: o que precisa ser tomado em particular consideração nesse sentido? Como procede a motivação? Como se desnuda a verdadeiramente complicada realização intencional da "apresentação" que vêm à tona factualmente?

Oferece-nos uma primeira condução o sentido léxico dos "outros" – do "outro eu"; *alter* diz *alter ego*, e o Ego [113] que aqui está implicado, este sou eu próprio, constituído no interior da minha idiossincrasia primordial, portanto em singularidade enquanto unidade psicofísica (como ser humano primordial), como eu "pessoal" imediatamente vigente no meu (o único) corpo, imediatamente também atuante adentro do circum-ambiente primordial; ademais, sujeito de uma vida intencional concreta, de uma esfera psíquica relacionada a si próprio e ao mundo. Tudo isso está à nossa disposição – e, de fato, na tipificação que se desdobra no viver que experiencia – com as formas conhecidas do decurso e da complexão. Não investigamos, pois, mediante quais intencionalidades (de sua parte altamente complicadas) tudo isso se constituiu – isso forma uma camada própria de grandes pesquisas, nas quais não nos adentramos, nem poderíamos adentrar.

Assumamos agora que um outro ser humano adentra no nosso campo perceptivo, isto é, reduzido primordialmente: surge campo perceptivo da minha natureza primordial uma matéria (*Körper*), a qual, como mais primordial, é naturalmente mero elemento determinante de mim próprio ("transcendência imanente"). Dado que nesse mundo e natureza o meu corpo (*Leib*) é a única matéria que é e pode ser originariamente constituída como corpo (órgão atuante), então é preciso que a matéria – ali onde ela é, todavia, apreendida como corpo – tenha esse sentido de uma transferência aperceptiva desde o meu corpo e, em seguida, que exclua de certa maneira a única comprovação efetivamente direta, e por isso primordial, dos predicados da corporeidade específica – uma comprovação mediante percepção autêntica. De antemão está claro que apenas uma semelhança, que no interior da minha esfera primordial conecta aquela matéria ali à minha matéria, pode oferecer o fundamento de motivação para a apreensão "analogizante" daquele corpo primeiro, tal como dos outros.

Isso seria, portanto, uma certa apercepção assimilante, mas de maneira alguma, por isso, inferência analógica. Apercepção não é de maneira alguma inferência, de maneira alguma ato-de-pensamento (*Denkakt*).[89] Qualquer apercepção, em que apreendemos sem mais (ou captamos perseverando) objetos pré-dados, possivelmente o mundo cotidiano pré-dado [114], em que compreendemos em um piscar de olhos o seu sentido, com os horizontes desse sentido, retrorrefere intencionalmente a uma "instituição-originária" (*Urstiftung*), na qual se constituíra pela primeira vez um objeto com sentido semelhante. Também as coisas deste mundo que nos são desconhecidas são, para falar universalmente, conhecidas segundo seu tipo. Embora não exatamente esta coisa aqui, já vimos anteriormente semelhantes. Dessa maneira, toda experiência cotidiana encerra, na apreensão antecipadora do objeto como tendo um sentido semelhante, uma transferência analogizante, desde um sentido originariamente constituído até um novo caso. Tanto quanto haja pré-ocorrência (*Vorgegebenheit*), tanto haverá tal transferência; com isso, aquilo semântico que se expõe como efetivamente novo em experiência ulterior pode atuar mais uma vez de maneira instituinte e fundar uma pré-ocorrência de sentido mais rico. A criança, que já vê coisas, compreende possivelmente pela primeira vez o sentido-finalidade (*Zwecksinn*) de uma tesoura e daí em diante ela vê, sem mais, no primeiro instante, tesouras como aquela; mas, naturalmente, não em explícita reprodução, comparação ou na consumação de uma inferência. É bastante distinta a maneira, porém, como surgem apercepções e, consequentemente, como em si retrorreferem intencionalmente, mediante seu sentido e seu horizonte de sentido, à sua gênese. Às formações gradativas dos sentidos objetivos correspondem

---

[89]. Husserl, com isso, torna clara a distinção entre a *apercepção transcendental* kantiana e a *intuição intelectual* cartesiana. Esta última é, de fato, um ato-de-pensamento no qual o pensamento toca, por assim dizer, imediatamente um ente real, p.ex., a existência do próprio coisa-pensante (*res cogitans*). Por isso o *cogito* cartesiano não é uma conclusão de um silogismo. Mas o resultado da *apercepção transcendental* de Kant não significa o "tocar" na existência (na coisa em si) do sujeito, mas, como sabemos, apenas a asserção de que o *eu penso deve poder acompanhar cada uma das minhas representações*.

as formações gradativas das apercepções. Enfim, alcançamos sempre de novo a diferenciação radical das apercepções: aquelas que pertencem puramente, segundo sua gênese, à esfera primordial e aquelas que surgem com o sentido *alter ego* – e que a este sentido erigiram gradativamente novo sentido, graças a uma gênese de grau superior.

§ 51
"Emparelhamento" (*Paarung*) como componente associativamente constituinte da experiência do estranho.

Se devemos agora descrever o que é próprio àquela apreensão analogizante mediante a qual uma matéria é apreendida no interior da minha esfera primordial como semelhante à minha própria matéria-corpo, justamente como corpo, então nos deparamos, em primeiro lugar, com o fato de que, neste caso, o original proto-instituinte é sempre ulteriormente presente de maneira viva, portanto permanece a [115] própria instituição originária sempre ulteriormente em curso vivo e atuante; em segundo lugar, deparamo-nos com a idiossincrasia que já se tornou conhecida entre nós em sua necessidade, [a saber,] que aquilo "apresentado" em consequência daquela analogia não pode nunca alcançar efetivamente a presença (*Präsens*), portanto nunca alcançará a percepção legítima. Intimamente em conjunto com a primeira peculiaridade está o fato de que Ego e *alter ego* são dados sempre, e necessariamente, em "emparelhamento" originário.

Emparelhamento – o entrar em cena configurado como par, em seguida como grupo, como pluralidade (*Mehrheit*) – é um fenômeno universal da esfera transcendental (paralelamente, da esfera intencional-psicológica); e para acrescentá-lo prontamente: quanto atual seja um emparelhamento, tanto bastará aquele tipo notável (que persevera em atualidade vivente) de protoinstituição de uma apreensão analogizante – esta que destacamos como aquela primeira peculiaridade da experiência do estranho e que, portanto, não constitui o seu exclusivamente peculiar.

Elucidemos, em primeiro lugar, o que há de essencial a respeito do "emparelhamento" (p.ex., a formação de pluralidade) em geral. Trata-se de uma protoforma (*Urform*) daquela síntese passiva, a qual designamos como "associação", em oposição à síntese da "identificação"[90]. O característico em uma associação emparelhante é que, no caso mais primitivo, duas informações em intuitivo tolhimento

---

90. O § 18, "Identificação como uma forma fundamental da síntese. Síntese universal do tempo transcendental", apresentava o conceito fenomenológico da síntese em geral. O princípio da síntese é, fundamentalmente, identificação. Mas, adiante no texto (§ 39, "Associação como princípio da gênese passiva"), Husserl apresenta então um segundo princípio (a associação) a um segundo tipo de síntese (a passiva). Identificação e associação estão uma para a outra tal como percepção e apercepção, "presentação" e "apresentação". Acreditamos, por isso, que há pequeno erro de edição concernente ao presente trecho, onde o adjetivo *passiven* aparece uma segunda vez, quando deveria, condizente com o *gegenüber*, em seu lugar constar, quando algo, *aktiven*.

(*Abgehobenheit*) são dadas na unidade de uma consciência, e aparecendo, por isso, diferentes, fundamentam fenomenologicamente em pura passividade, portanto indiferente se atentadas ou não, uma unidade da semelhança, *i.e.*, ainda são constituídas precisamente sempre como par. Se houver ainda mais do que duas [informações], então se constitui um grupo fenomenalmente unitário, fundido em emparelhamentos singulares, uma pluralidade. Encontramos em virtude de análise mais detalhada, como já estando essencialmente aí presente um transpor intencional (*Übergreifen*[91]), que entra em cena geneticamente (e, de fato, essencialmente) tão logo se tomou consciência dos que se emparelharam (simultâneos e tolhidos); ainda mais detalhadamente: trata-se de um despertar-se vivente, recíproco, um recíproco sobre-recobrir-se que se transfere (*überschiebendes Sich-Überdecken*) segundo o sentido objetivo. Esse recobrimento pode ser total ou parcial; [116] ele tem em todo caso a sua gradatividade e o caso limite da "igualdade". Como realização desse recobrimento consuma-se, no emparelhado, transferência de sentido (*Sinnesübertragung*), *i.e.*, a apercepção de um de acordo com o sentido do outro, desde que os momentos de sentido efetivados não suspendam, no experienciado, essa transferência à consciência do "outro".[92]

No caso que nos toca particularmente, o da associação e apercepção do *alter ego* pelo Ego, alcança-se pela primeira vez o emparelhamento quando o outro surge no meu campo de percepção. Eu, enquanto Eu psicofísico primordial, sou constantemente tolhido no meu campo de percepção primordial, quer eu esteja atento a meu respeito e me direcione a qualquer uma atividade ou não. A minha matéria corpórea está, particularmente, sempre lá e sensivelmente tolhido, mas além disso, igualmente em originariedade primordial, provido com o sentido específico da corporeidade. Se agora surge na minha esfera primordial uma matéria tolhida que é "semelhante" à minha, *i.e.*, que é constituída de tal modo que precise adentrar em uma paridade com a minha, então parece claro, sem mais, que ela precisa logo tomar para si o sentido corpo, na transferência de sentido a partir do meu. Mas a apercepção é efetivamente assim tão transparente, uma apercepção simples,

---

91. Cf. Levinas e Peiffer (op. cit., p. 184): *transgression*. Em termos demasiado literais, tratar-se-ia de um *sobre--apreender*, de um captar/apreender/tomar para além de certo limite. Daí, p.ex., a variante *Übergriff*: ataque, assalto, ir além da fronteira. *Eingriff*, p.ex., é vertido por invasão. Contudo, como adjetivo, *übergreifende* quer dizer também abrangente.

92. O presente parágrafo explica, pois, por que a questão da *intersubjetividade transcendental* é abordada por Husserl via essa experiência de polaridade que é a *experiência do estranho*, cuja forma fundamental é, pois, a do emparelhamento. Hegel, p.ex., na *Fenomenologia do Espírito* apresentaria o conceito da autoconsciência via o desdobramento histórico-lógico da relação-polaridade fundamental senhor-servo (a qual em Fichte era posta como Eu, não-eu, e por Schelling enquanto matéria e pensamento). O emparelhamento, pois, é a forma de relação fundamental da intersubjetividade, e ela se dá pelo recíproco tolhimento, pois o outro nunca pode ser constituído em experiência (percepção) direta e imediata, não pode ser "presentado", mas apenas "apesentado", em experiência mediada (apercepção). Essa maneira fundamentalmente polar e autoexcludente de conceber a forma fundamental da socialidade também se fez presente em Marx (vide o conceito da *luta de classes*). Apenas que a tentativa transcendental de Husserl é barrar a efetividade do tolhimento de ambos os lados opostos da polaridade na constituição reflexiva de um efetivo conceito transcendental da paridade, do emparelhamento, no qual, apesar do tolhimento mútuo, a unidade (porém abstrata) se mantém.

mediante transferência, tal como qualquer outra? O que torna o corpo um alheio, e não um segundo corpo próprio? Manifestamente, aqui vem a ser considerado aquilo que foi descrito como o segundo caráter fundamental da apercepção em questão, a saber, que nada do sentido tomado a essa corporeidade específica pode ser originariamente efetivado na minha esfera primordial a partir do sentido tomado para si desde a corporeidade específica.

§ 52
"Apresentação" como tipo de experiência com seu estilo próprio de confirmação.

Contudo, nos surge o difícil problema de tornar compreensível como uma tal apercepção é possível e não pode, ao contrário, suspender-se imediatamente. Como pode, tal como ensinam os fatos, que o sentido transferido seja tomado em validade de ser como [117] teor (que existe na matéria que está ali) de determinações psíquicas, quando tais determinações nunca podem, contudo, mostrar-se como si mesmas na região de originariedade da esfera primordial (a única disponível)?

Observemos mais de perto a situação intencional. A "apresentação" que dá o originariamente inacessível do outro é entrelaçada por uma "presentação" originária (da "sua" matéria como parte da minha natureza dada idiossincraticamente). Nesse entrelaçamento, porém, a matéria corpórea e o eu vigente alheios são dados à maneira de uma experiência unitária transcendente. Cada experiência é disposta sobre ulteriores, as quais preenchem e confirmam os horizontes "apresentados"; elas encerram sínteses da experiência contínua potencialmente confirmáveis, encerram-nas na forma da antecipação não-intuitiva. No que diz respeito à experiência do estranho está claro que o seu decurso, que se confirma satisfatoriamente, pode suceder apenas mediante novas "apresentações" que decorrem de maneira sinteticamente concordante, e [apenas] na maneira como estas devem a sua validade de ser ao nexo motivacional com as "presentações" idiossincráticas, constantemente concernentes, porém alternantes.

A seguinte sentença pode bastar como fio-condutor indicativo para a clarificação em questão: o corpo alheio experienciado anuncia-se contínua e efetivamente como corpo apenas em seu "comportamento" (*Gebaren*) alternante, porém ainda sempre concordante; e de tal maneira que este tem seu lado físico, que indica "apresentativamente" o psíquico, este que então precisa surgir em experiência original preenchida. E assim na troca contínua das diversas fases do comportamento. O corpo será experienciado como aparência de corpo quando precisamente não concorda com isso.

Nesse tipo confirmável de acessibilidade ao originariamente inacessível fundamenta-se o caráter do "estranho" existente. Aquilo que alguma vez é originariamente "presentável" (*präsentierbar*) e comprovável, isso sou eu próprio, *i.e.*, pertence a mim mesmo como próprio. Aquilo, portanto, que é experienciado naquela maneira fundada de uma experiência primordialmente impossível de ser satisfeita, de uma experiência que não se dá a si mesma originariamente, mas que confirma de maneira consequente o indicado (*Indiziertes*), [118] isso é "o estranho". Ele é, pois, apenas pensável enquanto análogo do idiossincrático. Necessariamente ele entra em cena, em virtude de sua constituição de sentido, como "modificação intencional" do meu Eu primeiramente objetificado, do meu mundo primordial: o outro fenomenologicamente como "modificação" do meu "eu mesmo" (que, de sua parte, mantém esse caráter de "meu" mediante emparelhamento contrastante que então surge necessariamente). Está claro que, com isso, na modificação analogizante é "apresentado" tudo o que pertence à concreção desse Eu, em primeiro lugar como seu mundo primordial, em seguida como o Ego plenamente concreto. Em outras palavras, na minha mônada constitui-se "apresentativamente" uma outra mônada.[93]

Semelhantemente – para traçar uma comparação instrutiva – no interior da minha idiossincrasia e, de fato, da sua esfera de presente vivente, o meu passado é dado apenas mediante recordação e, nela, é caracterizado enquanto presente-passado, *i.e.*, como modificação intencional. A sua confirmação experienciante como modificação consuma-se, então, necessariamente em sínteses de concordância da rememoração; apenas dessa maneira o passado se confirma enquanto tal. Tal como o meu passado capaz de ser recordado transcende o meu presente vivente como modificação sua, então, de forma similar, o ser alheio "apresentado" transcende o ser próprio (no sentido agora puro e mais básico do idiossincrático primordial). A modificação encontra-se em ambos os casos no próprio sentido como momento do sentido, ela é correlata da intencionalidade que lhe constituiu. Tal como o meu passado se constitui no meu presente vivente no âmbito da "percepção interna" em virtude das recordações concordantes que entram em cena nesse presente, assim também pode o Ego alheio constituir-se no meu Ego, *i.e.*, mediante "apresentações" que surgem na minha esfera primordial, motivadas pelo

---

93. Observa-se, pois, que os objetos da minha esfera de idiossincrasia podem ser presentificados. Mas há elementos da esfera de "propriedade" que podem ser apenas "apresentados". Presentificado na minha esfera idiossincrática tenho uma infinitude de matérias estranhas. "Apresentadas" na minha esfera de "propriedade", elas podem ser vistas, por analogia comigo mesmo, como os corpos de outros eus, de outros indivíduos tão livres e constituintes das suas próprias esferas idiossincráticas como eu mesmo – enfim, como outras mônadas tais como eu mesmo. Vê-se, assim, mais uma vez, que a apresentação da experiência do estranho tem como finalidade a constituição de uma *monadologia pós-leibniziana*, *i.e.*, uma em que a existência de outras mônadas além da minha não precise da sustentação da *harmonia preestabelecida* por Deus para ser concebida. Não se deve perder de vista que essa intenção husserliana subordina-se à ideia de fornecer um fundamento inconcusso para a objetividade da ciência – um campo de objetividade transcendental universal –, tal como, correlatamente, os fundamentos para uma antropologia e sociologia efetivamente universais, a partir das quais os diversos horizontes idiossincráticos de indivíduos de culturas distintas poderiam ser postos em relação de analogia uns com os outros a partir de um horizonte (estrutural/tipológico) de "propriedade" universal. Nisso, seria difícil negar a influência desse projeto husserliano para um projeto antropológico tal como o estruturalismo de Lévi-Strauss.

seu teor, portanto em presentificações de um novo tipo, as quais têm como correlato um algo modificado de maneira nova. De fato, desde que eu considere presentificações na minha esfera idiossincrática, o correspondente Eu centralizante em questão será o único e idêntico Eu-mesmo. Pertence, porém, a todo alheio, [119] desde que mantenha o seu copartícipe horizonte de concreção "apresentado", um Eu "apresentado", que eu próprio não sou, mas que é antes um modificado meu (*mein Modifikat*): um outro Eu.

Uma interpretação suficiente (para a nossa finalidade) dos nexos noemáticos da experiência do estranho, os quais são inteiramente necessários para uma explicação completa de sua realização constitutiva, de sua realização mediante associação constitutiva, ainda não foi concluída com o que se mostrou até aqui. É preciso um complemento para que possamos ir tão longe a ponto de tornar completamente transparente, de maneira evidente, a partir dos conhecimentos alcançados, a possibilidade e o escopo de uma constituição transcendental do mundo objetivo e, com isso, do idealismo transcendental-fenomenológico.

§ 53
As potencialidades da esfera primordial e sua função constitutiva na apercepção do outro.

O meu corpo material tem na minha esfera primordial, como retrorreferido a si próprio, o seu modo de ocorrência (*Gegebenheitsweise*) do "aqui" central; toda e qualquer outra matéria, e assim a matéria do "outro" tem o modo "ali". Essa orientação do "lá" subjaz à mudança livre em virtude das minhas cinestesias. Por isso, na minha esfera primordial está constituída, nessa troca das orientações, a natureza espacial única, e, de fato, constituída em referencialidade intencional à minha corporeidade atuante enquanto percipiente. Que o meu corpo material seja apreendido – e seja apreensível – como um corpo que é, tal como todos os outros, no espaço, e, tal como todos os outros, como uma matéria natural móvel, isso é manifestamente coerente com a possibilidade que se enuncia nas palavras: eu posso alterar a minha posição mediante livre variação das minhas cinestesias e, particularmente, mediante a variação livre do perambular (*Herumgehens*), de tal maneira que transformo cada "ali" em um "aqui", *i.e.*, de maneira tal que eu pudesse tomar corporalmente para mim qualquer lugar espacial. Depreende-se disso que eu veria as mesmas coisas percebendo a partir dali, apenas que em outros modos de aparecimento correspondentes, posto [120] pertencerem ao si-mesmo-estar-ali (*Selbst--dort-Sein*), ou que a cada coisa pertence constitutivamente não apenas os sistemas de aparecimento do meu "a partir daqui" momentâneo, porém os sistemas inteira e determinadamente correspondentes daquela mudança de posição que me transpõe no "ali". E o mesmo para todo e qualquer "ali". Não deveriam, para a explicação da realização associativa da experiência do estranho, ser levados em conta de maneira completamente essencial esses nexos propriamente caracterizados associativamente, ou, melhor dito, esses copertencimentos (*Zusammengehörigkeiten*) da constituição primordial da minha natureza? Eu apercebo o outro, mas não simplesmente como dúplice (*Duplikat*) de mim próprio, *i.e.*, com a minha esfera original ou uma que lhe fosse igual, o que implica: com os modos de aparecimento espaciais que me são próprios a partir do meu "aqui"; porém, melhor visto, eu o apercebo com aqueles [modos de aparecimento] que eu próprio igualmente teria se eu fosse até "ali" e se estivesse "ali". Além disso, o outro é apercebido "apresentativamente" como "Eu" de um mundo primordial, p.ex., como eu de uma mônada em que o seu corpo é originariamente constituído e experienciado no modo do "aqui" absoluto, precisamente como centro funcional para a sua vigência. Portanto a matéria que surge na minha esfera monádica a partir do modo "ali", que é apercebida como matéria corpórea alheia, como corpo do *alter-ego*, indica nessa "apresentação" em modo aqui a "mesma" matéria que o outro experiencia em sua esfera monádica. Isso, porém, concretamente, com a intencionalidade constitutiva inteira que esse modo de ocorrência realiza [nessa matéria].

§ 54
Explicação do sentido da "apresentação" que experiencia o estranho.

O que foi há pouco explicitado indica manifestamente o processo da associação que constitui o modo "outro". Essa associação não é, de maneira alguma, imediata. A matéria pertencente ao meu ambiente (*Umwelt*) primordial (subsequentemente, a matéria do outro) é para mim matéria no modo ali. Seu modo de aparecimento (*Erscheinungsweise*) não se emparelha, em associação direta, ao [modo de aparecimento] que meu corpo tem efetivamente em cada caso (no modo aqui), porém aciona (*weckt*) reprodutivamente um outro [modo de aparecimento], [121] imediatamente semelhante: o das aparições pertencentes ao sistema constitutivo do meu corpo enquanto matéria no espaço. Ele traz à lembrança o meu aspecto material, "se eu tivesse estado ali". Embora tal acionamento (*Weckung*) não se torne uma intuição recordativa, também nisso se consuma emparelhamento. Neste, não surge apenas o modo de aparecimento da minha matéria acionado em primeiro lugar, porém ela própria como unidade sintética desse [modo de aparecimento] e dos seus múltiplos e conhecidos outros.[94] Assim se torna possível e fundamentada

---

94. Explica-se o emparelhamento no fato de que o modo de aparecimento acionado em primeiro lugar, por mim, a respeito da minha experiência da minha própria matéria no espaço (via a consideração do meu próprio corpo), está imediata e necessariamente acoplado a múltiplos e conhecidos outros modos de aparecimento, cuja fonte central não sou eu. A (minha) experiência da matéria no espaço, portanto, mesmo que realizada dentro da esfera de "propriedade" da (minha) idiossincrasia monádica, nunca terá podido se dar apenas *in se ipsum*, porém é resultado, síntese, emparelhamento imediato da minha própria experiência com as suas múltiplas e conhecidas outras. Pensar, pois, e experienciar, a matéria

a apercepção que assemelha, mediante a qual a matéria exterior ali adquire analogamente, a partir da minha própria, o sentido corpo; consequentemente, o sentido corpo de um outro "mundo", em analogia ao meu mundo primordial.

De acordo com isso, há que se descrever da seguinte maneira o estilo universal desta e de toda outra apercepção desdobrada associativamente: com o recobrimento associativo das informações que fundam a apercepção consuma-se uma associação de grau superior. Se uma informação for um dos modos de aparecimento de um objeto intencional – de um *index* para um sistema, acionado associativamente, de aparições múltiplas, *i.e.*, como aquelas em que ele [sc. o *index*] mostrar-se-ia a si próprio –, então a outra informação será, igualmente, completada até se tornar um aparecimento de algo; portanto, de um objeto análogo. Porém, isso não se dá tal como se a unidade e multiplicidade transferidas a esse objeto meramente o completassem mediante os modos de aparecimento desses outros aqui; antes, o objeto analogicamente apreendido, p.ex., o sistema de aparecimentos de que é índice, é ajustado de maneira precisamente análoga ao aparecimento análogo, esta que coaciona esse sistema inteiro. Toda e qualquer transferência à distância (*Fernüberschiebung*) acionada mediante o emparelhamento associativo é simultaneamente fusão (*Verschmelzung*), e nela toda e qualquer transferência à distância será, desde que não ocorram incompatibilidades (*Unverträglichkeiten*), assemelhação, homogeneização do sentido de um ao sentido do outro.[95]

Retornemos ao nosso caso da apercepção do *alter ego*. Assim, agora é autoevidente: aquilo que daquela "matéria" ali é aqui "apresentado", no meu "ambiente" primordial, não é meu psíquico, não é nada que em geral seja a partir da minha esfera idiossincrática. Eu sou corporalmente aqui, centro de um "mundo" primordial orientado ao meu redor. [122] Com isso, toda a minha idiossincrasia primordial tem como mônada o teor do aqui, e não o teor de um qualquer ali determinado, que varia a si mesmo segundo um qualquer "eu posso e eu faço" que se insira. Um e outro excluem-se, não podem ser ao mesmo tempo. Na medida, porém, que a matéria alheia no ali incorre em uma associação emparelhante com a minha matéria no aqui, e que, posto seja dada perceptivamente, se torna núcleo de uma "apresentação", de uma experiência de um Ego coexistente, é preciso que esse Ego seja "apresentado" necessariamente – segundo todo o curso que dá sentido à associação – como Ego coexistente agora no modo ali ("tal como se eu ali esti-

---

no espaço nunca terá podido se dar isoladamente, como exercício singular de um Ego, mas pressupõe imediatamente uma intersubjetividade transcendental.

95. Um indivíduo de uma determinada cultura, ou determinado tempo-histórico, nunca poderá, pois, "presentar" para si o horizonte idiossincrático dos indivíduos da outra cultura ou do outro tempo-histórico (pois a "apresentação" nunca resulta em presentação). O outro nunca poderá ser reduzido ao si. Porque o próprio si é, com o outro, resultado sintético intersubjetivo, copartícipe de uma esfera de ação "anterior" tanto ao si quanto ao outro. Com isso se observa que a fundamentação para uma "antropologia universal" (na qual "si" e "outro" não possam ser dados diretamente, mas precisem, ambos, ser resultado) contém também a fundamentação para uma historiografia científica na qual nem o "próprio", tampouco o "outro" tempo histórico podem ser diretamente acessados. Daí que, se anteriormente mencionamos que a antropologia estrutural de Levi Strauss aparenta mostrar alguma afinidade com a metodologia fenomenológica husserliana, também a inovação de Braudel no âmbito da historiografia muito bem poderia ser descrita como resultando, em certa medida, do confronto fenomenológico.

vesse"). O meu próprio Ego, dado em constante autopercepção, está agora atual, mas com o teor do seu aqui. Um Ego "apresentado", pois, como outro Ego. Aquilo que é primordialmente insuportável a respeito da coexistência se torna suportável porque o meu Ego primordial constitui o – para ele – outro Ego mediante uma apercepção "apresentativa", a qual, segundo a sua peculiaridade, nunca demanda, tampouco permite, preenchimento por meio de presentação.

Também é de fácil compreensão a maneira com que uma tal "apresentação" do estranho oferece, na progressão constante da associação efetiva, sempre novos teores "apresentativos", e torna possível, portanto, um conhecimento determinado dos teores cambiantes do outro Ego; por outro lado, tanto mediante o entrelaçamento com a presentação constante, quanto mediante demandas associativas esperançosamente direcionadas a essa presentação, torna-se possível uma confirmação consequente. O primeiro teor determinado do outro ego precisa, manifestamente, formar o entendimento da corporeidade do outro e de seu comportamento (*Gehabens*) especificamente corpóreo: o entendimento dos membros como mãos que atuam tateando ou chocando-se, como pés que atuam indo, como olhos que atuam vendo etc., com o que o Eu, a princípio, é determinado como vigente apenas desta maneira corpórea, e se confirma constantemente de maneira conhecida, desde que toda forma de estilo dos procedimentos para mim sensíveis de maneira primordialmente visível precise corresponder aos procedimentos tipicamente conhecidos a partir da própria vigência corpórea. Consequentemente, alcança-se de maneira conceitual a "empatia" dos [123] teores determinados da "esfera psíquica superior". Também eles se indicam corporalmente e no comportamento exterior mundano da corporeidade, p.ex., como comportamento exterior daquele que está irritado, do feliz etc. – bem compreendido a partir do meu próprio comportamento sob circunstâncias semelhantes. As ocorrências psíquicas superiores, sejam elas tão plurais e já conhecidas, têm de novo, consequentemente, seu estilo dos nexos sintéticos e de suas formas de decurso, que me poderiam ser compreensíveis mediante o perseverar associativo no meu próprio estilo de vida, que me é empiricamente familiar em sua típica aproximada. Com isso, todo concordar alcançado atua no outro como possibilitando novas associações e novas possibilidades de entendimento; tal como, inversamente, posto que toda associação emparelhante é recíproca, ela desnuda a própria vida anímica a partir de semelhança e alteridade, e a torna frutífera, mediante novos tolhimentos, para novas associações.

§ 55
Comunização das mônadas e a primeira forma da objetividade: a natureza intersubjetiva.

No entanto, mais importante é o esclarecimento da comunidade (*Gemeinschaft*) que se forma continuamente em graus distintos, comunidade esta que se estabelece imediatamente em virtude da experiência do estranho entre eu, o Eu psicofísico primordial, vigente no e com o meu corpo primordial, e o outro, experienciado por "apresentação", e então, observada mais concreta e radicalmente, entre o meu Ego monádico e o Ego monádico do outro. Aquilo que é constituído em primeiro lugar na forma da comunidade, fundamento de todas as outras comunalidades (*Gemeinschaftlichkeiten*) intersubjetivas, é a comunhão (*Gemeinsamkeit*) da natureza, unitária com a do corpo e do Eu psicofísico alheio, emparelhada ao Eu psicofísico próprio.

Dado que a subjetividade alheia surge (por meio da "apresentação" no interior da essencialidade própria e fechada da minha subjetividade) com sentido e validade de uma outra subjetividade essencialmente própria, então se quis ver adentro desse primeiro momento um problema obscuro: como a comunização (*Vergemeinschaftung*), [124] e desde já a primeira, na forma de um mundo comunitário, deve vir à tona. O corpo alheio, enquanto aparecendo na minha esfera primordial, é em primeiro lugar matéria na minha natureza primordial, unidade sintética minha, *i.e.*, inseparável de mim mesmo como minha parte determinante essencialmente própria. Se ele atua se "apresentando", então, em unidade com ele torna-se-me consciente o "outro", em primeiro lugar com o seu corpo, como dado para ele no modo de aparecimento do seu "aqui absoluto". Mas como é possível que eu possa sobretudo falar da mesma matéria, se ela aparece na minha esfera primordial no modo ali e na sua esfera primordial – e para ele – no modo aqui? Não são ambas as esferas primordiais – a minha, que para mim como Ego é a originária, e a sua, que para mim é "apresentada" – separadas por um abismo que eu efetivamente não posso transpor? Pois isso significaria que eu alcançasse experiência originária e não [apenas] "apresentativa" do outro. Mas se nos mantemos na experiência fática do estranho, *i.e.*, aquela que vem à tona a todo instante, então descobrimos que, efetivamente, a matéria vista sensivelmente é, sem mais, experienciada como o corpo físico do outro, e não meramente como um índice do outro; não é este fato um enigma?

Como se realiza, todavia, a identificação da matéria da minha esfera original com a matéria constituída de maneira totalmente separada no outro Ego, matéria esta que, posto identificada, significa o mesmo corpo do outro? Como pode essa identificação sobretudo vir à tona? O enigma surge apenas na medida em que ambas as esferas originais já foram diferenciadas – uma diferenciação que já pressupõe que a experiência do estranho tenha feito o seu trabalho. Dado que não se trata aqui de gênese temporal desse tipo de experiência, com base em uma autoexperiência temporalmente prévia, então, manifestamente, apenas uma melhor interpretação da intencionalidade, efetivamente explicitável na experiência do estranho, e a comprovação das motivações essencialmente nela implícitas pode nos oferecer esclarecimento.

A "apresentação" pressupõe, enquanto tal – já dissemo-lo uma vez – um núcleo de presentação. Aquela é uma [125] presentificação (*Vergegenvärtigung*) conectada por associações com esta, a percepção legítima, porém é uma tal que, na função particular da copercepção, está com ela misturada. Em outras palavras: ambas são de tal maneira misturadas que se encontram na comunidade funcional de uma percepção que, em si, ao mesmo tempo presenta e "apresenta", e estabelece, contudo, para o objeto total a consciência do seu si-mesmo-estar-aí. Noematicamente, pois, há que diferenciar no objeto que surge no modo do si-mesmo-aí (objeto de uma tal percepção presentante-"apresentante") entre aquilo que foi dele autenticamente percebido e aquilo excedente, que diz respeito ao que não foi autenticamente percebido, mas que, mesmo assim, coexiste aí. Dessa forma, toda percepção desse tipo é transcendente, põe mais do que apenas o si-mesmo-aí, mais do que em cada caso ela torna "efetivamente" presente. Diz respeito a este caso toda e qualquer percepção exterior, p.ex., a de uma casa (lado da frente/lado de trás); mas, no fundo, toda e qualquer percepção, sim, toda evidência em geral é com isso descrita de acordo com algo universalíssimo, *i.e.*, se apenas entendemos o presentar em um sentido ulterior.

Se direcionamos esse conhecimento universal ao caso da percepção do estranho, então há de se atentar também a seu respeito que ela apenas pode "apresentar" porque presenta; que a "apresentação", também no seu caso, só pode acontecer naquela comunidade funcional com a presentação. Depreende-se disso, porém, que aquilo que ela presenta precisa pertencer de antemão à unidade do mesmo objeto que, aí, é o objeto "apresentado". Em outras palavras: não é o caso, nem pode ser, que a matéria da minha esfera primordial, a que me indica o outro Eu (e com isso a esfera primordial inteiramente outra, ou o outro Ego concreto), pudesse, pois, "apresentar" a sua existência e a sua coexistência (*Dasein und Mitdasein*) sem que essa matéria primordial alcançasse o sentido de algo que também pertença ao outro Ego, *i.e.*, segundo o tipo da realização aperceptivo-associativa total, o sentido do corpo alheio, e em primeiro lugar, da própria matéria corpórea alheia.

Portanto, não como se a matéria ali da minha esfera primordial [126] permanecesse separada do corpo material do outro, tal como se ela fosse algo como um sinal para seu análogo (em uma motivação manifestamente impensável) e como se permanecessem em seguida separados, na expansão da associação e "apresentação", a minha natureza primordial e aquela "apresentada" do outro, *i.e.*, separados o meu Ego concreto do Ego concreto do outro. Antes, essa matéria natural ali, pertencente à minha esfera, "apresenta" – em virtude da associação emparelhante com o meu corpo material e com o Eu psicofísico aí vigente – o outro Eu na minha natureza primordialmente constituída. Ela "apresenta", nisso, a princípio a sua vigência nessa matéria ali e, mediatamente, a sua vigência na natureza que lhe aparece perceptivamente – a mesma à qual pertence esse corpo ali, a mesma que é a minha natureza primordial. Trata-se da mesma natureza, apenas que no modo de aparecimento "tal como se eu estivesse ali, no lugar da matéria corpórea alheia". A matéria é a mesma, dada a mim como ali, a ele, como aqui, enquanto matéria central, e toda a "minha" natureza é a mesma que a do outro, é constituída na minha esfera primordial como unidade idêntica dos meus múltiplos modos de ocorrência (*Gegebenheitsweisen*) – como idêntica em orientações cambiantes ao redor do meu corpo enquanto matéria-zero no aqui absoluto, como [natureza] idêntica das multiplicidades ainda mais ricas, as quais, como modos de aparecimento cambiantes de diversos sentidos, como perspectivas mutáveis, pertencem aqui e ali a cada orientação singular e ao meu corpo, vinculado ao aqui absoluto, de maneira completamente particular. Tudo isso tem para mim a originariedade do idiossincrático, daquilo que é diretamente acessível mediante interpretação originária de mim mesmo. Na "apresentação" do outro os sistemas sintéticos são os mesmos, com todos os seus modos de aparecimento, portanto com todas as percepções possíveis e seus respectivos teores noemáticos; apenas que as percepções efetivas e os modos de ocorrência efetivados nessas percepções, e, em parte, também os objetos aí efetivamente percebidos não são os mesmos, porém precisamente aqueles que hão de ser percebidos a partir dali, e da maneira tal como são a partir dali. [127] Algo parecido vale para tudo idiossincrático e alheio, mesmo quando a interpretação originária não decorre em percepções. Não é o caso que eu tenha uma segunda esfera original "apresentada", com uma segunda "natureza" e nela uma segunda matéria corpórea (a do próprio outro), e apenas então venha a perguntar como faço para apreendê-las ambas como modos de aparecimento de uma mesma natureza objetiva. Porém, mediante a própria "apresentação" e a unidade necessária (a ela como "apresentação") com a presentação que coatua para ela (em virtude da qual está aí para mim, sobretudo, um outro, e consequentemente o seu Ego concreto) já está produzido necessariamente o sentido de identidade da "minha" natureza primordial e da outra natureza primordial presentificada. De maneira completamente justa isso quer dizer, portanto, o seguinte: percepção do estranho e, consequentemente, percepção do mundo objetivo, percepção de que o outro mira ao mesmo que eu etc., embora essa percepção ocorra exclusivamente no interior da minha esfera idiossincrática. Isso não exclui precisamente que a intencionalidade dessa percepção transcenda a minha idiossincrasia, que, portanto, o meu Ego constitua em si um outro Ego de fato, como Ego que é. Isso que eu vejo efetivamente não é meramente um signo e um mero análogo, uma cópia (*Abbild*) em qualquer sentido natural, mas o outro: e aquilo apreendido, nisso, em originariedade efetiva, essa materialidade ali (e até mesmo apenas um lado superficial dela), isto é a matéria do próprio outro, apenas que, precisamente, vista desde a minha posição e deste lado, e, segundo a constituição de sentido da percepção do estranho, [isto é] o corpo material de uma alma por princípio a mim inacessível originalmente, ambos, [corpo e alma] na unidade de uma realidade psicofísica.

Por outro lado, reside na essência intencional dessa percepção do outro – do outro que é agora tal como eu próprio, no interior do mundo agora objetivo – que eu enquanto percipiente posso encontrar aquela divisão entre a minha esfera primordial e a esfera primordial do outro apenas presentificada e, por conseguinte, posso perquirir em sua peculiaridade a dupla estratificação noemática e [128] interpretar os nexos da intencionalidade associativa. O fenômeno empírico natureza objetiva tem, acima do estrato primordialmente constituído, um segundo estrato meramente "apresentado", oriundo da experiência do estranho, e, de fato, isso diz respeito a princípio à matéria corpórea alheia, que é, por assim dizer, o objeto em si primeiro, tal como o ser humano estranho é, constitutivamente, em si o primeiro ser humano.

A circunstância factual já nos é clara a respeito desse fenômeno originário (*Urphänomen*) da objetividade: se ofusco a experiência do estranho, tenho então dentro da minha esfera primordial a mais inferior, apenas unilaminar (*einschichtige*) constituição presentativa da matéria alheia; se a incorporo, tenho então de maneira "apresentativa" e em recobrimento sintético com o estrato presentativo o mesmo corpo, tal como é dado ao próprio outro, e os modos de ocorrência possíveis e que adiante lhe permanecem.

A partir disso – o que será facilmente compreensível – a todo objeto natural experienciado e experienciável por mim nesse estrato inferior cabe um estrato "apresentativo" (embora de maneira alguma um estrato que se torne explicitamente intuitivo), em unidade identitária sintética com o estrato que me foi dado em originariedade primordial: o mesmo objeto natural nos possíveis modos de ocorrência do outro. Isso se repete, *mutatis mutandis*, para as mundanidades de grau superior, repetidamente constituídas, do mundo objetivo concreto tal como sempre está aí para nós, como mundo humano e mundo cultural.

Nisso, há de se atentar para o fato de que no sentido da bem-sucedida apercepção do alheio encontra-se que, precisamente sem mais, o mundo dos outros, o mundo de seus sistemas de aparecimento precisa ser experienciado como o mesmo mundo dos meus sistemas de aparecimento, o que implica em si uma identidade dos sistemas de aparecimento. Sabemos muito bem, agora, que há algo como anormalidades, cegos, surdos e semelhantes; que, portanto, de maneira alguma os sistemas de aparecimento são sempre absolutamente idênticos, e que estratos inteiros (embora não todos os estratos) podem diferir. Mas a própria anormalidade precisa primeiro se constituir enquanto tal, e apenas pode fazê-lo sobre o fundamento de uma normalidade em si precedente. Isso indica novamente na direção de novas tarefas de uma análise fenomenológica (já de um grau mais elevado) [129] da origem constitutiva do mundo objetivo enquanto aquele que está aí para nós, apenas a partir de fontes de sentido que nos são próprias, e que não pode de outra maneira ter para nós sentido e ser-aí. O mundo objetivo tem ser-aí em virtude da confirmação concordante da constituição aperceptiva já alcançada, mediante a progressão da vida experienciante na concordância que se produz adiante sempre de novo de maneira consequente, eventualmente "por meio de correções". A concordância se mantém, pois, também em virtude de um rearranjo das apercepções mediante a diferenciação entre normalidade e anormalidades, como suas modificações intencionais, p.ex., a constituição de novas unidades na mudança dessas anormalidades.

Pertence à problemática das anormalidades também o problema da animalidade e a sua sequência gradativa de animais "superiores e inferiores". Em relação ao animal o ser humano é dito, constitutivamente, o caso normal (*Normalfall*), tal como eu próprio sou, constitutivamente, a norma originária (*Urnorm*) para todos os seres humanos; os animais são essencialmente constituídos para mim como "variações" anômalas da minha humanidade, mesmo que seja o caso, também a respeito deles, de que normalidade e anormalidade de novo se separem. Trata-se, sempre de novo, de modificações intencionais que, na própria estrutura de sentido, dão testemunho de si precisamente enquanto tais. Tudo isso necessita, de fato, de uma interpretação fenomenológica que penetre mais a fundo, mas, nessa universalidade, basta aqui para os nossos objetivos.

De acordo com esses esclarecimentos, não é mais nenhum enigma a maneira como eu posso constituir em mim um outro Eu e, mais radicalmente, constituir na minha mônada uma outra mônada, podendo experienciar, todavia, precisamente como outro o em mim constituído; com isso – e isso é inseparável do que acabou de ser dito –, também não é mais enigma a maneira como eu posso identificar uma natureza em mim constituída com uma natureza constituída pelo outro (ou, dito na retidão necessária: com uma natureza constituída em mim enquanto constituída por outro).

Essa identificação sintética não é de maneira alguma um enigma maior do que qualquer outro, portanto qualquer outro que também se mantém na minha própria esfera original, em virtude do qual a unidade objetiva alcança para mim sobretudo sentido por [130] meio das presentificações. Consideremos agora o exemplo instrutivo a seguir e o valoremos ao mesmo tempo com respeito à exposição de um pensamento subsequente, o de uma ligação que se constitui por meio da presentificação. Como pode uma vivência própria alcançar para mim sentido e validade de um ente, de algo que é em sua figura temporal idêntica e em seu conteúdo temporal idêntico? O original perdeu-se, mas eu retorno a ele em presentificações repetidas, e o faço na evidência: "eu posso fazê-lo sempre de novo". Essas presentificações repetidas são, porém, evidentemente, elas mesmas uma sucessão; são separadas umas das outras. Isso não impede que uma síntese da identificação as conecte na consciência evidente "o mesmo", na qual se encerra a mesma e única figura temporal, preenchida com o mesmo conteúdo. "O mesmo" significa aqui, tal como em todos os outros casos, portanto: objeto intencional idêntico de vivências separadas, que lhes é imanente, pois, apenas como irreal.

Um outro caso, em si muito importante, é aquele da constituição, em sentido preciso, de objetos ideais, tal como de todos os objetos logicamente ideais. Em um ato de pensamento vivente, pluriarticulado, eu crio um constructo (*Gebilde*), um teorema, um constructo numérico. Em uma outra vez eu repito essa criação em virtude da rememoração da anterior. Surge logo, e essencialmente, a síntese da identificação, e uma nova síntese para cada repetição que se consuma na consciência do bel-prazer: trata-se identicamente do mesmo princípio, identicamente do mesmo constructo numérico, apenas criado repetidamente, ou, o que dá no mesmo, apenas trazido de novo à evidência. A síntese, pois, se alarga aqui (por meio da presentificação recordativa) no interior do meu sempre já constituído fluxo de vivências do presente vivente, adentro dos passados em que eu em cada caso tomei parte, e estabelece com isso ligação entre ambos [sc., o meu presente e os meus passados].[96]

---

96. Este período, particularmente, merece atenção: os elementos "alarga-se/no interior de/adentro do" buscam traduzir *spannt sich/innerhalb(+Gen.)/in(+Pl.Akk.)*. A síntese se alarga, expande, indo possivel-

Em virtude disso resolve-se, ademais, o problema transcendental, em si altamente significativo, das assim chamadas objetividades ideais no sentido específico. A supratemporalidade dessas objetividades ideais se prova como omnitemporalidade (*Allzeitlichkeit*), como correlata de uma criatividade e recriatividade a bel-prazer em qualquer [131] ponto do tempo. Isso se transpõe manifestamente, então, segundo a constituição do mundo objetivo com seu tempo objetivo e seus seres humanos objetivos enquanto possíveis sujeitos pensantes, também aos constructos ideais que, de sua parte, se objetificam, e à sua omnitemporalidade objetiva, em cujo caso se torna compreensível o contraste com as realidades objetivas como espaço-temporalmente individualizadas.[97]

Se nos direcionamos de novo ao nosso caso da experiência do estranho, então vemos que ela realiza em sua construção complexa uma ligação semelhante, mediada por presentificação, entre a autoexperiência do Ego concreto (que vai adiante em vivacidade inquebrantável, como autoaparecimento puramente passivo e original), portanto de sua esfera primordial, e a esfera alheia nela presentificada. A experiência do estranho realiza isso por meio da síntese identificante entre a matéria corpórea alheia, dada primordialmente, e ela mesma agora apenas "apresentada" em outro modo de aparecimento, expandindo-se a partir daí mediante a síntese identificante dessa mesma natureza, dada e confirmada, simultaneamente, de maneira primordial (em originariedade pura e sensível) e via "apresentação". Assim é originariamente instituída (*urgestiftet*) a coexistência do meu Eu (e do meu Ego concreto em geral) e do Eu alheio, a coexistência da minha e da sua vida intencional, das minhas e suas "realidades"; ou seja, é instituída originariamente uma forma temporal comum mediante a qual cada temporalidade primordial alcança a partir de si o mero significado de uma maneira original de aparecimento subjetivo-singular da temporalidade objetiva. Dessarte, vê-se como a comunidade

---

mente além dos limites que antes a circunscreviam (os limites do meu presente vivente); alargando-se, pois, adentro do novo e mais amplo limite (o limite dos meus passados). O que importa, nesse caso, é a conclusão: essa síntese alargada estabeleceu uma ligação entre o meu presente e os meus passados. O que se deu no instante do presente passado é o mesmo que se deu no instante do presente "presente". A seguir será visto, pois, que o produto dessa síntese alargada são as ideias, as quais, portanto, dado que oriundas da ligação entre o presente e os passados, estão fora do meio temporal.

97. A supratemporalidade dos constructos ideais opõe-se, pois, às realidades objetivas individuadas espaço-temporalmente. Isso, mais uma vez, quer dizer que as ideias são, ante as realidades objetivas espaço-temporais: atemporais. Observa-se, nesse sentido, que da experiência do estranho Husserl primeiro deduziu, via o conceito do emparelhamento, a justificação da possibilidade da experiência da alteridade mônada adentro; deduziu-se, pois, a realidade objetiva da intersubjetividade monádica – o que haveria necessariamente de ser impossível ao sistema monádico leibniziano, onde a questão da intersubjetividade havia de ser necessariamente mediada pela harmonia pré-estabelecida por Deus. Do conceito da intersubjetividade monádica Husserl passou à abordagem do pressuposto transcendental de tal relação intersubjetiva, a saber, à natureza espaço-temporal. Trata-se da constituição transcendental do conceito da natureza: enquanto realidade espaço-temporal. Mas agora o objeto do proceder constitutivo husserliano são justamente as ideias, esses objetos para além da natureza espaço-temporalmente individualizante. Observa-se, pois, como o procedimento husserliano tratou em primeiro lugar da intersubjetividade da natureza (comunhão natural, espaço-temporal) e agora trata de uma comunalidade de ordem superior, a intersubjetividade das ideias.

temporal das mônadas constitutivamente relacionadas umas às outras é inquebrável, posto que é essencialmente coerente com a constituição de um mundo e de um tempo-mundano.[98]

§ 56
Constituição dos graus superiores da comunidade intermonadológica.

Com isso está esclarecido, pois, o primeiro e mais baixo grau da comunização entre mim, a mônada para mim primordial, e a mônada que é em mim constituída como alheia, e por isso como sendo por si, mas a mim provável apenas "apresentativamente". [132] Que os outros constituam-se em mim como outros, isso é a única maneira pensável mediante a qual eles podem ter para mim sentido e validade como outros que são, e o são tal como são; se eles têm isso a partir das fontes de uma confirmação constante, então eles são precisamente tal como eu *preciso* enunciar, mas, então, exclusivamente com o sentido em que foram constituídos: mônadas, que são para si mesmas exatamente tal como eu sou para mim; mas também em comunidade, *i.e.*, (eu repito enfatizando a expressão aqui já anteriormente utilizada), em ligação comigo enquanto Ego concreto, enquanto mônada. Por um lado, essas mônadas são realmente separadas da minha, na medida em que nenhuma ligação real conduz das suas às minhas vivências e, assim, em geral do seu ao meu propriamente essencial. A isso corresponde, sim, a separação "real"[99], a mundana, a separação do meu ser-aí psicofísico do ser-aí psicofísico do outro, a qual se apresenta como espaço-temporalmente em virtude da espacialidade dos corpos objetivos. Por outro lado, essa comunidade originária não é um nada. Se cada mônada é realmente uma unidade absolutamente fechada, então o "irreal" e intencional esticar-se (*Hineinreichen*) das outras mônadas para dentro da minha primordialidade não é "irreal" no sentido do ter sonhado estar dentro, no sentido de um ser representativo do tipo de uma mera fantasia. O ente está em comunidade intencional com o ente. Trata-se de uma peculiar conectividade por princípios:

---

98. Como ponto máximo da apresentação de como o idealismo transcendental não poderia ser caracterizado como *solipsismo* Husserl deixa bem claro, pois, que o resultado da análise intencional é mostrar que o significado de cada temporalidade primordial individual-subjetiva, *i.e.*, de cada esfera idiossincrática de qualquer indivíduo, é ser mera "maneira original subjetivo-singular da temporalidade objetiva". A esfera idiossincrática de cada eu-singular não constitui, portanto, todo o horizonte da esfera de "propriedade" da mônada em geral, assim como o fluxo de vivências de cada eu individual não constitui todo o horizonte da intersubjetividade transcendental.

99. Husserl aqui diferencia entre *reele* e *"reale"*. Está claro que se trata de distinguir o uso corriqueiro e já, por assim-dizer, germanizado do termo latino (reel), e um sentido mais próximo da raiz latina ela mesma (*real*). No uso que desses termos faz Husserl está claro que *reele Trennung* se refere à separação fenomenicamente real, ao passo que *"reale" Trennung*, à separação real no sentido mundano, psico-físico. Aqui diferenciaremos, portanto, o primeiro do segundo caso, a partir da introdução de aspas duplas para o segundo.

uma comunidade efetiva, e precisamente a comunidade que torna transcendentalmente possível o ser de um mundo, de um mundo dos seres humanos e das coisas.

Agora que o primeiro grau da comunização e, o que é quase o mesmo, a primeira constituição de um mundo objetivo a partir do mundo primordial está suficientemente esclarecida, os graus mais elevados oferecem relativamente pouca dificuldade. No que concerne a finalidades de uma interpretação omnilateral, mesmo que sejam necessárias pesquisas compreensivas, com uma problemática diferenciada, aqui podemos estar satisfeitos com traços principais, crus e facilmente compreensíveis, com base nas razões já expostas.

A partir de mim, constitutivamente a mônada originária (*Urmonade*), eu alcanço outras mônadas para mim, p.ex., os outros como sujeitos psicofísicos. Depreende-se disso que eu as alcanço não meramente [133] como a mim opostas corporalmente e, em virtude do emparelhamento associativo, meramente retrorreferidas ao meu ser-aí psicofísico (o qual – sim, em geral, e de uma maneira compreensível também no mundo comunizado segundo o grau presente – é um "elo central" em virtude dos necessariamente orientados modos de ocorrência). Antes, no sentido de uma comunidade de seres humanos, e do ser humano que, já como singular, induz consigo o sentido de um elo de comunidade (sentido que se transpõe à sociabilidade animal), encontra-se um recíproco ser um para o outro, que traz consigo uma equipolência objetivante do meu ser-aí e do ser-aí de todos os outros; portanto eu e qualquer outro como um ser humano dentre outros seres humanos.[100] Se eu, em concordância comigo nele, penetro mais profundamente em seu horizonte de idiossincrasia, então eu logo haverei de dar-me com o fato de que, tal como o seu corpo material se encontra no meu campo de percepção, da mesma maneira o meu corpo se encontra no seu campo de percepção, e que ele, universalmente, me experiencia sem mais como outro para ele, tal como eu o experiencio como meu outro. Do mesmo modo que os muitos sejam experienciados como outros também reciprocamente; consequentemente, que eu possa experienciar o outro em cada caso não apenas como outro, mas como de novo propriamente referido aos seus outros, e eventualmente em uma mediatez a ser pensada de maneira iterável[101], referido simultaneamente a mim mesmo. Também está claro que os seres humanos apenas se tornam aperceptíveis como encontrando outros e mais outros não apenas em efetividade, mas em possibilidade, e segundo a própria preferência. A própria natureza infinita, aberta, torna-se então uma tal que capta em si também em multiplicidade aberta seres humanos (mais universalmente, animais) que se espalham sem se conhecerem no espaço infinito, como sujeitos de uma comunidade recíproca possível.

Naturalmente, a essa comunidade em concreção transcendental corresponde uma comunidade aberta de mônadas, a qual chamamos de intersubjetividade

---

100. Esse período expõe fenomenológico-transcendentalmente o princípio de que o ser humano, por natureza, é um ser-social. Melhor dito, que qualquer indivíduo de um gênero, mesmo quando simplesmente singular, tem em si o sentido de ser um elo de comunidade.

101. *Iterierbar*. Repetível.

transcendental. Ela, e isso quase não precisa ser dito, é constituída puramente em mim, no Ego que medita, puramente a partir de fontes da minha intencionalidade, como existindo para mim, porém, como uma tal que, em qualquer [intencionalidade] constituída (na modificação "outro"), é constituída como a mesma, apenas em outros modos de aparecimento subjetivos [134], e constituída enquanto trazendo em si necessariamente o mesmo mundo objetivo. Pertence manifestamente à essência do mundo transcendentalmente constituído em mim (semelhantemente em cada comunidade de mônadas por mim concebível) que ele também seja, essencial e necessariamente, um mundo de seres humanos, que ele seja, em cada ser humano singular, com maior ou menor grau de completude, constituído de maneira interior-anímica em vivências intencionais, em sistemas potenciais da intencionalidade que, de sua parte, como "viver-anímico", já são constituídos como sendo mundanamente. A constituição anímica do mundo objetivo é compreendida, p.ex., como minha experiência de mundo efetiva e possível, minha, *i.e.*, do eu que experiencia a si próprio como ser humano. Essa experiência é mais ou menos completa, tem continuamente o seu horizonte aberto indeterminado. Para cada ser humano todos os outros encontram-se nesse horizonte, física, psicofísica e intropsiquicamente como domínio de acessibilidades abertamente infinitas, bem ou mal, embora no mais das vezes precisamente mal.

§ 57
Esclarecimento do paralelismo da interpretação interior-psíquica e egológico-transcendental.

A partir daqui não é difícil explicar o paralelismo necessário entre as interpretações interior-anímicas e as egológico-transcendentais, ou o fato de que a alma pura, tal como dito anteriormente, é uma auto-objetivação da mônada, que se consuma nela mesma e cujos distintos graus são necessidades essenciais, desde que, em geral, outros devam poder ser para a mônada.

Consequentemente, toda análise e teoria *a priori* transcendental-fenomenológica – mesmo a teoria há pouco formulada em seus traços fundamentais, a teoria da constituição transcendental de um mundo objetivo – também pode ser consumada no solo natural por meio da abdicação da postura transcendental.[102] Deslocada nessa ingenuidade transcendental ela se torna uma teoria "psicológica interna". Corresponde eidética e empiricamente a uma psicologia "pura" – *i.e.*, a uma psicologia que interpreta exclusivamente a essência própria, intencional de uma alma, de um eu-humano concreto [135] – uma fenomenologia transcendental, e o mesmo se dá inversamente. Mas isso é uma circunstância factual que há de ser tornada transcendentalmente compreensível.

---

102. Não é de todo improvável que Husserl, nesse ponto, esteja se referindo precisamente à psicanálise freudiana.

§ 58
Articulação do problema da analítica intencional das comunidades intersubjetivas superiores. Eu e mundo circundante (*Umwelt*).

A constituição da humanidade, *i.e.*, daquela comunidade que pertence à essência plena dessa humanidade, não foi levada a cabo com isso que expusemos até aqui. Porém, a partir da comunidade tomada no sentido enfim alcançado, torna-se facilmente compreensível a possibilidade de atos egóicos (*Ich-Akten*) que alcançam adentro do outro eu, por meio da experiência do estranho que "apresenta", sim, [a possibilidade] de atos pessoais egóicos que têm o caráter de atos eu-tu (*Ich-Du-Akten*), de atos sociais mediante os quais toda a comunicação pessoal humana é produzida. Estudar cuidadosamente esses atos em suas figuras diversas e, a partir disso, tornar transcendentalmente compreensível a essência de toda a socialidade (*Sozialität*), isso é uma tarefa importante.[103] Com a comunicação legítima, a social, constituem-se dentro do mundo objetivo, como objetividades espirituais peculiares, os diversos tipos de comunidades sociais na sua possível ordenação gradual, dentre os quais os tipos especiais, que têm o caráter de "personalidades de ordem superior".

Consequentemente, cairia em consideração o problema – inseparável da problemática indicada e, em certo sentido, a ela correlato – da constituição do circum-ambiente especificamente humano, e de fato, de um ambiente cultural para qualquer ser humano, qualquer comunidade de seres humanos e seu tipo de objetividade, embora circunscrito. Circunscrita é essa objetividade apesar de que o mundo seja, para mim e para qualquer um, dado concretamente apenas como mundo cultural e com o sentido da acessibilidade para qualquer um. Contudo, mesmo essa acessibilidade não é, por razões essenciais constitutivas, de maneira alguma incondicionada, tal como logo virá à tona em virtude de melhor interpretação de sentido (*Sinnauslegung*). Ela é, nisso, manifestamente diferente da acessibilidade absolutamente incondicionada para qualquer um, a qual [136] pertence essencialmente ao sentido constitutivo da natureza, da corporeidade e, por isso, do homem psicofísico (este, compreendido em uma certa universalidade). Sobretudo uma coisa ainda alcança adentro da esfera da universalidade incondicionada (como correlato da forma essencial da constituição do mundo), a saber, que qualquer um, *a priori*, vive na mesma natureza, e em uma mesma natureza que esse qualquer um configurou (em comunicação necessária de sua vida com a do outro, em ação individual e comunizada) como um mundo cultural, um mundo com significâncias humanas – mesmo que em um grau primitivo. Mas isso já não exclui, tanto *a priori* quanto faticamente, que os homens de um único e mesmo mundo vivam em comunidade cultural tênue, ou até em nenhuma, e constituam, de acordo com

---

103. Não é de todo improvável supor que tal tarefa foi levada adiante notadamente, p.ex., por: APEL, 1973 e HABERMAS, 1981.

isso, ambientes culturais diversos, como mundos-da-vida concretos em que as comunidades relativa ou absolutamente separadas vivem em passividade e atividade. Qualquer ser humano compreende, em primeiro lugar, segundo um núcleo e com um horizonte a desnudar, seu ambiente concreto, *i.e.*, sua cultura (*Kultur*), precisamente como ser humano da comunidade que a configura historicamente. Um entendimento mais profundo, que abre o horizonte do passado para o entendimento do presente (que esse passado mesmo codeterminou) é possível, por princípios, a qualquer membro dessa comunidade, em uma certa originariedade possível apenas a ele, interditada a um ser humano que entra em relação com essa comunidade a partir de uma outra. A princípio, esse qualquer um entende os seres humanos do mundo alheio, tal como necessário, como seres humanos em geral, como tais que pertencem a um certo mundo cultural; a partir daí ele precisa primeiro criar paulatinamente as possibilidades de entendimento ulteriores. Ele precisa, desde o mais universalmente compreensível, inaugurar a si antes de tudo uma via de acesso à compreensão articulada (*Nachverstehen*) de camadas cada vez maiores do presente, em seguida do passado histórico, o que, então, por sua vez, é auxílio para uma inauguração ampliada do presente.

A constituição de "mundos" de qualquer tipo, desde o mundo circunscrito ao próprio fluxo de vivência com suas multiplicidades abertas e infinitas, até o mundo objetivo [137] em seus distintos graus de objetificação, dispõe-se sob a legalidade da constituição "orientada": uma constituição que, em distintos graus, mas no interior de um sentido a ser amplissimamente apreendido, pressupõe aquilo constituído primordial e secundariamente. Nesse sentido, o primordial sempre adentra com uma nova camada semântica no mundo secundariamente constituído, de maneira tal que se torna elo central nos modos de ocorrência orientados. O mundo constituído secundariamente é necessariamente dado como "mundo" enquanto horizonte de ser acessível, inaugurável de maneira ordenada a partir do primordial. Isso, então, a respeito do primeiro mundo, o "mundo imanente" que chamamos de fluxo de vivência. Este é dado como sistema do exterior, de maneira orientada em torno do presente vivente, que se constitui primordialmente, a partir do qual tudo que é em relação à temporalidade imanente (exceto ele) torna-se acessível. De novo o meu corpo no interior da esfera primordial, tomada em nosso sentido específico, é elo central para a "natureza", como do "mundo" que se constitui pela primeira vez mediante a sua vigência. Da mesma maneira o meu corpo psicofísico é primordial para a constituição do mundo objetivo do exterior, e incorre como elo central nos seus modos de ocorrência orientados. Se o "mundo" primordial, em nosso sentido especial, não se torna ele próprio centro do mundo objetivo, então se depreende disso que esse todo foi de tal maneira objetivado que o mundo não produz nenhum exterior novo. Contrariamente, a multiplicidade do mundo alheio é dada de maneira orientada em torno do meu mundo, portanto é um mundo porque se constitui com um mundo objetivo comum que lhe é imanente, cuja forma espaço-temporal tem para ele simultaneamente a função de uma forma de acesso.

Retornemos para o nosso caso do mundo cultural: também ele é dado de maneira orientada como mundo de culturas sobre o pano de fundo da natureza universal e sua forma de acesso espaço-temporal, a qual há de coatuar para a acessibilidade da multiplicidade dos constructos culturais e culturas.

Assim, observamos, também que o mundo cultural é dado "de maneira orientada" em relação ao elo-zero, p.ex., a uma "personalidade". Aqui somos Eu e a minha cultura o primordial ante qualquer cultura "alheia". Esta é acessível a mim [138] e aos membros da minha cultura [*Kulturgenossen*] apenas em um tipo de experiência do estranho, em um tipo de "empatia" em relação à humanidade cultural alheia e sua cultura, e mesmo essa "empatia" demanda suas pesquisas intencionais.

É preciso que recusemos o pesquisar mais detalhado da camada de sentido que dá ao mundo da humanidade e da cultura enquanto tais o seu sentido específico, que faz delas, pois, um mundo equipado com predicados especificamente "espirituais". As interpretações constitutivas que levamos a cabo provaram os nexos intencionais de motivação nos quais surgiu de maneira constitutiva a concernente subcamada do mundo concreto e pleno, a qual nos resta se abstraímos de todos os predicados do "espírito objetivo". Nós mantemos a natureza inteira, constituída já em si concreta e unitariamente, nela inclusos os corpos humanos e animais, porém não concreta e plenamente a vida anímica, posto que o ser do humano enquanto tal é conscientemente referido (e pressupõe essa referência) a um ambiente existente e prático, como já desde sempre equipado com predicados da significância humana.

Que qualquer um desses predicados do mundo se desdobra a partir de uma gênese temporal, de uma gênese que está de fato radicada no agir e padecer humanos, isso não precisa de nenhuma demonstração. É pressuposto para a origem de tais predicados nos sujeitos singulares e para origem de sua validade intersubjetiva, como perseverando enquanto pertencentes ao mundo da vida comum que, de acordo com isso, haja uma comunidade de seres humanos e que ela, tal como cada ser humano singular, viva no interior de um ambiente concreto e seja a ele relacionada no padecer e no agir – e que tudo isso já esteja constituído. Nesse modificar-se constante do mundo da vida humano modificam-se, manifestamente, também os próprios seres humanos enquanto pessoas, na medida em que precisam assumir correlativamente sempre novas idiossincrasias habituais. Aqui se tornam bastante sensíveis os problemas de longo alcance da constituição estática e genética, estes últimos como parte do problema da enigmática gênese universal. Por exemplo, no que diz respeito à personalidade, não apenas o problema da constituição estática de uma unidade de caráter pessoal [139] perante a multiplicidade de habitualidades instituídas e de novo suspensas, mas também o problema genético que conduz de volta ao enigma do caráter "inato".

É preciso que seja suficiente, por ora, ter indicado essa problemática de grau superior enquanto problemática constitutiva e, por essa via, ter tornado compreensível que ser preciso, na progressão sistemática da interpretação transcendental-fenomenológica do Ego apodítico, enfim desnudar o sentido transcendental do mundo também na plena concreção em que ele é mundo da vida constante para todos nós. Nisso se circunscrevem todas as figuras particulares circum-ambientais nas quais o mundo se apresenta para nós em cada caso segundo nossa educação e desenvolvimento pessoais, ou segundo o fato de sermos membros desta ou daquela nação, deste ou daquele círculo cultural. Em tudo isso predominam necessidades essenciais, p.ex., um estilo essencial que tem as fontes de sua necessidade no Ego transcendental e, então, na intersubjetividade transcendental que nele se inaugura, portanto nas figuras essenciais da motivação e da constituição transcendentais. Se há sucesso em seu desnudamento, então esse estilo *a priori* alcança um esclarecimento racional da mais alta dignidade, a saber, aquele de uma compreensibilidade última, transcendental.

§ 59
Explicação ontológica e seu lugar no todo da fenomenologia transcendental constitutiva.

Alcançamos, filosoficamente, visadas fundamentais mediante as partes conexas da análise levada a cabo e, em parte, detalhadamente justaposto a isso, mediante o delineamento de uma problemática inevitável, nova, e da forma de ordenamento por ela exigida. Partindo do mundo empírico pré-dado como existente e, na passagem à postura eidética, de um mundo em geral empírico pensado como pré-dado de maneira existencial, nós exercitamos a redução transcendental, *i.e.*, retornamos ao Ego transcendental, que constitui em si a pré-ocorrência e também todos os modos de ocorrência subsequente, [140] ou seja, retornamos em autovariação eidética a um Ego transcendental em geral.

Este, com isso, foi apreendido como um Ego que experiencia em si e que comprova o mundo em concordância. Segundo a essência de tal constituição e seus graus egológicos, tornamos visível um tipo completamente novo de *a priori*, precisamente o *a priori* da constituição. Aprendemos a separar a autoconstituição do Ego para si mesmo, em sua essencialidade própria primordial, e a constituição de todos os diversos graus das estranhezas, a partir das fontes da essencialidade própria. Disso resultou em sua forma essencial a unidade universal da constituição total, que se consuma no meu próprio Ego, cujo correlato é o mundo objetivamente existente, constantemente pré-dado para mim e para um Ego em geral, configurando-se ulteriormente em camadas de sentido; isso, porém, em um estilo-forma (*Formstil*) correlativo e apriorístico. E essa constituição é ela própria um *a priori*. Nessas radicalíssimas e consequentes interpretações daquilo precisamente circunscrito intencionalmente ao "meu" Ego e às minhas variações essenciais, e daquilo que intencionalmente motiva, mostra-se que a estrutura universal fática do mundo objetivo dado, sua construção como mera natureza, como animalidade, como humanidade, socialidade de diversos graus, como cultura, é, pois, em uma medida muito ampla, e talvez muito mais ampla do que já podemos vislumbrar, uma necessidade essencial (*Wesensnotwendigkeit*).

Disso resulta, como consequência compreensível e necessária, que também a tarefa de uma ontologia apriorística do mundo "real", a qual é justamente a exposição do *a priori* pertencente à sua universalidade, é uma tarefa inevitável, mas, por outro lado, uma tarefa unilateral e, no limite, não-filosófica. Porque um *a priori* ontológico desse tipo (tal como o da natureza, da animalidade, da socialidade e da cultura) empresta ao fato ôntico, ao mundo fático em suas "contingências" uma compreensibilidade relativa, a de uma necessidade intelectual do ser-assim a partir de leis essenciais, mas não a filosófica, *i.e.*, a compreensibilidade transcendental. A filosofia demanda, [141] sim, esclarecimentos a partir das últimas e mais concretas necessidades essenciais, e estas são as que fazem jus ao enraizamento essencial de todo e cada mundo objetivo na subjetividade transcendental, *i.e.*, aquelas que tornam o mundo concretamente compreensível como sentido constituído. E só assim inauguram-se pela primeira vez as questões "supremas e últimas", que ainda podem ser dirigidas ao mundo compreendido dessa maneira.

Já foi um sucesso da iniciante Fenomenologia que o seu método da intuição pura, mas ao mesmo tempo eidética, tenha levado a tentativas de uma nova ontologia, fundamental e essencialmente diversa da ontologia do século XVIII, a qual operava logicamente com conceitos distantes da intuição, ou, o que dá no mesmo, [que tenha levado] a tentativas de uma construção, radicada diretamente em intuição concreta, das ciências singulares apriorísticas (gramática pura, lógica pura, doutrina pura do direito, doutrina essencial da natureza intuitivamente experienciada etc.) e de uma ontologia universal do mundo objetivo que as englobasse.[104]

Nesse sentido, nada obsta a que se comece, a princípio, de maneira plenamente concreta, com nosso ambiente da vida (*Lebensumwelt*) humano e com os próprios seres humanos como relacionados essencialmente a esse ambiente, que sobretudo se investigue de modo puramente intuitivo o desmesuradamente rico e nunca exposto *a priori* de um tal ambiente, e que se faça dele ponto de partida de uma interpretação sistemática das estruturas essenciais do ser-aí humano e das camadas de mundo que nele se inauguram correlativamente. Mas o que aí é obtido diretamente, embora um sistema do *a priori*, torna-se pela primeira vez um *a priori* filosoficamente compreensível – de acordo com o que foi dito há pouco – e um *a priori* retrorreferido às fontes últimas do entendimento, precisamente quando a problemática constitutiva for aberta como especificamente relativa ao grau filosófico, quando, por isso, o solo de conhecimento natural for trocado pelo transcendental. Depreende-se disso que tudo quanto é natural, diretamente pré-dado, seja

---

104. Husserl, neste ponto, faz referência clara a Heidegger, que, poucos anos, em 1927, antes havia publicado *Ser e tempo*. Mas certamente também, dentre outros, especialmente a Hans Kelsen (cf., p.ex.: Kelsen, H., Die philosophischen Grundlagen der Naturrechtslehre und des Rechtspositivismus. R. Heise, Charlottenburg 1928). Uma doutrina fenomenológica da gramática pura (ou teoria do juízo) fora apresentada pelo próprio Husserl em 1905, em Göttingen (cf. HUSSERL, *Urteilstheorie, Vorlesung 1905*, 2002.). A lógica pura é objeto da obra-irmã destas próprias *Meditações*, a saber, em FtL.

de novo construído em originariedade nova e que não seja interpretado subsequentemente como simplesmente já finalizado. Que, em geral, um procedimento criador, que parte de intuição eidética, seja chamado de fenomenológico [142] e aspire a ter significado filosófico, isso tem unicamente o seu direito em que cada legítima intuição tenha o seu lugar no nexo constitutivo. Cada comprovação ontológica da esfera fundamental (axiomática) dos princípios, consumada intuitivamente na positividade, serve como um trabalho prévio, até mesmo *a priori* indispensável; fornece o fio condutor transcendental à exposição da plena concreção constitutiva em sua dualidade noético-noemática.

Quanta coisa significativa e completamente nova esse regresso ao constitutivo inaugura – abstraindo-se da inauguração ontológica, que com ele se consuma, dos encobertos horizontes de sentido cuja omissão torna essencialmente limitado o valor das comprovações aprioríscas, e insegura a sua aplicação – é o que mostram os resultados "monadológicos" de nossa investigação.

§ 60
Resultados metafísicos de nossa interpretação da experiência do estranho.

Os resultados são metafísicos, desde que seja verdade que sejam chamados metafísicos os conhecimentos últimos do ser. Todavia, nada menos do que a metafísica no sentido ordinário está aqui em questão, como é aquela historicamente degenerada, que em nada se mede ao sentido com que a metafísica foi instituída como "filosofia primeira". O tipo de comprovação da Fenomenologia, puramente intuitivo, concreto e, ademais, apodítico, exclui todas as "aventuras metafísicas", todas os excessos especulativos.

Destaquemos algumas coisas dentre os nossos resultados metafísicos a partir da dedução de consequências ulteriores.

O meu Ego dado a mim mesmo apoditicamente, o único a ser posto por mim em apoditicidade absoluta como existente, pode ser *a priori* apenas o Ego que experiencia o mundo, na medida em que ele está em comunidade com outros seus iguais, elo de uma comunidade monádica dada a partir dele de maneira orientada. O comprovar-se consequente do mundo objetivo da experiência implica o comprovar-se consequente de outras [143] mônadas como existentes. Inversamente, nenhuma pluralidade monádica é para mim pensável, a não ser como uma pluralidade explícita ou implicitamente comunicada; disso depreende-se: constituindo em si um mundo objetivo e, nele, a si própria – como essência animal e, em particular, humana – que ocupa um espaço, que ocupa um tempo, que se realiza. O ser em conjunto de mônadas, seu mero ser ao mesmo tempo, significa essencial e necessariamente o ser temporal e simultaneamente e, então, o ser temporalizado na forma de uma temporalidade "real".

Contudo, ainda outros resultados metafísicos altamente importantes deduzem-se daí. É concebível (para mim, que o digo, e a partir de mim, mais uma vez, para qualquer [outro] concebível, que o queira dizer) que várias pluralidades monádicas separadas coexistam, *i.e.*, não comunizadas reciprocamente, cada uma das quais, pois, constitua um mundo próprio e que, portanto, haja dois mundos infinitamente separados, dois espaços infinitos, dois espaço-tempos infinitos? Manifestamente, ao invés de concebível, isso é um puro contrassenso. De fato, cada um desses grupos monádicos, como unidade de uma intersubjetividade, de uma intersubjetividade que possivelmente carece de qualquer relação comunitária atual com as outras intersubjetividades, tem *a priori* o seu mundo, de aspecto talvez inteiramente outro. Mas ambos esses mundos são, então, necessariamente meros "ambientes" dessas intersubjetividades e meros aspectos de um único mundo objetivo que lhes é comum. Pois ambas as intersubjetividades não pairam no ar; desde que por mim concebidas, ambas estão em necessária comunidade comigo, [eu] como a mônada originária para elas constituinte (p.ex., comigo em uma variação de possibilidade de mim mesmo). Elas pertencem, portanto, na verdade, a uma única universalidade coabrangente de mim próprio, a qual capta em uma unidade todas as mônadas e grupos monádicos a se pensar como coexistentes. Só pode haver em efetividade, pois, apenas uma única comunidade de mônadas, a comunidade de todas as mônadas coexistentes, e, de acordo com isso, apenas um único mundo objetivo, apenas um único tempo objetivo, apenas um espaço objetivo, apenas uma natureza, e se em geral eu disponho de estruturas que implicam o ser-com (*Mit-Sein*) das outras mônadas, é preciso que haja essa única [144] natureza. Apenas isso é possível: que diversos grupos monádicos e mundos estejam uns para os outros assim como estão em relação a nós mesmos os eventualmente pertencentes aos mundos estelares invisíveis para nós, e o mesmo em relação aos animais que carecem de qualquer conexão atual conosco. Os seus mundos são, todavia, ambientes com horizontes abertos, apenas faticamente, apenas contingentemente não inauguráveis para eles.

O sentido dessa unicidade do mundo monadológico e do mundo objetivo que lhe é "inato" precisa, porém, ser entendido corretamente. Naturalmente, Leibniz tinha razão quando dizia que infinitas mônadas e grupos monádicos são pensáveis, mas, por isso, que nem todas essas possibilidades são compossíveis e, ainda, que infinitos mundos poderiam ter sido "criados", mas não vários ao mesmo tempo, posto que incompossíveis. É preciso estar aqui atento a que eu possa em primeiro lugar repensar (*umdenken*) a mim próprio em variação livre, este Ego apoditicamente fático, e assim posso alcançar o sistema das variações de possibilidade de mim próprio, cada uma das quais, porém, é suspensa por qualquer outra e pelo Ego que eu sou efetivamente. Trata-se de um sistema de incompossibilidade apriorística. Ademais, o fato "Eu sou" prescreve se e quais outras mônadas são para mim outras; eu as posso apenas encontrar, mas não criar aquelas que devem ser para mim. Se eu me repenso em uma pura possibilidade, então ela prescreve, novamente, também quais mônadas são para ela como outras. E procedendo assim adiante eu conheço que qualquer mônada que tem validade como possibilidade concreta esboça um universo compossível, um "mundo monádico" fechado, e que dois mundos monádicos são incompossíveis assim como duas variações de possibilidade do meu Ego e, igualmente, de qualquer Ego em geral pressupostamente pensado.

Compreende-se, a partir de tais resultados e a partir do curso das pesquisas que até eles conduzem, como se tornam plenas em sentido (indiferente como queiram se resolver) as questões que tradicionalmente precisavam encontrar-se além de todo limite científico, *i.e.*, os problemas em que já tocamos anteriormente. [145]

§ 61
Os problemas tradicionais da "origem psicológica" e seu esclarecimento fenomenológico.

No interior do mundo dos seres humanos e dos animais deparamo-nos com a conhecida problemática da ciência da natureza concernente à gênese psicofísica, fisiológica e psicológica. Está incluso nisso o problema da gênese anímica. Aproximamo-nos dele mediante o desenvolvimento infantil, no qual toda criança precisa construir para si sua representação de mundo. O sistema aperceptivo, no qual um mundo como domínio da experiência efetiva e possível está aí para a criança, incessantemente pré-dado, precisa constituir-se primeiro no desenvolvimento anímico da criança. A criança, considerada objetivamente, "advém ao mundo"; como ela advém a um "começo" da sua vida anímica?

Esse vir psicofísico ao mundo conduz ao problema do desenvolvimento individual corpóreo-material (puramente biológico) e da filogênese, este que, por sua vez, tem um paralelo em uma filogênese psicológica. Mas não apontará tudo isso aos correspondentes nexos das mônadas transcendentais absolutas, posto que, no entanto, homens e animais, a partir de uma perspectiva anímica, são auto-objetivações das mônadas? Não deveriam anunciar-se nisso tudo problemas essenciais e sérios de uma Fenomenologia constitutiva como filosofia transcendental?

Em uma ampla medida, problemas sobretudo genéticos e, de fato, naturalmente, aqueles dos graus primeiros e mais fundamentais já se inseriram no trabalho fenomenológico efetivo. Esse grau fundamental é naturalmente aquele do "meu" Ego em sua essencialidade própria primordial. A isto pertencem a constituição da consciência interna do tempo e a inteira teoria fenomenológica da associação; aquilo que o meu Ego primordial encontra em autointerpretação originária e intuitiva é transposto sem mais a qualquer outro Ego, e por razões essenciais. Apenas que, com isso, de fato não se toca nos problemas generativos anteriormente descritos, aqueles a respeito do nascimento e da morte e do nexo geracional da animalidade, os quais concernem manifestamente a uma dimensão superior e [146] pressupõem um trabalho interpretativo das esferas inferiores de tal maneira gigantesco, que ainda falta muito para que possam se tornar problemas sobre as quais se possa trabalhar.

Entretanto, que sejam aqui ainda melhor indicadas, no interior da esfera de trabalho, poderosas regiões de problemas (e, de fato, tanto estáticos quanto genéticos), que nos colocam em relação mais próxima com a tradição filosófica. As coerentes clarificações intencionais levadas a cabo a respeito da experiência do estranho e da constituição de um mundo objetivo consumam-se sobre um solo que nos é pré-dado no interior da postura transcendental, aquele de uma articulação estrutural da esfera primordial na qual já encontramos de antemão um mundo, um mundo primordial. Essa esfera primordial tornou-se-nos acessível no ponto de partida do mundo concreto tomado como "fenômeno" e mediante aquela peculiar redução primordial desse mesmo mundo ao idiossincrático, a um mundo de transcendências imanentes. Essa esfera primordial circunscrevia a natureza inteira – reduzida à natureza que pertence a mim mesmo a partir da minha sensibilidade pura –, mas também, em redução correspondente, o ser humano psicofísico, incluso a sua alma. No que diz respeito à natureza, pertenciam não meramente "coisas-visíveis", "coisas-táteis" etc., mas já também coisas em certa medida plenas como substratos de propriedades causais, infundidas com as formas universais do tempo e do espaço. Manifestamente, o primeiro problema para o esclarecimento constitutivo do sentido de ser do mundo objetivo é esclarecer primeiro a origem dessa "natureza" primordial e das unidades primordiais corpóreo-anímicas, sua constituição como transcendências imanentes. Levar a cabo esse esclarecimento exige investigações extraordinariamente abrangentes.

Aqui somos de novo lembrados dos problemas tratados de maneira tão diversificada no século passado [sc., no século XIX] e pelos mais significativos fisiólogos e psicólogos, *i.e.*, os problemas da origem psicológica da representação do espaço, da representação do tempo, da representação da coisa. Mas, até agora, não se alcançou esclarecimentos efetivos desses problemas, por mais que os grandes projetos [147] exibam o selo de seus distintos autores.

Se retornamos, agora, destes até a problemática que circunscrevemos e que integramos ao sistema de graus fenomenológicos, então se torna evidente que toda a psicologia e a teoria do conhecimento modernas não apreenderam o sentido autêntico dos problemas que aqui hão de ser postos tanto psicológica quanto transcendentalmente, a saber, como de interpretação intencional estática e genética. Isso não era de fato possível, mesmo a respeito daqueles que haviam tomado para si a doutrina de Brentano dos "fenômenos físicos" como vivências intencionais. Falta o entendimento para o peculiar de uma "análise" intencional, para o conjunto das tarefas que são abertas pela consciência enquanto tal segundo noésis e noema, e para a metódica exigida para tais tarefas, inovadora por princípio. Para os problemas da "origem psicológica da representação do espaço, da representação do tempo, da representação da coisa" não há quaisquer Física e Fisiologia que tenham algo a dizer, tampouco qualquer Psicologia, experimental ou não-experimental, que de outra maneira se mova nas exterioridades indutivas. De maneira completamente exclusiva, trata-se de problemas da constituição intencional para fenômenos que já nos são pré-dados como "fios-condutores" (que eventualmente também podem ser pré-dados de maneira particular mediante um interessante experimento), mas que, todavia, precisam ser primeiro questionados no método intencional e nos contextos universais da constituição anímica. O que se assume aqui por universalidade mostra de maneira suficientemente clara o nexo unitário sistemático das constituições, as quais desdobram a unidade do meu Ego segundo o que é próprio a si e o que é alheio. Para a Psicologia, a Fenomenologia significa, também, precisamente uma nova configuração a partir de princípios. De acordo com isso, a grande maioria de suas pesquisas diz respeito a uma Psicologia intencional apriorística e pura (*i.e.*, aqui, mantida livre de todo psicofísico). Trata-se da mesma Psicologia a respeito da qual já indicamos repetidamente que permite, mediante a transformação da postura natural em transcendental, uma "revolução copernicana", na qual [148] ela toma para si o sentido novo de uma consideração transcendental de mundo completamente radical, impregnando, consequentemente, todas as análises fenomenológico-psicológicas. É apenas esse novo sentido que faz de todas elas úteis transcendental-filosoficamente, e até mesmo as insere em uma "metafísica" transcendental. Precisamente nisso reside o último esclarecimento e a superação do psicologismo transcendental, que fez errar e tornou inábil toda a filosofia moderna.

Mediante a nossa apresentação está agora delineada uma estrutura fundamental tanto para a Fenomenologia transcendental quanto para a Psicologia intencional (como ciência "positiva") a ela paralela, está delineada uma distinção das investigações eidético-psicológicas em, por um lado, as que interpretam intencionalmente o essencial próprio, concreto, de uma alma em geral, e por outro, aquelas que interpretam a intencionalidade do alheio que nelas se constitui. Pertence à primeira esfera de pesquisas a pedra fundamental da interpretação intencional da "representação de mundo", melhor dito, da interpretação intencional (que surge no interior da alma humana) do "fenômeno" do mundo que está-aí como mundo da experiência universal: se esse mundo de experiência for reduzido ao mundo constituído primordialmente na alma singular, então, dessa maneira, esse mundo da experiência não mais será mundo de qualquer um, não mais um mundo que recebe o seu sentido a partir da experiência humana sociabilizada, mas o correlato intencional exclusivo da vida anímica singular (a princípio da minha vida experienciante) e de suas gradativas formações de sentido em originariedade primordial. De acordo com estas, a explicação intencional tem que tornar constitutivamente compreensível o núcleo primordial do mundo fenomenal, o qual qualquer um de nós seres humanos, e sobretudo qualquer psicólogo, pode alcançar por meio do desligamento (*Ausschaltung*) dos momentos de sentido da "estranheza", descrito anteriormente. Se, neste mundo primordial, fizermos abstração da essência psicofísica Eu-ser-humano, esta que surge em tal mundo primordial de maneira reduzida, então "nos resta a mera natureza primordial como natureza da minha própria mera sensibilidade". Nesse ponto, como problema fundamental da origem psicológica do mundo da experiência, vem à tona o problema da origem do "fantasma da coisa" (*Dingphantoms*), ou da "coisa sensível" [149] (*Sinnendings*), com suas camadas (coisa-visual etc.) e a unidade sintética delas. Tal problema (sempre no quadro dessa redução primordial) é dado puramente como unidade dos modos de aparecimento sensíveis e suas sínteses. O fantasma da coisa, em suas variações sinteticamente copartícipes tais como "coisa-próxima" e "coisa-distante", não é ainda a "coisa real" (*reale Ding*) da esfera anímica primordial, a qual antes é constituída, antes, e já aqui, em graus superiores como coisa causal, como substrato idêntico (substância) de propriedades causais. Substancialidade e causalidade designam, manifestamente, problemas do grau mais elevado da constituição. O problema constitutivo da coisa sensível e da espacialidade e espaço-temporalidade fundamentalmente a ela essenciais é, pois, a problemática agora há pouco indicada, aquela que questiona descritivamente apenas os nexos sintéticos das aparições coisais (aparências, aspectos perspectivos), e o faz, de fato, unilateralmente; o lado oposto dessa problemática é a retrorreferência intencional das aparições ao corpo atuante, o qual, por sua vez, precisa ser descrito em sua autoconstituição e na idiossincrasia especial do seu sistema constitutivo de aparições.

Progredindo dessa maneira, surgem problemas descritivos da interpretação sempre novos, os quais precisam todos ser levados a cabo sistematicamente se se deve tratar seriamente pelo menos a constituição do mundo primordial como mundo de realidades e, nele, os grandes problemas da constituição da espacialidade e da temporalidade – enquanto estas mundanas. Isso já configura, tal como o desenvolvimento o comprova, um domínio imenso de investigações, o qual, nesse sentido, não é mais que o grau preliminar para uma plena Fenomenologia da natureza, como natureza objetiva, mas pura, a qual ainda está longe de ser o mundo concreto.

A vinculação à Psicologia nos deu ocasião de traduzir nos termos do puramente anímico a distinção entre o primordial e aquilo constituído como estranho, e de delinear como psicológica, mesmo que fluida, a problemática constitutiva de uma natureza primordial e de uma natureza objetiva.

Se retornamos de novo à postura transcendental, [150] então os nossos delineamentos para a problemática da origem psicológica da "representação do espaço" etc., resultam, de novo, em delineamentos para problemas fenomenológico-transcendentais paralelos, a saber, os de uma interpretação concreta da natureza e do mundo primordiais em geral – com o que se preenche uma grande lacuna em nossa problemática anteriormente projetada acerca da constituição do mundo como fenômeno transcendental.

O complexo (incrivelmente grande, constituinte de toda uma disciplina) das investigações referidas ao mundo primordial pode ser designado como "estética transcendental", mas em um sentido bastante ampliado, mediante o qual tomamos a nós mesmos o título kantiano, porque os argumentos relacionados ao espaço e ao tempo da *Crítica da Razão*, embora de maneira extraordinariamente limitada e não plenamente clarificada, visam (*hinzielen*) manifestamente a um *a priori* noemático da intuição sensível, este que, alargado até se tornar o *a priori* concreto da natureza que é intuitiva de maneira pura e sensível (de fato, [o *a priori*] da natureza primordial), passa a exigir o seu preenchimento fenomenológico-transcendental – mediante a sua inclusão em uma problemática constitutiva.[105] Sobretudo não corresponderia ao sentido do contra-título kantiano *Analítica Transcendental* utilizá-lo para nomear o piso superior do *a priori* constitutivo, o *a priori* do próprio mundo objetivo e das suas multiplicidades constituintes (no grau mais alto: [o *a priori*] dos atos idealizantes e teorizantes que constituem, por fim, a natureza e o mundo científicos). Ao primeiro piso acima da nossa "estética transcendental" pertence a teoria da experiência do estranho, da assim chamada "empatia". Basta, agora, apenas fazer a indicação de que, aqui, vale o mesmo que dissemos a respeito dos problemas de origem do piso inferior, psicológicos, a saber, que o problema da "empatia" recebeu o seu verdadeiro sentido, assim como o seu método verdadeiro da resolução (*Methode der Lösung*), apenas mediante a Fenomenologia constitutiva. Precisamente por isso permaneceram até aqui todas as teorias (também aquela de Max Scheler) sem resultado efetivo, tal como nunca [151] foi conhecida a maneira pela qual a estranheza do "outro" se transpõe ao mundo inteiro como sua "objetividade", dando-lhe pela primeira vez esse sentido.

Que seja ainda expressamente indicado que seria evidentemente despropositado tratar de maneira separada a Psicologia intencional, enquanto ciência positiva, e a Fenomenologia transcendental, e que nesse sentido recairá sobre a última o trabalho a se realizar efetivamente, ao passo que a Psicologia, posto desocupa-se da revolução copernicana, haverá de tomar da Fenomenologia transcendental os resultados. Entretanto, também é importante atentar para o fato de que, tal como a alma e o mundo objetivo em geral não perdem o seu sentido de ser na consideração transcendental, apenas o trazem à compreensibilidade originaria mediante o desnudamento de sua omnilateralidade concreta, da mesma maneira a Psicologia positiva não perde o seu teor por direito, porém, libertada da positividade ingênua, apenas se torna uma disciplina da própria Filosofia transcendental universal.[106] A partir desse ponto de vista, pode-se dizer que, na série das ciências que se eleva-

---

105. Esta afirmação precisa ser destacada, pois nela Husserl apresenta um juízo muito determinado sobre a filosofia kantiana: a "estética transcendental" de Kant pressupõe, diz o texto, um "apriori noemático da intuição sensível". Desse pressuposto, todavia, foi feito (por postura tradicional) um "apriori concreto da natureza" (qual natureza? a natureza que é "intuitiva pura e sensivelmente", ou seja o objeto ontológico das ciências). Eis o solo onde medrou o "esquecimento de si", o processo de *décadence* positivista, universitário-científico europeu a partir da segunda metade do século XIX: fez-se inadvertidamente o "*a priori* noemático" em "*a priori* concreto da natureza". Por isso, é preciso o "preenchimento" (Ergänzung) fenomenológico-transcendental desse *a priori*, i.e., é preciso a constituição do efetivo conceito desse *a priori*. Husserl pretende, portanto, incluir em uma problemática constitutiva ("Einbeziehung in eine konstitutive Problematik" – e isso significa, no caso, fundar um complexo, uma disciplina inteira da filosofia) o que a "estética transcendental" kantiana apenas pressupunha de uma maneira "circunscrita e não clarificada". Em uma palavra: dizer que a estética transcendental de Kant há de pressupor, para a sua clarificação completa (como será dito adiante), a "experiência do estranho" e a "teoria da empatia". Portanto que a "intersubjetividade transcendental" (p.ex., a doutrina transcendental da cultura) há de ser o conceito fundamental da estética transcendental (doutrina transcendental da sensibilidade).
106. Nesse trecho pode-se encontrar claramente talvez o "contra"-modelo da relação que Horkheimer terá, em 1934, apresentado no seu célebre artigo: HORKHEIMER, 1975.

ram acima da positividade ingênua, a Psicologia intencional é, em si, a primeira. Sim, ela tem ainda uma vantagem ante todas as outras ciências positivas. Mesmo se é na positividade onde ela se constrói no método correto da análise intencional, ela não terá problemas de fundamento do tipo das outras ciências positivas, problemas oriundos daquela unilateralidade das objetividades ingenuamente constituídas, esta que, no limite, exigiria a passagem à consideração de mundo transcendental para que se tornasse omnilateralidade.[107] A Psicologia intencional tem, porém, (mas de maneira encoberta) já em si o transcendental – ela precisa de apenas uma derradeira "autorreflexão" (*Besinnung*) para consumar a virada *copernicana*, a qual não altera, no que diz respeito ao conteúdo, os resultados intencionais, apenas os reconduz ao seu "sentido último". A Psicologia tem, no limite, apenas um problema fundamental – que, pode-se objetar, é também o único problema de fundamento (*Grundlagenproblem*): o conceito da alma. [152]

§ 62
Caracterização sinótica da interpretação intencional da experiência do estranho.

Retornemos, na conclusão deste capítulo, à objeção a partir da qual nos deixamos ser guiados, a objeção contra nossa Fenomenologia na medida em que ela trazia à tona, desde o princípio, a pretensão de ser filosofia transcendental, *i.e.*, a pretensão de resolver enquanto tal os problemas da possibilidade do conhecimento objetivo. A Fenomenologia, partindo do Ego transcendental da redução fenomenológica e permanecendo a ele ligada, não mais seria capacitada a tal finalidade; ela recairia, sem querer admiti-lo, em um solipsismo transcendental, e todo

---

107. Husserl se refere aqui à *crise do fundamento* (*Grundlagenkrisis*) que abalou fortemente os debates científicos nas primeiras décadas do século XX. De maneira sucinta, trata-se, em sua origem, da dificuldade que os matemáticos *formalistas*, na esteira de Hilbert, tiveram em axiomatizar todo o sistema da matemática. Isso se dava em virtude dos paradoxos trazidos à tona por Frege e Russell (estes que, porém, tentavam precisamente colaborar com o intuito axiomático programado por Hilbert) e das objeções de matemáticos *intuicionistas*, radicalmente opostos ao programa hilbertiano (Brouwer, Weyl e Poincaré, p.ex.). Tais paradoxos e tais objeções colocavam em cheque elementos fundamentais da *teoria dos conjuntos* de Cantor – a qual seria, na opinião de Gödel, "uma generalização natural da matemática clássica" (cf. GÖDEL, *What is Cantor's continuum problem [1964]*, 1983, p. 474). Também a física se encontrava em semelhante – e correlata – crise, a saber, aquela surgida em virtude do *princípio da indeterminidade*, provado por Heisenberg em 1927, a respeito dos últimos resultados da física quântica de Planck. Essa crise se agrava em 1934 com a publicação do célebre *teorema da incompletude*, do próprio Gödel, onde se prova que a axiomatização completa do sistema da matemática clássica é logicamente impossível. Husserl, em 1936, vai então ainda mais a fundo no diagnóstico que havia iniciado em 1929, com a FtL, publicando o célebre: *A crise das ciências europeias e a fenomenologia transcendental*, onde a questão passa a ser abordada em toda a amplitude do seu escopo histórico e conceitual. A ciência inaugurada por Brentano, porém, apesar de compartilhar do solo científico onde se ancorava o formalismo e sua crise, havia descoberto a maneira de se livrar de tais *problemas de fundamento*, ou seja, *problemas de origem* – cuja solução transcendental acabada seria a teoria da gênese passiva e ativa, o conceito da intersubjetividade transcendental, a teoria da "empatia".

o passo rumo à subjetividade alheia e à objetividade autêntica seria apenas possível mediante uma inadmitida metafísica, *i.e.*, mediante uma secreta adoção de tradições leibnizianas.[108]

A objeção se dissolve em sua inconsistência (*Haltlosigkeit*) depois das interpretações aqui levadas a cabo. Sobretudo há que se atentar que em nenhuma ocasião a postura transcendental, a da ἐποχή transcendental, foi deixada de lado, e que a nossa "teoria" da experiência do estranho, da experiência de "outros", não queria, e não podia ser mais do que a interpretação do seu sentido de "outros" a partir de sua realização constitutiva, do sentido de "outro verdadeiramente existente" a partir das correspondentes sínteses da concordância. O que eu comprovo concordantemente como outro e, com isso, o que eu dei como efetividade a ser conhecida (portanto em necessidade e não arbitrariamente) é na postura transcendental *eo ipso* o outro existente, o *alter ego*, comprovado precisamente no interior da intencionalidade experienciante do meu Ego. Dizemos "no interior da positividade", e encontramos como autoevidente: na minha própria experiência eu não experiencio apenas a mim mesmo, porém o outro na figura particular da experiência do estranho. A indubitável interpretação transcendental mostrou-nos não apenas o direito transcendental dessa proposição positiva, mas também que o Ego transcendental, concretamente captado (o qual se torna pela primeira vez na redução transcendental consciente de si mesmo com horizonte [153] indeterminado), apreende tanto a si mesmo em seu próprio-ser primordial quanto, na forma de sua experiência do estranho transcendental, outros, outros Egos transcendentais, embora eles não sejam mais dados em originariedade e evidência absolutamente apodítica, mas em uma evidência da experiência externa. Eu experiencio,

---

108. A objeção a que se refere Husserl é sem dúvida também aquela radicada na crítica realizada por Hegel à filosofia transcendental de seu tempo (a Kant, Reinhold, Fichte e o jovem Schelling). No terceiro momento da *Qualidade* da *Ciência da Lógica*, Hegel deixa claro que a raiz de todos os problemas da filosofia transcendental se encontraria no fato de que a Leibniz havia sido impossível oferecer conceitualmente a passagem da *mônada* até a *comunidade das mônadas*, *i.e.*, a passagem lógica do "uno" ao "múltiplo" – escamoteada por Leibniz em virtude do emprego do conceito da *harmonia preestabelecida*; e porque a filosofia transcendental se deixara levar por certos ideais leibnizianos, ela teceu um sistema filosófico abstrato, transcendentalmente solipsista. Esta, a crítica de Hegel ao kantismo. Mas Husserl parece se referir antes, como já dito algumas vezes, imediatamente à crítica de Frege, que caracterizava o posicionamento transcendental husserliano como *psicologismo*, o que também significava dizer que todo o esforço fenomenológico da caracterização filosófica da *intersubjetividade transcendental* estaria maculado ainda pelas teses metafísicas, não apenas matemáticas, de Leibniz. Lembremo-nos, nesse sentido, que, à medida em que o hegelianismo do século XIX ruía, voltavam à tona de maneira importante certas questões da filosofia de Leibniz, *i.e.*, em decorrência da publicação, de 1843 a 1863, dos *tratados matemáticos* de Leibniz (LEIBNIZ, 1849). Com isso, exposições matemáticas então inacessíveis há mais de um século foram disponibilizadas, do que resultou, como mencionamos na nota anterior, a redescoberta da ideia da *característica universal* e o incremento dos desenvolvimentos formalistas da lógica-matemática. – Husserl, porém, ao opor-se radicalmente à dita objeção, retoma aquilo que era o tema central de *Lógica formal e transcendental* (o texto-irmão destas *Meditações*): é preciso uma *crítica da razão lógica* – e sob um tal título pode-se, em equivocidade, entender tanto o ponto de vista hegeliano quanto aquele dos lógico-matemáticos, pois ambos os partidos acusaram, cada um a seu tempo e a seu modo, os partidários da filosofia transcendental de defenderem não mais que solipsismo transcendental, *i.e.*, psicologismo.

eu conheço "em" mim o outro, ele se constitui a si próprio em mim – espelhado "apresentativamente" e não como original. Nessa medida, pode muito bem ser dito em um sentido alargado que o Ego, que eu como intérprete que medita alcanço toda transcendência mediante autointerpretação, a saber, mediante interpretação do que eu encontro em mim mesmo, e como transcendência transcendentalmente constituída, não como tomada em positividade ingênua. Dessa maneira, desaparece a aparência de que precise pertencer de maneira essencialmente própria a mim mesmo tudo que eu, como Ego transcendental, conheço a partir de mim mesmo como existindo, e que interpreto como constituído em mim mesmo. Isso valeria apenas a respeito das "transcendências imanentes"; a constituição enquanto título para os sistemas da atualidade e potencialidade sintéticas, os quais me fornecem sentido e ser, a mim como Ego na essencialidade própria, se refere à constituição da efetividade objetiva imanente. No início da Fenomenologia e na postura daquele que começa pela primeira vez, que pela primeira vez alcança tornar instituição originária a redução fenomenológica, como *habitus* universal do pesquisar constitutivo, o Ego transcendental que surge à vista é, embora captado apoditicamente, apreendido com um horizonte completamente indeterminado, o qual é vinculado em universalidade apenas porque o mundo e tudo que eu sei a respeito dele deve tornar-se mero fenômeno. Faltam, se eu assim começo, todas as diferenciações que a interpretação intencional pela primeira vez cria e que, todavia, tal como deduzo, pertencem-me essencialmente. Falta sobretudo a autorreflexão sobre a minha essência primordial, a minha esfera de idiossincrasia em sentido preciso, [falta] aquilo que nela própria se constitui como alheio sob o título de experiência do estranho, como um algo dado e que sempre dá "apresentativamente" e, por princípios, não originariamente de maneira própria na minha esfera primordial. Eu preciso em primeiro lugar interpretar o próprio enquanto tal [154] para entender que no próprio também o não-próprio adquire sentido de ser, a saber, como algo "apresentado" analogicamente. Dessarte, no começo eu que medito ainda não entendo a maneira como devo em geral advir aos outros e a mim próprio, posto que os outros seres humanos estão todos colocados entre parênteses. De fato, eu também ainda não entendo, e o reconheço apenas a contragosto, que eu próprio, colocando-me a mim como ser humano e pessoa humana "entre parênteses", devo, todavia, permanecer mantido como Ego. Dessa forma eu não posso nada saber a respeito de uma intersubjetividade transcendental; de maneira involuntária eu, o Ego, me tomo por um *solus ipse*, e tomo todos os estoques constitutivos, mesmo depois de alcançar um primeiro entendimento acerca das realizações constitutivas, sempre ainda por meros teores próprios deste Ego singular. Por isso foram necessárias as interpretações do presente capítulo, que ainda vão muito adiante. Mediante elas torna-se-nos compreensível, pela primeira vez, o sentido pleno e autêntico do "Idealismo" fenomenológico-transcendental. A aparência de um solipsismo é dissolvida, mesmo que a proposição [do Idealismo] mantenha fundamentalmente válido que tudo que seja para mim pode haurir o seu sentido de ser exclusivamente a partir de mim próprio, a partir da minha esfera de consciência.

Esse Idealismo resultou como uma monadologia, a qual, mesmo em toda ressonância proposital à metafísica de Leibniz, haure o seu teor próprio puramente a partir da interpretação fenomenológica da experiência transcendental, liberada na redução transcendental, portanto a partir da evidência originária, na qual todas as evidências concebíveis precisam fundamentar-se – ou a partir do direito o mais originário, do qual se pode alguma vez haurir todos os direitos e em particular os direitos de conhecimento. A interpretação fenomenológica não é, pois, de modo algum semelhante à construção metafísica, e não é, nem aberta, tampouco secretamente, um teorizar com pressuposições ou pensamentos auxiliares tomados de préstimo à tradição metafísica histórica. Ela está em incisiva oposição a tudo isso mediante o seu modo de proceder no quadro da "intuição" pura, ou, antes, no quadro da pura interpretação semântica mediante autodoação que preenche (*erfüllende Selbstgebung*). Particularmente no que diz respeito ao mundo objetivo das realidades (assim como [155] no que diz respeito a cada um dos múltiplos mundos objetivos ideais, os quais são campos da ciência apriorística pura), ela não faz nada mais que – e isso não pode ser enfatizado o bastante – interpretar o sentido que este mundo tem para todos nós antes de qualquer filosofar e, manifestamente, apenas a partir da nossa experiência, um sentido que pode ser desnudado filosoficamente, mas nunca alterado, e que traz consigo em toda e qualquer experiência atual horizontes que necessitam da clarificação por princípios, apenas a partir de necessidade essencial e não a partir de nossas fraquezas.

CONCLUSÃO

§ 63
Tarefa de uma crítica da experiência e do conhecimento transcendentais.

Nas investigações desta meditação e já nas duas precedentes, nós nos movemos sobre o solo da experiência transcendental, da autoexperiência própria e da experiência do estranho. Graças à sua evidência originariamente vivenciada nós adquirimos confiança nela e também, de maneira semelhante, na evidência das descrições predicativas e de todas as maneiras de experiência transcendental-científica em geral. Nisso, perdemos de vista a exigência que no início havia sido trazida à tona de maneira tão séria, a saber, levar a cabo um conhecimento apodítico como aquele que seria único e autenticamente científico; porém, essa exigência não ficou de maneira alguma pelo caminho. Apenas preferimos traçar as linhas fundamentais da gigantesca problemática da Fenomenologia primeira, ainda ela mesma à sua maneira aprisionada a uma ingenuidade, a ingenuidade apodítica na qual reside a sua grande e mais particular realização enquanto uma configuração inovadora e elevada da ciência; [156] [preferimos isso] a adentrar aqui ainda na ulterior e última problemática da Fenomenologia, a problemática de sua autocrítica com a finalidade da determinação do escopo e dos limites, mas também dos modos da apoditicidade. Nossas indicações anteriores dão uma representação pelo menos preliminar do tipo de crítica do conhecimento transcendental-fenomenológico a ser levada a cabo, a saber, como indicações acerca do modo como, mediante a crítica da rememoração transcendental, p.ex., é extraído o seu teor apodítico. Toda teoria do conhecimento transcendental-filosófica reconduz, como crítica do conhecimento, enfim de volta à crítica do conhecimento transcendental-fenomenológico (em primeiro lugar, à crítica da experiência transcendental) e, em virtude da retrorreferência essencial da Fenomenologia a si mesma, também essa crítica exige uma crítica. Nesse sentido, porém, não há nenhum regresso infinito aprisionado a quaisquer dificuldades ou até mesmo a contrassensualidades, apesar da evidente possibilidade de reflexões e críticas transcendentais elas mesmas iteráveis.

§ 64
Epílogo.

Nossas meditações alcançaram, bem podemos dizê-lo, no essencial o seu objetivo, a saber, apresentar a possibilidade concreta da ideia cartesiana de uma filosofia como ciência universal por fundamentação absoluta. A prova dessa possibilidade concreta, a possibilidade prática dela ser levada a cabo – por óbvio, mesmo que na forma de um programa infinito – expressa a prova de um começo necessário e indubitável e de um método igualmente necessário, que deve ser empregado sempre, com o qual se delineia simultaneamente uma sistemática dos problemas em geral plenos de sentido. Alcançamos, de fato, até este ponto. Resta apenas a facilmente compreensível ramificação da Fenomenologia transcendental, à medida que ela se desdobra como filosofia incipiente, em ciências singulares objetivas, e a relação dela com as [157] ciências (prévia e exemplarmente dadas) da positividade ingênua. A estas direcionaremos agora o nosso olhar.

A vida prática cotidiana é ingênua: é um submergir no mundo pré-dado mediante o experienciar, pensar, valorar, agir. Nisso, todas as realizações intencionais do experienciar, mediante o qual as coisas estão pura e simplesmente aí, consumam-se – anonimamente: aquele que experiencia delas não sabe nada, tampouco do pensamento realizante: os números, as circunstâncias-coisais predicativas, os valores, as finalidades, as obras surgem graças a realizações encobertas, construindo-se elo por elo; elas apenas estão à vista. O mesmo nas ciências positivas. Elas são ingenuidade de um grau mais elevado, obras construídas (*Werkgebilde*) por uma técnica teorética sagaz sem que tenham sido interpretadas as realizações intencionais das quais enfim tudo vem à tona. De fato, a ciência reivindica para si poder justificar os seus passos teóricos e consiste em geral de crítica. Mas a sua crítica não é a crítica última do conhecimento, *i.e.*, estudo e crítica das realizações originárias, desnudamento de todos os horizontes intencionais mediante unicamente os quais a "capacidade" (*Tragweite*) das evidências pode ser enfim apreendida e, correlativamente, avaliado o sentido de ser dos objetos, dos constructos teoréticos, dos valores e fins. Daí é que surgem, e precisamente no elevado grau das ciências positivas modernas, os problemas de fundamento, os paradoxos, as ininteligibilidades. Os conceitos originários que determinam, perpassando toda a ciência, o sentido de sua esfera de objetos, [o sentido] de suas teorias, surgiram de maneira ingênua, têm horizontes intencionais indeterminados, são constructos de realizações intencionais desconhecidas, exercitadas apenas em crua ingenuidade. Isso não vale apenas para as ciências específicas, mas também para a lógica tradicional com todas as suas normas formais. Toda e qualquer tentativa de se advir, partindo das ciências surgidas historicamente, a uma melhor fundamentação, a um melhor entendimento de si segundo sentido e realização é um ato de "autorreflexão" (*Selbstbesinnung*) do cientista. Mas há apenas uma "autorreflexão" radical e esta é a fenomenológica. "Autorreflexão" radical e completamente universal [158] são inseparáveis e, ao mesmo tempo, inseparáveis do método fenomenológico como "autorreflexão" na forma de redução transcendental, autointerpretação intencional do Ego transcendental inaugurado por tal redução, descrição sistemática na figura lógica de uma eidética intuitiva. Autointerpretação universal e eidética quer dizer, todavia, domínio sobre todas as possibilidades constitutivas concebíveis, "inatas" ao Ego e a uma intersubjetividade transcendental.

CONCLUSÃO | 165

Uma Fenomenologia levada adiante consequentemente constitui, pois, *a priori*, mas em necessidade e universalidade essenciais rigorosamente intuitivas, as formas de mundo concebíveis, e estas, por sua vez, no quadro de todas as formas de ser em geral concebíveis e de seu sistema gradativo; mas isso originariamente, *i.e.*, em correlação com o *a priori* constitutivo, aquele das realizações intencionais que a constituem.

Posto que ela não tem em seu proceder quaisquer efetividades e conceitos de efetividade dados de antemão, porém haure os seus conceitos da originariedade da realização (captada ela própria em conceitos originários) e, mediante a necessidade de desnudar todos os horizontes, domina também todas as diferenças de capacidade, todas as relatividades abstratas, então ela precisa alcançar a partir de si mesma os sistemas conceituais que determinam o sentido fundamental de todas as regiões científicas. Trata-se dos conceitos que delineiam todas as demarcações formais da ideia-forma de um universo em geral possível do ser, e também de um mundo possível em geral, e por isso precisam ser os autênticos conceitos fundamentais de todas as ciências. Configurados de tal maneira originária, não pode haver nenhum paradoxo a tais conceitos. O mesmo vale para todos os conceitos fundamentais concernentes à construção e ao projeto inteiro das ciências relacionadas (e a serem relacionadas) às diversas regiões de ser. Dessa maneira, as investigações que delineamos de maneira indicativa neste decurso, concernentes à constituição transcendental de um mundo, não são outra coisa senão o começo de uma clarificação radical [159] do sentido e da origem (p.ex., do sentido a partir da origem) dos conceitos: mundo, natureza, espaço, tempo, essência animal, ser humano, alma, corpo, comunidade social, cultura etc.

Está claro que a realização efetiva das investigações descritas precisaria conduzir a todos os conceitos que, não-investigados, atuam como conceitos fundamentais das ciências positivas, mas que, na Fenomenologia, surgem em omnilateral clareza e distinção, não deixando mais espaço para quaisquer ponderabilidades concebíveis.

Podemos agora também dizer que na Fenomenologia apriorística e transcendental surgem, em última fundamentação, ocasionada pela investigação de suas correlações, todas as ciências apriorísticas em geral, as quais, tomadas nessa origem, pertencem intimamente a uma Fenomenologia apriorística universal como suas ramificações sistemáticas. Esse sistema do *a priori* universal há de ser, pois, também designado como desdobramento sistemático do *a priori* universal essencialmente inato a uma subjetividade (portanto também intersubjetividade), ou do Logos universal de todo ser concebível.

Isso diz, mais uma vez, que a Fenomenologia transcendental desenvolvida plena e sistematicamente seria *eo ipso* a verdadeira e autêntica Ontologia universal; mas não meramente uma vazia e formal: contrariamente, ao mesmo tempo uma tal que encerraria em si todas as possibilidades regionais do ser, segundo todas as correlações a elas pertencentes.

Essa Ontologia concreta universal (ou também doutrina da ciência universal e concreta, essa lógica concreta do ser) seria, pois, o universo em si primeiro da ciência a partir de fundamentação absoluta.[109] Segundo a ordenação, a disciplina em si primeira entre as disciplinas filosóficas seria "Egologia" circunscrita "de maneira solipsista", aquela do Ego primordialmente reduzido, apenas em seguida viria a Fenomenologia intersubjetiva, fundada nessa Egologia, e em universalidade tal que, a princípio, trataria das questões universais para apenas em seguida ramificar-se nas ciências apriorísticas. [160]

Essa ciência total do *a priori* seria, então, o fundamento para autênticas ciências fáticas e para uma autêntica filosofia universal em sentido cartesiano, uma ciência universal do ente fático a partir de fundamentação absoluta. Toda a racionalidade do fato reside, sim, no *a priori*. Ciência apriorística é ciência daquilo por princípios ao qual a ciência fática deve recorrer para, ao final, tornar-se uma ciência fundamentada precisamente por princípios; – apenas que a ciência apriorística não pode ser uma ciência ingênua, porém precisa haver surgido de fontes fenomenológico-transcendentais últimas e, assim, precisa ser configurada em um *a priori* omnilateral, que consiste de si mesmo e que se justifica a partir de si mesmo.

Conclusivamente, para não deixar surgir nenhum mal-entendido, eu gostaria de apontar que a Fenomenologia, tal como já apresentamos anteriormente, exclui toda e qualquer metafísica ingênua, a qual opera em si com coisas absurdas, não exclui, porém, a metafísica em geral; que a Fenomenologia não violenta os motivos problemáticos que propulsionaram internamente, por questionamento e método deturpados, essa antiga tradição, e que de maneira alguma a Fenomenologia diz que se detém diante das questões "mais elevadas e últimas". O ser em si primeiro, o qual antecede e porta cada objetividade mundana, é a intersubjetividade transcen-

---

109. Esta sentença faz alusão a duas outras tentativas históricas de se consumar o esforço por virar do avesso a *Crítica da Razão Pura*, i.e., por reinterpretar as estruturas básicas da estética e lógica transcendentais a partir dos preceitos práticos, vinculados a um qualquer conceito de intersubjetividade: tais tentativas foram a *Doutrina da Ciência*, de Fichte (em suas várias versões de 1794 até 1812) e a *Doutrina do Ser* (1812, 1832), primeira etapa da *Ciência da Lógica*, de Hegel. (É forçoso mencionar também, nesse sentido, apesar de Husserl não aludir-lhe diretamente, o *Sistema do Idealismo transcendental*, de Schelling, publicado em 1800, e o *Mundo como vontade e representação*, de Schopenhauer, publicado em 1819, reeditado em 1844.) Estas quatro obras, portanto, constituem a nosso ver o pano de fundo crítico-transcendental fundamental de onde parte, de maneira certamente crítica, o projeto husserliano das *Meditações*. Que o nome de Hegel, porém, venha enumerado nesta nossa listagem, e que seu projeto de uma *"lógica concreta do ser"* seja explicitamente aludido por Husserl, isso levanta sem dúvida polêmica considerável, especialmente no que concerne à questão da ontologia, pois em radical oposição ao projeto husserliano, a crítica de Hegel a Kant disposta em sua *Doutrina do Ser* não tinha como objetivo ressignificar a ontologia concreta universal, mas unicamente dissolver tal noção dialeticamente. Por esse motivo (porque Hegel se recusa a fornecer um solo de "autorreflexão" e reajuste da ciência moderna) a doutrina hegeliana nunca terá sido levada explicitamente a sério pela fenomenologia husserliana. O projeto husserliano há de propor uma Ontologia universal correta (*philosophia perennis*, "ciência total do *a priori*") porque sobre tal solo adquiriam fundamento absoluto as ciências particulares objetivas. A *dialética especulativa* hegeliana (o resultado de sua *Ciência da Lógica*), por oposição, é máquina de guerra contra todo "*a priori*", não se presta de maneira alguma a enfim fundar o projeto cartesiano de ciência, senão que a suspendê-lo definitivamente. Contudo, a falta de discernimento a respeito do que Hegel e Husserl entendem por "absoluto" levou, especialmente nas primeiras décadas do século XX, a que mais ou menos se projetasse em Hegel muito do que apenas Husserl teria em mente. A interpretação adorniana de Hegel, p.ex., dá sinais claros nesse sentido (cf. a Introdução de *Para a metacrítica da teoria do conhecimento*).

dental, o todo das mônadas que se comuniza em formas diversas. É no interior da esfera monádica fática, como possibilidade essencial ideal em cada esfera concebível, que surgem todos os problemas da faticidade contingente, da morte, do destino (da possibilidade, exigida em um sentido particular como "plena de sentido", de uma "autêntica" vida humana, incluindo-se aí também os problemas do "sentido" da história) e ainda outros ascendentemente. Podemos também dizer: trata-se dos problemas ético-religiosos, porém dispostos sobre justamente o solo em que precisa estar disposto (*gestellt*) tudo que para nós deve poder ter sentido possível.

Efetiva-se dessa maneira a ideia de uma filosofia universal – de maneira totalmente diferente do que Descartes e sua época, guiados pela nova ciência da natureza, pensavam –, não como um sistema universal de teoria dedutiva, como se [161] todo o ente estivesse na unidade de uma conta (*Rechnung*), porém – e o sentido essencialmente fundamental da ciência em geral alterou-se por isso radicalmente – como um sistema de disciplinas fenomenológicas tematicamente correlatas, que têm o seu último fundamento não no axioma *ego cogito*, porém em uma "autorreflexão" autenticamente universal.

Em outras palavras: o caminho necessário a um conhecimento irretorquivelmente fundamentado (*letztbegründeten*) no sentido o mais elevado, ou, o que é o mesmo, o caminho necessário a um conhecimento filosófico, é o caminho de um autoconhecimento universal, a princípio monádico, em seguida, intermonádico. Podemos também dizer: a própria Filosofia é uma continuação (*Fortführung*) radical e universal das *meditações cartesianas*, ou, o que é o mesmo, de um autoconhecimento universal, e engloba toda ciência autêntica, responsável por si própria.

A expressão délfica γνῶθι σεαυτόν[110] alcançou um novo significado. Ciência positiva é ciência na subtração-do-mundo (*Weltverlorenheit*).[111] É preciso, antes, perder o mundo mediante a ἐποχή para ganhá-lo de novo em "autorreflexão" universal. *Noli foras ire*, diz Agostinho, in *te redi, in interiore homine habitat veritas*.[112]

---

110. "Conhece-te a ti mesmo". Em grego no original.

111. Este termo, esta maneira de se referir às ciências positivas (ao positivismo enquanto fenômeno social, universitário-acadêmico, típico e dominante a partir da segunda metade do século XIX europeu) terá sem dúvida servido de guia a Heidegger, Jaspers, Hannah Arendt (cf. especialmente o último capítulo do seu *A condição humana*, no que concerne à explicação da questão do "ponto arquimediano" instalado por Galileu), Marcuse (cf. especialmente o sexto capítulo de *Homem Unidimensional*), assim como Levi-Strauss – que no capítulo inaugural do seu *O pensamento selvagem*, compara o *bricoleur* e o cientista, o proceder reorganizador por signos e o proceder da abertura conceitual, este que "se pretende integralmente transparente em relação à realidade" (LEVI STRAUSS, 2008, p. 35).

112. "Não vá ao exterior, mas retorne a ti, pois no interior do homem habita a verdade". Em latim no original.

ÍNDICE REMISSIVO*

absolutamente, 32-3, 37, 45-7, 51-9, 87, 141-8 e 160.
abstração, 38, 114 e 116.
adequação, 50 e 85.
Agostinho, 167.
alma, *Seele*, 118-9, 146 e 156.
análise, 89.
    estática, 125.
    fenomenológica, 75 e 141.
    intencional, 75-6, 84, 155 e 176.
    psicológica, 156.
    transcendental-fenomenológica, 146.
    ver também método.
análogo, *Analogon*, 115, 133 e 139-40.
antecipação, 80, 86 e 132.
    ver também horizonte.
aparecer, *Ercheinen*, 69 e 139.
    modo de aparecimento, *Erscheinungsweise*, 68, 101, 120, 135, 139 e 143.
    sistemas de aparecimento, *Erscheinungssysteme*, 141.
aparência, *Apparenz*, 157.
apercepção, *Apperzeption*, 102, 126, 129, 131, 136-7 e 141.
apoditicidade, *Apodiktizität*, 44, 50-1, 122, 152 e 163.
    apodítico, 33, 43-4, 50-3, 57, 71, 95, 121, 123, 152, 160-1 e 163.
"apresentação", *Apräsentation* (do outro), 128, 132, 136, 138-40 e 143.
"apresentar", *Appresentieren*, 130, 132-40, 143 e 161.
a priori, 97, 103-4, 152 e 166.
    apodítico, 122.
    a priori (essencialmente necessário), 93, 122, 128, 146-7, 150-1 e 165.
    concreto, 157.
    inato, *eingeborenes*, 165.
    noemático, 157.
    universal, 95 e 165.
associação, *Association*, 103, 130-1, 135, 139 e 154.
    emparelhante, *paarende*, 136 e 139.

assumir/supor, *meinen*,
    co-suposição, *Mitmeinung*, 44, 51 e 75.
    mais-assumir, *Mehrmeinung*, 74.
    presumido, *Vermeintes*, 74 e 124.
    presumir, *vermeinen*, 39.
    presunção, *Vormeinung*, 44.
    suposição, *Meinung*, 73 e 75.
    ver também sentido.
atualidade (ato), *Aktualität*, 72, 85, 90-1, 111, 121-2, 130 e 161.
    absoluta, 32-3, 41, 163 e 169.
    absolutamente rigorosa, 95.
autoapercepção, *Selbstapperzeption*, 119.
autoconstituição, *Selbstkonstitution*, 90, 92, 122 e 157.
autodoação, *Selbstgebung* (evidência), 86, 122, 128 e 162.
autoexperiência, *Selbsterfahrung*, 58, 121, 143 e 163.
    natural, 54.
    ver também eu, ser humano.
    original, 121.
    transcendental, 50, 54 e 59.
autoidiossincrasia, *Selbsteigenheit*, 123.
autointerpretação, *Selbstauslegung*, 87, 106-8, 111, 123 e 161.
    eidética, 164.
    intencional, 164.
auto-objetivação, *Selbstobjektivierung*, 146 e 154.
autopercepção, *Selbstwahrnehmung*, 121-2, 128 e 137.
"autorreflexão", *Selbstbesinnung*, 164 e 167.
autovariação, *Selbstvariation*, 95.
    ver também ego.

Brentano, F., 69, 76, 104 e 155.

causalidade, *Kausalität*, 98 e 157.
    coisa causal, *kausales Ding* (substrato), 157.
ciência, *Wissenschaft*, 33, 37, 40-2, 45, 52, 59, 64, 95-6 e 167.
    a priori e fenomenológica, 57, 162 e 165-6.
    ciência universal, *Universalwissenschaft*, 41.
    ver também filosofia.
    doutrina da ciência, *Wissenschaftslehre*, 42 e 165.

---

*. Sempre que interessante, os termos aqui presentes estão acompanhados do seu correspondente em alemão. (N.T.)

egológica, 107.
fundamentação científica,
   Wissenschaftsbegründung; absoluta, 38.
ideal científico, *Wissenschaftsideal*, 42.
ideia da ciência, 38-9 e 41.
positiva, 156, 158, 164-5 e 167.
teoria da ciência, *Wissenschaftstheorie*, 37.
universal, 37.
cinestesias, *Kinästhesen*, 134.
cogito, 49, 62, 64, 66, 73, 81 e 112.
   cogitationes, 49, 58, 61-2, 65-7, 81, 87, 90 e 104.
   cogitatum, 75, 77 e 84.
   cogito-cogitatum, 68, 71 e 73.
   ver também Ego cogito.
coisa, *Ding*, 134 e 157.
   experiência de, *Dingerfahrung*, 128.
   fantasma da, *Dingphantom*, 156.
compossibilidade, *Kompossibilität*, 98 e 153.
   compossível, *kompossibel*, 97, 99 e 154.
comunidade, *Gemeinschaft*, 137, 144, 147-8 e 152-3.
   comunização, *Vergemeinschaftung*, 128, 138 e 144-50.
   intencional, 144.
   originária, 144.
   social, 147.
concreção, *Konkretion*, 66 e 145.
concreto, *konkret*, 103 e 149.
confirmação, *Bewährungen*, 42, 83, 85, 111, 113, 125, 128, 133, 141 e 144.
   vivência de confirmação, *Bewährungserlebnis*.
   Ver evidência.
conhecimento, *Erkenntnis*, 39, 42, 71, 84 e 112.
   absoluto, 32.
   apodítico, 50.
   campo de, *Erkenntnisfeld*, transcendental, 112.
   crítica do, *Erkenntniskritik*, 163.
   objetivo, 159.
   solo de, *Erkenntnisboden*, transcendental, 151.
   teoria do, *Erkenntnistheorie*,
      tradicional, 104.
      transcendental-fenomenológica, 107 e 163.
   transcendental, 59 e 163.
   transcendente, 105.
   universal, 43.
consciência, *Bewußtsein*, 65, 69, 73, 75, 78-9, 82, 86, 120 e 139.
   análise da, *Bewußtseinsanalyse*, 73.
      ver também método.
   atualidade da, *Bewußtseinsaktualität*, 74.
   correlato da, *Bewußtseinskorrelat*, 74.
   crítica da, *Bewußtseinkritik*, 64.

doutrina da, *Bewußtseinslehre*,
   filosófica, 66 e 69.
   tradicional, 67.
esfera de, *Bewußtseinssphäre*, 161.
fenômeno da, *Bewußtseinphänomen*, 76.
   ver também fenômeno.
gênese da, *Bewußtseinsgenesis*, 124.
modos da, *Bewußtseinsmodi*, 99.
síntese da, *Bewußtseinssyntesis*, 70.
vida de/da, *Bewußtseinsleben*, 65, 69-71, 73, 75, 84, 86, 104 e 113.
   constituinte, 75.
   pura, 49 e 113.
   ver também vivência.
vivência da, *Bewußtseinserlebnis*, 62 e 111.
   ver também vivência.
constituição, *Konstitution*, 75, 86, 94, 98, 101, 106, 108, 114-5, 118, 123-4, 126-7, 141, 143, 146-50, 154-7 e 161.
constituinte, *konstituierend*, 86, 88, 113, 119, 134, 148 e 164.
constituir, *konstituiren*, 69, 100, 102, 106, 114-6, 118-9, 123, 126, 128, 133, 137, 140, 146-7 e 161.
constitutivo, *konstitutiv*, 75, 78-9, 87, 109, 115, 118, 124, 149, 151, 156, 161 e 165.
estática e genética, 104.
original, 123.
primordial, 135.
transcendental, 78, 80, 87, 114, 134, 146 e 165.
corpo, *leib*, 113, 118, 128-32, 134-5, 138-9, 145, 148 e 157.
corporeidade, *Leiblichkeit*, 123, 129, 132, 134, 137 e 176.
crítica, *Kritik*, 64.
   crítica da. Ver fenomenologia.
   da autoexperiência transcendental, 58.
   enquanto crítica do conhecimento, 163.
cultura, *Kultur*, 47, 87, 107 e 149-50.
   alheia, 149.
   círculo cultural, *Kulturkreis*, 150.
   humanidade cultural, *Kulturmenscheit*; alheia, 149.
   mundo cultural, *Kulturwelt*, 99, 141 e 147.
   própria (minha), 149.

Descartes, R., 31-5, 42, 47, 49-50, 52-3, 60, 105 e 167.
descrição, 64-8, 75, 77, 79, 92, 95, 99 e 163-4.
   psicológica, 61.
   transcendental, 64.
desnudamento, *Enthüllung*; originário, 124-5 e 164.
   ver também realização.

dúvida, *Zweifel*, 44.
  indubitabilidade, *Zweifellosigkeit*; absoluta, 43.

efetividade, *Wirklichkeit*, 62, 161 e 165.
  fenômeno de efetividade, *Wirklichkeitssphänomen*, 62.
  pretensão de efetividade, *Wirklichkeitsanspruch*, 47.
Ego, 53, 57-9, 78, 91, 94-9, 101-3, 107, 114-5, 119-24, 126, 130-1, 136-41, 152 e 160.
  absoluto, 93 e 112.
  alter, 112, 115, 128, 130-1 e 136.
  outro (alheio/estranho), 112, 133, 136, 138, 142 e 154.
  apodítico, 152-3.
  concreto, 66, 97, 101, 121, 123, 133, 143-4 e 160.
  Ego cogito,
    puro, 33.
    transcendental, 35, 47, 51, 53-5, 57, 61, 65-9, 86 e 121.
  egologia, 60 e 166.
    descritivo-transcendental, 66.
    fenomenológica, 60.
    pura, 60.
  fático, 93-5, 106 e 153.
  meu (próprio), 112, 133, 137, 140, 154 e 160.
  monádico. *Ver* mônada.
  primordial, 125, 136 e 154.
  reduzido, 33, 111 e 166.
  transcendental, 51, 55, 57-67, 78-82, 89, 92, 94, 96-8, 105, 115, 119-21 e 159-61.
  ver também eu.
Eidos, 94-6.
  eidética, *Eidetik*, 164.
  eidético, *eidetisch*, 94, 97, 146, 150-1 e 164.
    investigações psicológicas, 156.
  Eidos Ego. Ver Ego.
"empatia", *Einfühlung*, 113, 123, 137, 149 e 158.
emparelhamento/paridade, *Paarung*, 130-1, 135 e 145.
Epoché (ἐποχή), 53-4, 62, 69, 78, 81, 105, 116, 160 e 167.
  abstrativa, 116.
  fenomenológica, 48, 54, 105 e 116.
  temática, 114-5.
  transcendental, 60.
espectador, *Zuschauer*,
  desinteressado, 63.
  interessado, 63.
  que não participa, 65.
essência, *Wesen*, 118 e 161.
  análises essenciais, *Wesensanalysen*, 93.
    ver também análise.

necessidade essencial, *Wesensnotwendigkeit*, 108, 162 e 165.
universalidade e legalidade essencial, *Wesensallgemeinheit und Wesensgesetzlichkeit*, 95.
estranho/alheio, *Fremder, Fremdes*, 116, 118-20, 123-5, 132-3, 140 e 156.
  experiência do estranho, *Fremderfahrung*, 113, 115, 123, 127, 130, 134, 138, 140, 143, 147, 149, 155, 160 e 163.
    ver também outro.
  mundo alheio, *Fremdwelt*, 148.
  percepção do estranho, *Fremdwahrnehmung*, 139-40.
eu, *ich*, 48-9, 53-5, 63-6, 85, 90-2, 96, 100, 118-24 e 133-9.
  alheio, 132-3.
  cisão do eu, *Ich-Spaltung*, 63.
  concreto, 140.
  do outro, 124, 127, 134, 139, 143 e 147.
    ver também outro.
  pessoal, 91, 118-9 e 128.
  polo-eu/polo-egóico, *Ichpol*, 90-2, 118 e 123.
  primordial, 138-41.
  psicofísico, 118, 131 e 138.
  puro, 49 e 52.
  que medita, 54, 65, 111 e 161.
  que reflete, 63.
  reduzido, 55.
  transcendental, 54 e 85.
  ver também ego.
evidência(s), *Evidenz(en)*, 41-6, 60, 64, 74-5, 78, 81, 83-4, 87, 89, 107-8 e 118.
  absoluta (primeira), 45 e 58.
  adequada, 44 e 86.
  apodítica, 46, 50, 71, 122 e 160.
  constituinte, 88.
  escopo/capacidade da, *Tragweite der*, 164.
  inadequada, 44.
  incompletude da, *Unvollkommenheit der*, 86.
  negativa, 41.
  originária, *ursprünglichste*, 162.
  predicativa e pré-predicativa, 41.
  recaídas da, *Umschläge der*, 46.
  relativa, 41.
experiência, *Erfahrung*, 41, 44, 51, 57, 75, 120, 123-30, 132, 136, 138, 156, 160 e 162.
  campo de, *Erfahrungsfeld*, 48.
  crença da, *Erfahrungsglaube*, 47.
  esfera de, *Erfahrungssphäre*; transcendental, 112.
  exterior, 86, 128 e 160.
  horizonte de, *Erfahrungshorizont*, 86 e 116.
    ver também horizonte.

interior, 54, 61 e 66.
mundo da, *Erfahrungswelt*, 47, 50, 126, 150 e 156.
satisfatória/que preenche, *erfüllende*, 132.
sensível, 44 e 46.
transcendental, 51, 57, 60, 63-4, 161 e 163.

fato, *Faktum*,
   do Ego transcendental, 97.
   egológico, 103.
   irracional, 103.
fenômeno, *Phänomen*, 47-8, 102, 119 e 155-7.
fenomenologia, *Phänomenologie*, 31, 49, 60, 65, 69, 95, 99, 103, 105, 108, 127, 151, 156 e 163.
   constitutiva, 154 e 158.
   eidética, 95-8.
   estática, 99.
   fenomenológico-transcendental, *transzendental-phänomenologisch*, 107, 134, 149 e 158.
   genética, 92.
   transcendental, 35, 61, 79-80, 96, 104, 108, 111, 146, 157 e 166.
filosofia, 108 e 167.
fio condutor, *Leitfaden*, 78, 80, 132 e 155.
   transcendental, 77-8, 112 e 152.
fundamentação, *Begründung*, 39 e 104.
   absolutamente racional, 32.

gênese, *Genesis*, 71, 98, 102-3, 124-6, 129-30 e 138.
   ativa, 91 e 100.
   constitutiva, 100.
   fenomenológica, 92 e 101.
   passiva, 100.
   psicológica, 101 e 154.
   temporal, 149.
   universal, 99 e 149.
Gilson, E., 52.

habitualidade(s), *Habitualität(en)*, 51, 91-2, 96, 98-9, 101, 118-9, 123 e 149.
Heráclito/heraclitiano, 76.
hipótese, *Hypothese*, 126.
história, *Geschichte*, 98, 101-2 e 167.
horizonte(s), *Horizont(e)*, 51, 59, 72, 77, 80, 86, 88-9, 96, 107, 121, 146, 148, 161-2 e 164-5.
   estrutura de toda intencionalidade, 75.
   intencionalidade, 73.
Hume, D., 103.

ideia, *Idee*, 39, 41, 43, 87, 122 e 126.
   de ciência e de filosofia, 39 e 42.
   de uma filosofia, 95 e 163.

ideal, *Ideal*, 85, 101, 142 e 162.
idealidade, *Idealität*, 126.
idealismo, *Idealismus*, 107-8, 127, 134 e 162.
   prática, 109.
   reguladora, 80.
identificação, *Identifikation*, 69, 120, 130 e 138.
identidade, *Identität*, 70, 120 e 141.
   polo de identidade, *Identitätspol*, 73 e 90.
   ver também eu.
   síntese da identidade, *Identitätssynthesis*, 87.
idiossincrasia, *eigenheit*, 58, 114-6, 118, 120-1, 123, 130, 136, 140 e 157.
   esfera de idiossincrasia, *Eigenheitssphäre*, 116, 126, 133, 136 e 161.
   ver também esfera primordial.
   horizonte de idiossincrasia, *Eigenheitshorizont*, 145.
   idiossincraticamente, *Eigenheitlich*, 118-9, 128, 133 e 140.
   redução da idiossincrasia, *Eigenheitsreduktion*, 123.
imanência, *Immanenz*, 70, 85 e 104.
   do ego, 111.
   imanente, *Immanent*, 69, 71, 78-9, 88-9, 103, 112, 121, 142 e 148.
   transcendência imanente, 155.
inibir, *inhibieren*, 48, 54 e 64.
   ver também Epoché; redução.
instituição originária, *Urstiftung*, 102, 130 e 161.
   ver também gênese.
interpretação, *Auslegung*,
   fenomenológica, 162.
   fenomenológico-transcendental, 149.
   intencional, 126.
intersubjetividade, *Intersubjektivität*, 106.
   transcendental, 100, 106, 126, 145, 149, 161 e 166.
intuição, *Anschauung*, 68.
   categorial, 101.
   passiva, 101.
   prefigurativa, *vorverbildende*, 84.
   pura, 151.
   sensível, 157.
intuição, *Intuition*, 53 e 94.
   eidética, 95 e 151.
   intuitivo, *intuitiv*, 94 e 164.
   pura, 162.
irrealidade, *Irrealität*, 101.
   "irreal", *irreal*, 144.
   irreal, *irreel*, 142.

juízo, *Urteil*, 75.
   imediato e mediato, 39.
   pré-predicativo, 41.

Kant, I., 107 e 157.
Koyré, A., 52.

Leibniz, G. W., 91, 153, 160 e 162.

matéria, *Körper*, 117, 128-31, 135-6 e 139.
    alheia (de outrem), 140 e 145.
    corpo material, *Körper-Leib*, 145.
    própria (minha), 135.
metafísica, 152, 158, 160, 162 e 166.
    metafísico, 152-3.
        construção, 162.
        subtração, 126.
        tradição, 162.
método,
    da descrição eidética, 92.
    eidético, 94.
    fenomenológico, 92, 152 e 164.
    intencional, 107 e 155.
    transcendental, 95 e 163.
        ver também *Epoché*; redução.
    universal, 22.
mônada, 91, 99, 115, 123, 126, 133, 135, 142, 144-6, 152-4 e 167.
    comunidade monádica, *Monagengemeinschaft*, 126, 145 e 152-3.
    mônada originária, *Urmonade*, 145 e 153.
    mundo monádico, *Monadenwelt*, 154.
        ver também mundo.
    pluralidade monádica, *Monadenvielheit*, 152.
motivação, *Motivation*, 98, 104, 128, 139 e 149-50.
mundo, *Welt*, 45, 48, 55, 61, 65-7, 78, 86-7, 106, 108, 113, 115-7, 119, 123-6, 143, 146, 150, 152, 156, 164-5 e 167.
    alheio, 148.
    apercepção de, *Weltapperzeption*, 105 e 119.
    camada(s) de, *Weltschicht(en)*, 151.
    constituição do, *Weltkonstitution*, 147 e 157.
    constituído, 99, 108, 146 e 148.
    crença mundana, *Weltglaube*, 64.
    da consciência possível, 78.
    experiência mundana, *Welterfahrung*, 48, 64 e 120.
    fenomenal, 116.
    fenômeno mundano, *Weltphänomen*, 118-9.
    intersubjetivo, 113.
    mundo circundante/ambiente, *Umwelt*, 149, 151 e 153.
        concreto, 148.
        cultural, 147-50.
        primordial, 148-50.
    objetivo, 48, 54, 114, 117, 119, 125-7, 134, 140-1, 143-6, 152, 155 e 162.
    primordial, 125, 128, 133, 135-41, 148 e 157.

representação de, *Weltvorstellung*, 154 e 156.
todo do, *Weltganzes*, 65.

natureza, 87, 99, 107, 117-8, 134, 143, 145, 147-9 e 155.
    constituída, 111-2, 124 e 142.
    dada idiossincraticamente, 132.
    matéria natural, *Naturkörper*, 134 e 139.
    objetiva, 114 e 140.
    objeto natural, *Naturobjekt*, 141.
    primordial, 128, 138-9 e 155-6.
noemático, *noematisch*, 65, 75-7, 79, 98, 112-3, 134, 140, 152 e 157.
noésis e noema, *Noesis und Noema*, 93 e 155.
noético, *noetisch*, 65, 73-7, 79, 98 e 176.

objeto, *Gegenstand*, 74-5, 79, 84, 87, 92, 120, 136 e 164.
    ideal, 142.
    intencional, 66, 69, 79-83 e 142.
    objetivamente, *objektiv*, 117-9, 148, 150 e 153.
    objetivado, *objektivieren*, 148.
    objetividade, *Objektivität*, 65, 147, 160 e 166.
    transcendente, 123.
objetividade, *Gegenständlichkeit*,
    eidética, 123.
    esfera de objetos, *Gegenstandssphäre*, 164.
    ideal, *ideale*, 142.
    real, *reale*, 77.
ontologia, 151 e 165.
originalidade, *Originalität*; primordial, 141 e 156.
    esfera original, *Originalsphäre*, 138 e 140.
outro, *Andere*, 47, 108-16, 133, 135, 138-43 e 160-1.
    ver também ego; outro.

percepção, *Wahrnehmung*, 51, 62, 72, 78-9, 93, 121, 128-30 e 139-40.
    do outro, 140.
    interna, 133.
pessoa, *Person*, 149 e 161.
    personalidade, *Personalität*, 149.
postura, *Einstellung*, 63, 65 e 83.
    eidética, 150.
    natural, 104 e 156.
    transcendental, 67, 116, 146, 157 e 159.
        ver também *Epoché*.
potencialidade, 72-4, 89, 111, 121-4 e 161.
preenchimento/satisfação, *Erfüllung*, 51, 73, 87 e 132.
    adequado(a), 87.
    que confirma, 84.
"presentação", *Präsentation*, 128, 132 e 138.

presentificação, *Vergegenwärtigung*, 128, 138 e 142-3.
primordial, *primordial*, 128, 131-3, 143, 148, 150, 155-8, 160 e 166.
   esfera primordial, *Primordialsphäre*, 127, 129-30, 132, 134, 138-41, 143, 148, 155 e 161.
   matéria primordial, *Primordialkörper*, 139.
      ver também ego.
   natureza, 139.
   redução, 157.
      ver também redução.
próprio, *Eigenes*, 115, 119, 124 e 132.
   essência própria, *Eigenwesen*, 126-7 e 146.
   propriamente essencial, *Eigenwesentliches*, 121 e 144.
psicologia, 54, 62, 75, 104, 155 e 157-8.
   intencional, 96, 103, 107 e 155-8.
   psicofísico, *Psychophysisch*, 113, 118, 139, 144-5, 147-8 e 154-6.
      ver também ser humano.
psicologismo, *Psychologismus*, 108 e 156.
   pura, 146 e 156.
   transcendental, 64.

racionalidade, *Rationalität*, 107 e 166.
radical, *radikal*, 34-5, 37-8, 67, 115, 156 e 167.
   "autorreflexão", 164.
   meditação, 167.
razão/"racionalidade", *Vernunft*, e "irracionalidade", 81.
   prática, 100.
realidade, *Realität*, 140 e 162.
   "real", *real*, 144.
   real, *reel*, 85, 98 e 144.
realismo, *Realismus*; transcendental, 111.
realização(ões), *Leistung(en)*, 161 e 165.
   associativa, 134.
   constituinte, 98.
   constitutiva, 74.
   intencional, 93, 107, 128 e 164.
   originária, 164-5.
redução, 114 e 123.
   fenomenológica, 65, 92, 96, 105 e 159-62.
   fenomenológico-transcendental, 49, 55, 59, 61, 83, 95 e 108.
   idiossincrática, 124.
   primordial, 157.
   transcendental, 111, 119, 121, 149, 161 e 164.
rememoração, *Wiedererinnerung*, 72, 122, 133 e 142.
   transcendental, 163.

remissão, *Verweisung*, 72 e 102.
reflexão, *Reflexion*, 62, 71, 77 e 163.
   natural, 62-3.
   transcendental, 64 e 163.

Scheler, M., 158.
sensação, *Empfindung*,
   doutrina da, *Empfindungslehre*, 67.
   informações sensoriais, *Empfindungsdaten*, 67 e 123.
ser, *Sein*, 57, 82, 86, 121 e 141.
   alheio, 119 e 133.
   crença de, *Seinsglauben*, 47-9 e 86.
   do ego, 124.
   horizonte de, *Seinshorizont*, 148.
   posição de, *Seinssetzung*, 63-4 e 92.
   próprio, 123.
   sentido de, *Seinssinn*, 107, 114-5, 124-5, 155, 158, 161 e 164.
      ver também sentido.
   validade de ser, *Seinsgeltung*, 49, 54-5, 61, 105, 116 e 132.
ser humano, *Mensch*, 54, 61, 105, 119, 126-7, 140-1, 143, 145-6, 149, 151, 155 e 161.
   comunidade humana, *Menschengemeinschaft*, 145 e 149.
   eu-ser-humano, *Menschenich*, 96.
sentido, *Sinn*, 55, 75, 84, 105, 113-5, 117, 122, 125 e 164.
   camada de, *Sinnesschicht*, 149-50.
   constituição de, *Sinneskonstitution*, 133.
   constituído, 151.
   da subjetividade transcendental, 53.
   do *cogitatum*, 75.
   doação de, *Sinngebung*, 124-5.
   horizontes de, *Sinneshorizonte*, 152.
   interpretação de, *Sinnesauslegung*, 107 e 147.
   objetivo, 69, 81 e 153.
   sentido e validade, *Sinn und Geltung*, 49, 54-5, 138, 142 e 144.
   transcendental, 149.
   transferência de, *Sinnesübertragung*, 131.
síntese, *Synthesis*, 68-70, 73, 76, 78, 85-7, 90, 101, 121 e 124.
   constitutiva, 79, 113 e 119.
   intencional, 76.
   passiva, 77, 102 e 130.
   que identifica, 143.
sínteses, *Syntheses*, 79, 100, 120, 132 e 157.
   da percepção, 93-4.
socialidade, *Sozialität*; transcendental, 147 e 150.

solipsismo, *Solipsismus*, 161.
    transcendental, 60, 111 e 159.
solo, *Boden* (da experiência transcendental), 163.
    natural, 146.
subjetividade, *Subjektivität*, 59 e 138.
    alheia, 114, 138 e 160.
    subjectivismo, *Subjektivismus*; transcendental, 33.
    transcendental, 47, 49, 53, 55, 79, 85-6, 105-18, 151 e 165.
    transcendente, 57.

teoria, *Theorie*, 97, 146 e 164.
    constitutiva, 79 e 87.
    da experiência do estranho, 113, 158 e 160.
    dedutiva, 167.
    fenomenológico-transcendental, 146.
    transcendental, 78 e 80.
tempo, *Zeit*, 108, 122 e 152.
    consciência do tempo, *Zeitbewußtsein*, 69, 71-2 e 154.
    esfera temporal, *Zeitsphäre*, 89.
    imanente, 91.
    objetos temporais, *Zeitgegenstände*; imanentes, 103.
    omnitemporalidade, *Allzeitlichkeit*, 143.
    supratemporalidade, *Überzeitlichkeit*, 143.
    temporalidade, *Zeitlichkeit*, 69, 88, 97-8 e 157.
        imanente, 71, 79, 121, 123 e 148.
        "real", 152.
típica, *Typik*, 76, 79, 81, 99 e 137.
    tipificar, *typisieren* (eideticamente), 97.
    tipo/modelo, *Typus*, 77-9 e 129.
        eideticamente puro, 94.
        de uma comunidade social, 147.
transcendência, *Transzendenz*, 55, 86, 104, 106-7, 124, 155 e 161.
    imanente, 126 e 129.
    objetiva, 124.
    primordial, 124.
    transcendente, *transzendent*, 55, 86, 105 e 112.
transcendental, *transzendental*, 49, 54, 76, 78, 90, 100, 112, 119, 145-6, 152, 154, 157-8, 161 e 163.
    fatos transcendentais, 112.

filosofia transcendental, *Transzendental Philosophie*, 60, 76, 154, 156 e 158-9.
    ver também fenomenologia, transcendental.
transferência, *Übertragung*, 129.

unidade (da consciência), 65 e 156.
    constituída, 111.
    da intersubjetividade, 153.
    do (meu) ego, 156.
    objetiva, *gegenständliche*, 68 e 76.
    sintética, 74, 90 e 111.
        ver também síntese.
universo, *Universum*, 65.
    ver também todo do mundo.

validade/vigência, *Geltung*; ingênua, 46 e 66.
    fenômeno de validade, *Geltungsphänomen*, 46.
variação, 94 e 153.
    variar, *variieren*; o ego, 99.
        ver também Eidos.
verdade, *Wahrheit*, 39, 41, 75, 81, 84, 87 e 104.
vida, *Leben*, 49, 53, 65, 78, 85, 88, 94, 118, 123 e 167.
    anônima, 74.
    cotidiana, prática, 164.
    intencional, 63, 66 e 133.
    mundo da vida, *Lebenswelt*, 147 e 149-50.
        ver também mundo.
    originária, 48.
    presente vivo/vivente, *lebendige Gegenwart*, 121, 133 e 148.
    psíquica, 104 e 118.
    pura, 49.
    reflexiva, 48.
    universal, 71 e 122.
vivência, *Erlebnis*, 48, 63, 69-70, 72, 78, 91, 119 e 144.
    atual/em ato, 75.
    fluxo de vivência, *Erlebnisstrom*, 91, 121-3, 142 e 148.
    ingênua, *naives*, 63.
    intencional, 146.
    pura, 49 e 118.
    temporalidade da vivência, *Erlebniszeitlichkeit*, 69.
        ver também temporalidade.
    transcendental, 87.

Este livro foi impresso pela Paym
em fonte Minion Pro sobre papel Holmen Vintage 70 g/m²
para a Edipro no outono de 2019.